AKARENGA DIPLOMA COLLECTION'18

赤レンガ卒業設計展 2018

赤レンガ卒業設計展実行委員会[編]

「赤レンガ卒業設計展 2018」

「赤レンガ卒業設計展 2018」

「赤レンガ卒業設計展 2018」

光井先生

藤村先生

猪熊先生

新居先生

007 「赤レンガ卒業設計展 2018」

はじめに
Introduction

「実行委員長あいさつ」

この度は、「赤レンガ卒業設計展2018」の作品集を手にとっていただき、誠にありがとうございます。

第15回目を迎えた今年の「赤レンガ卒業設計展2018」は16大学19学科が参加し、出展作品が130点での開催となりました。また、今年は130名の出展者を選出するため、審査員の先生方によるポートフォリオを対象とした"0次審査"(事前審査)も行っております。当日は、大きなものや精密につくられたものなど多様な模型、様々な社会問題に対する考察や設計手法が記載されたプレゼンボードが会場中に並び、壮大な眺めと心地いい緊張感がつくられました。出展作品も関東中から素晴らしい力作が集まり、ご来場いただいた多くの建築学生や一般客、外国の方からも「すごい」、「おもしろい」という声が上がり、大賑わいの1週間となりました。

今年は"joint"というテーマを掲げ、企画運営を行いました。15周年の節目に「赤レンガ卒業設計展」をいかに多くの人に、そしてもっと広い範囲で作品と人を繋ぐにはどのようにすればいいかを考えて企画しました。また、これまで学んできたことの集大成である卒業設計が会場に集まり、その素晴らしい作品と多くの人々が混じり合って、15周年により重ねてきたレイヤーを繋いでいくという思いが込められています。

開催にあたりまして、私たち実行委員の手だけでは到底実現できませんでした。協賛していただいたタマホーム様、エナ・デザインコンサルタント様、スターツCAM様、積水ハウス様、綜企画設計様、大建設計様、ツクルバ様、長谷工コーポレーション様、レセプションのケータリングを提供していただいたgoody様、特別協賛として常に私たちを支えていただき、本作品集の出版を無償で引き受けていただいた総合資格学院様、会場運営や設営にご協力いただいた横浜赤レンガ倉庫の皆様、そしてお忙しい中、公開審査にゲストとしてお越しいただいた新居千秋先生、光井純先生、藤村龍至先生、猪熊純先生、大西麻貴先生など多くの方に支えられ、無事会期を終えることができました。この場を借りて深く御礼申し上げます。
また、2017年10月7・8日に行われた「日本建築学会 建築文化週間2017 学生ワークショップ『Learning from the Cities』」にも運営として参加させていただきました。そこで運営に対して様々な助言をくださった松田達先生、田中元子先生、ともに運営を行った建築学生サークル♭様、開催にあたりご協力いただいた日本建築学会の方々、この場を借りて深く御礼を申し上げます。

本作品集で紹介している作品の一つ一つは、次の時代を築いていく我々建築学生からの未来への提言です。この作品集を通して、出展された作品の思いを感じ、楽しんでいただければ幸いです。
最後に「赤レンガ卒業設計展2018」実行委員の皆さん、本当にありがとう!!

赤レンガ卒業設計展2018　実行委員長
東京都市大学　石川朔巳

「赤レンガ卒業設計展2018　協賛および作品集発行にあたって」

建築士をはじめとする、有資格者の育成を通して、建築・建設業界に貢献する ── 、それを企業理念として、私たち総合資格学院は名古屋の地で創業しました。それ以来、約39年間、建築関係を中心とした資格スクールとして、安心・安全な社会づくりに寄与していくことを会社の使命とし、事業を展開してきました。

　その一環として、建築に関係する仕事を目指している学生の方々が、夢をあきらめることなく、建築の世界に進むことができるよう、様々な支援を全国で行っております。卒業設計展への協賛やその作品集の発行、就職セミナーなどは代表的な例です。

当社は、特別協賛企業として2011年より「赤レンガ卒業設計展」を資金・運営の両面において支援してきました。創立15周年を迎えた本年は特別企画として、会場である「横浜赤レンガ倉庫」の改修設計を手掛けた新居千秋先生への取材や、かつて実行委員長を務めた方への取材、実行委員の座談会などを行いました。その仔細は本書にまとめており、当日の審査模様や出展作品の紹介と併せて、大変中身の濃い一冊となっております。

今年度の公開審査では、多種多様なジャンルの渾身の作品が揃ったため、審査員の先生方の投票が重ならず、評価軸の多様化が注目されました。最優秀賞としては、川越の住民に丁寧なリサーチを行い、住民の生活を建築に反映させた素晴らしい作品が選出されました。それら出展作品については、本書にて基本1人1ページ、最優秀賞と優秀賞を6ページ、審査員賞を4ページ、ファイナリストを2ページとすべてフルカラーで掲載しており、資料としても非常に価値のある有益な内容となっています。

本年で15年という長い歴史と、年々応募数が増えつつある関東最大級の設計展ということを鑑みて、全国の学生の皆様の建築を学ぶうえでの一助となるように、今年から本書を書店にて販売することにしました。これにより、少しでも多くの方に本設計展に携わった実行委員の皆様や出展学生の方々の活動を知ってもらい、本設計展の発展に寄与できればと思います。

近年、人口減少時代に入った影響が顕著に表れ始め、人の生き方や社会の在り方が大きな転換期を迎えていると実感します。建築業界においても、建築家をはじめとした技術者の役割が見直される時期を迎えています。そのような中、本設計展に参加された学生の方々、また本作品集をご覧になった若い方々が、時代の変化を捉えて新しい建築の在り方を構築し、高い倫理観と実務能力を持った建築家そして技術者となって、将来、家づくり、都市づくり、国づくりに貢献されることを期待しております。

総合資格学院

学院長　岸隆司

目次
Contents

開催概要
Outline

テーマ　　　　"joint"
横浜赤レンガ倉庫が改修してから15周年を迎えましたが、それと同時に「赤レンガ卒業設計展」も15周年を迎えることになりました。実行委員一同、この節目の年に「赤レンガ卒業設計展」をいかに多くの方々に、そしてもっと広い範囲で作品と人を繋ぐにはどのようにすればいいかという事を考え、今年度のテーマを"joint"としました。"建築と人が繋がる"という大きなテーマを体現し、これまでの集大成ともいえる素晴らしい作品と多くの人々が混じり合い、15年間の作品を繋いでいければという思いがこもっています。

主催　　　　赤レンガ卒業設計展実行委員会

特別協賛　　（株）総合資格 総合資格学院

協賛　　　　タマホーム（株）、（株）エナ・デザインコンサルタント、スターツCAM（株）、積水ハウス（株）、
（株）綜企画設計、（株）大建設計、（株）ツクルバ、（株）長谷工コーポレーション、
goody＜（株）アカツキライブエンターテインメント＞

参加大学　　宇都宮大学、神奈川大学、共立女子大学、工学院大学、首都大学東京、昭和女子大学、
東京工業大学、東京電機大学、東京都市大学、東京理科大学（工学部、理工学部）、
日本女子大学、日本大学（生産工学部、理工学部 海洋建築工学科・建築学科）、
法政大学、前橋工科大学、明治大学、横浜国立大学

応募作品　　180作品

出展作品　　130作品

会期　　　　2018年3月22日（木）～3月26日（月）10:00～19:00

講評会日程　2018年3月23日（金）
公開審査 13:15～16:30
総評・授賞式 16:30～17:00
レセプション 17:15～19:00

会場　　　　横浜赤レンガ倉庫（神奈川県横浜市中区新港1丁目1番地）
作品展示：1号館2階展示室
総評・授賞式：1号館3階ホール
レセプション：1号館3階ホール

審査方法　　●0次審査【事前審査／2018年2月24日（土）実施】
作品の内容をまとめた"0次シート"（A4サイズ1枚）をもとに各審査員が1～4の得点を付け、出展作品130点を選出。

●1次審査
審査員1人につき5作品へ投票し、それらについて議論を交わしてファイナリスト10名を決める。
●公開審査
ファイナリスト10名による1人5分のプレゼンテーションと質疑応答から、最優秀賞1名、優秀賞2名、審査員賞5名を決定。

15周年JOINT企画

～歴史をつなぐ～

1章 15周年JOINT企画〜歴史をつなぐ〜

「横浜赤レンガ倉庫 再生への道のり」

「赤レンガ卒業設計展」の舞台である横浜赤レンガ倉庫は、明治末期から大正初期に創建された横浜を代表する建造物。1994年からの保全のための改修工事を経て、現在では年間600万人以上が訪れる一大施設へと変貌を遂げました。この全国的にもまだ珍しい"保全"事業について、当時の貴重なお話を新居 千秋氏(東京都市大学客員教授、詳しくはP.84)に伺いつつ、後半では「赤レンガ卒業設計展」の創立時の裏話なども語っていただきました。

創建から改修までを辿る

横浜赤レンガ倉庫の歴史

1859年	横浜開港
1907年	2号館、着工(1911年に竣工。横浜港を整備するための築港工事の一端として始まる)
1908年	1号館、着工(1913年に竣工)
1923年	関東大震災が起こる
1927〜1930年	修復工事を実施
1945年	終戦後にアメリカ軍に接収され、港湾司令部として使用される
1956年	接収が解除され、海外との貿易を再開
1983年	横浜市が「みなとみらい21」に着手
1989年	倉庫としての用途廃止
1991年	赤レンガ倉庫保存改修検討委員会が発足
1992年	横浜市が国から赤レンガの土地・建物を取得。「保存」から「保全」へ改修工事の方向性を変更する
1994年〜	構造補強工事と屋根改修工事の後、外壁などの改修工事が行われた
1999年	「港の賑わいと文化を創造する空間」に事業コンセプトが決まる
2000年〜	内部改修工事を実施
2002年	文化・商業施設としてリニューアルオープン
2007年	経済産業省から「近代化産業遺産」の認定を受ける
2010年	日本で初めて「ユネスコ文化遺産保全のためのアジア太平洋遺産賞」優秀賞を受賞
2017年	リニューアル15周年

プラス知識

横浜赤レンガ倉庫を設計したのは、当時の大蔵省臨時建築部長・妻木頼黄(つまき よりなか)氏。アメリカのコーネル大学で建築を学び、ベルリン工科大学への留学も経験しており、東京府庁舎や日本橋の装飾なども手掛けました。横浜赤レンガ倉庫は国の模範として最新鋭の技術が盛り込まれ、その一部は保存されて今でも目にすることができ、日本初の荷物用エレベーター、消火水栓、約400kgの防火戸と吊戸車、避雷針、荷物搬出のため中央部がスロープになった階段室などもあります。また、耐震のためレンガに帯状の鉄を水平に入れ、要所を鉄柱で垂直に固定する"碇聯(ていれん)鉄構法"も当時最新の技術でした。

プラス知識

関東大震災では、特に1号館の被害が大きく、半壊しました。この震災で当時のレンガ造の建物は多くが倒壊し、その後は鉄筋コンクリート造が主流となったため、レンガ造の建物は貴重な建築遺産となっています。

プラス知識

横浜市による臨海部を対象とした再開発事業「みなとみらい21」は、「横浜の自立性の強化」・「港湾機能の質的転換」・「首都圏の業務機能の分担」を目的としています。その中で、取扱貨物が激減していた横浜赤レンガ倉庫は、港のシンボルとして保存され、歴史と景観を生かしたまちづくりの中心として進められることになりました。

プラス知識

ガス・電気・水道のインフラなどの内部改修工事が始まる一方で、コルゲート(波形)天井や防火戸・吊戸車、階段室といった創建当時の部材の保存も図られましたが、図面類がほとんど残されていない中での作業となりました。状態の良好なものや十分な強度があった基礎やコンクリートは、多くをそのまま活用。階段室は耐熱ガラスを用いて新設階段で覆い、現行法に適合させつつ、当時のものが見えるように工夫しました。

新居 千秋氏

新居千秋氏が語る

横浜赤レンガ倉庫の改修工事

建築家の枠を超えた"モノを考える"立場

僕は横浜赤レンガ倉庫の改修より30年ほど前から、横浜市の都市計画や建物に関わってきました。1971年に僕が創和設計に入社して以降、横浜市民球場や横浜駅東口計画、独立後は、関内駅、いずみ中央地域ケアセンター、みなとみらいエリアの超高層に対するスタディなどが実績としてあります。1999年、横浜市が赤レンガ倉庫を再生するにあたり、民間の力を取り入れるためのコンペを実施することになりましたが、キリンビールの当時の広報部長・大島仁志氏が僕のもとへ相談に来ました。彼は建築好きで、僕の友人でもある建築家の高松伸氏にキリンプラザ大阪の設計を依頼したこともありますが、僕が赤レンガ倉庫のような変わった建物に向いているらしいということを聞き、キリンビールのコンペグループに参加しないかと誘われました。これが赤レンガ倉庫2棟の改修設計をすることになったきっかけですね。ちなみに、キリンビールは最終的に、なんとライバルであるサッポロビールと手を組んでこのコンペに挑みました。これがキリンビールとサッポロビールの初めてのコラボレーションじゃないかな。その後、さらに2社を加えた4社の共同提案によって、コンペには勝ちました。それから、僕は改修設計だけでなく、テナントの選定なども含めた全体計画を任されることになりました。この事業では、公共棟と民間棟を組み合わせ、横浜市港湾局や㈱横浜みなとみらい21など、さまざまな団体が参画しました。㈱横浜みなとみらい21は、1号館と2号館を横浜市から賃借するとともに、横浜市から広場の管理を受託していました。1号館では横浜市芸術文化振興財団が文化事業を運営し、2号館では㈱横浜赤レンガがテナント運営を行うというスキームです。僕は、各所と調整をしながら、建築家の枠を超えて"モノを考える"立場となったのです。打ち合わせの回数は最終的に200回に上りましたが、このプロジェクト以来、僕は

建築関連の知識のない人との打ち合わせに、映画の脚本みたいにデザインプロセスを順序立てる方法を取るようになりました。つまり、使うシーンを説明しながらものをつくることで、完成度の高い、隅々まで配慮の行き届いた建物やインテリアの制作が可能となるのです。

既存建物と歴史の徹底的なリサーチ

改修するにあたって、まず赤レンガ倉庫を訪れましたが、壁がペンキの落書きだらけなうえに住みついた鳩のフンがあちこちに落ちており、ネズミも出てきそうな雰囲気で、いかにも"廃墟"という印象でした。日中から夕刻までずっといたのですが、その廃墟感がたまらないので「このまま残しませんか?」と担当者に聞いたら、ものすごく怒られました(笑)。

写真1　広場に何もないことで、照明により浮かび上がった赤レンガ倉庫の美しさが際立つ

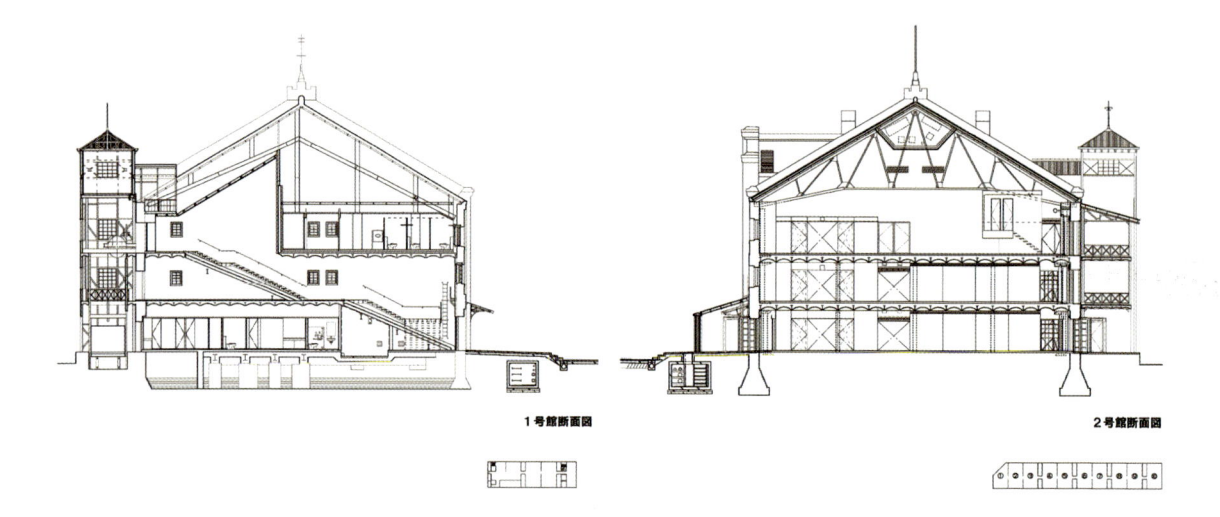

1号館断面図　**2号館断面図**

図2　かつての物流倉庫としての名残で、3階の一部が4階構造となっている。これは揚重機室として
使われたためで、現在は、揚重機は外されて窓に改修されている

その落書きのある風景もやはり撮影場所として人気があり、落書きを残すか残さないかの議論も起こりましたが、今回の改修にはそぐわないという結論に至りました。今でこそ、赤レンガ倉庫は全国的に有名な"横綱"的存在ですが、当時はまだ"大関"レベルのイメージでしたね。

ところで、現在の1号館は2号館よりも短いですが、関東大震災で1号館が半壊する前は、もともと2号館と同じくらいの長さがありました。この2棟はもともと構造が全く異なります。先に着工した2号館は鉄骨の柱に鉄骨梁を渡したところへ弧状の波型鉄板を架して、さらにレンガ屑入りコンクリートと普通コンクリートを二重に打っています。一方で、1号館は2・3階の床が鉄筋コンクリート造で、床の梁や柱はすべて鉄筋コンクリートに耐火被覆を施していました。これは、材料のコスト削減が図られたためです。政府の赤レンガ倉庫を含めた築港工事全体の工事資金が日露戦争終結後になくなり、工事が一時ストップしたため、工事費の3分の1を横浜市民が寄付して補っていました。半壊した原因はそれだけではなく、1903年に世界初の鉄筋コンクリート造のアパートがパリで誕生し、その8年後には、妻木氏がいち早く1号館に鉄筋コンクリートを取り入れましたが、施工担当である竹中工務店が調べたところによると、配筋を逆にしているから壊れるのは当然とも言える粗雑なつくりとなっていたそうです(笑)。さらに妻木氏らは、手に入れた最新資料をもとに手探りでコンクリートを打っただけでなく、手抜き工事もありました。竹中工務店と僕らで梁がない箇所などを発見して、慌てて直した部分もあります。

ちなみに、妻木氏はあまり馴染みがない人が多いようですが、日本橋をつくったことでも知られる人です。日本橋は50億円もかかった膨大なプロジェクトですが、日本橋の下には素晴らしい彫刻があるので是非見に行ってください。

また、明治を代表するレンガ造の建物として、赤レンガ倉庫のほかに東京駅があります。東京駅は建築家の辰野金吾氏による設計で、ライバル関係にあった2人ですが、赤レンガ倉庫はレンガ間に鉄板を水平に積んでいく"碇聯鉄構法"、東京駅は鉄骨レンガ造であらかじめ組み立てた鉄骨構造体の周りにレンガを積み上げる工法をとり、やはり異なる手法を取っています。こうしたことは、

僕たちが歴史や妻木氏の個人史を調べ、当時の建築のつくり方を徹底的に勉強してわかったことですが、肝心の当時の図面は残されていませんでした。ですので、プロジェクト開始後の最初の2年間くらいは、高圧洗浄機で壁のペンキを落とす一方、図面と模型の作成をするという状態でした。しかも窓の大きさがすべて違うため、竹中工務店にすべて測り直してもらい、改めて図面を起こして20分の1の模型もつくりました。毎日10人くらいアルバイトを雇っていたので、模型の人件費だけで2000万円くらいかかりましたね。改修工事後は、僕らの事務所の残高が20万円にまで減りました(笑)。赤レンガ倉庫に入れあげていたため、その後は仕事が半年位全くなくなって最悪だったけれど、面白いプロジェクトでした(笑)。

何もない空間も設計の一部

改修をするにあたり、これを設計した明治時代の巨匠のスピリッツを甦らせることは必要ですが、それだけでは力強い人気が出るものにはなりません。妻木氏の建築を理解した上で僕自身の建築を加え、さらにそれぞれを調和させる。とても難しいプロジェクトでした。どこかで見た未来をつくらないと、未来は継続しないと思い、"ノスタルジックフューチャー"を目指し、デザインコンセプトには"THE FIRST MACHINE AGE"を掲げました。赤レンガ倉庫が創建した時代は、機械が人間に近い感覚でつくられ、機械も人間と同じように寝て、食べて、働くように考えられていたので、そのような呼び方があったのです。その時代にタイムスリップするようなストーリーを、赤レンガ倉庫の中に組み込もうと思いました。そのほかに、当時の新しい素材であった鉄とガラスを用いるほか、エレベーターやエスカレーターなどの"マシン"を、構造が目に見えるように表現しています。

赤レンガ倉庫の周りにある広場に関しては、なるべく何もつくらないように設計しました。この広場に赤レンガ倉庫に向かった階段を設けることで、倉庫の前に手すりがない設計を実現し、赤レンガ倉庫だけが建つ空間をつくっています。照明ポールも邪魔なので、広場から赤レンガ倉庫に向かう階段の基壇と、各棟の4階レベルにある

揚重機室に照明を仕込み、2棟が互いに照らすようにしてあります。大きな広場に対して、「このスペースをもっと利用したらいいのに」とか、外野からいろいろと意見を言われましたが、何もない空間が重要なのです。広場にも設計意図が込められているのです。

また、設備設計には膨大な時間を費やしました。もともと設備を配置するスペースがなく、1号棟南側に設備棟を建て、設備を地下に配置して見えないようにしています。この設備棟から地下の配管を通して、2棟に水・電気・ガス・空調のエネルギーを供給する仕組みです。設備棟の地上部は、周囲の芝生と馴染むようにガラスの壁面にして水が流れる親水空間としました。

構造については、僕らが入る前にすでに他の構造設計家によって補強していたのですが、鉄骨がむき出しのままになっており、地震が起きたら、躯体だけを残してレンガはすべて崩れてしまうようなものでした。それがわかってすぐにいろいろな建築構造家に相談したところ、構造家の今川憲英氏から「目地を補強すればレンガも崩壊しないのでは」というアドバイスを受け、それを採用しました。直してしまった鉄骨は、レンガ壁を前に挟んで隠しています。この空間に、改修前の姿にもう一度戻せるよう、使わない戸などをできるだけ入れてあります。また、筑波の建築研究所でレンガの破壊試験を行ったところ、既存のレンガは明治時代の職人技でつくられているのですが、現在の機械製より3倍以上の強度が確認されました。しかも、あのレンガの色はある一定の温度で焼成しないと同じ色が出ないので、既存のものとマッチさせるために、中国の福建省で新しくレンガを焼いた後、レンガを叩いてわざと欠けさせる作業が必要でした。

さらにその後、構造的にあと3つ以上壁に穴を空けると、この建物は倒壊してしまうことがわかりまして、僕らは店舗の設計もすることになります。僕らと今川氏と竹中工務店で共同開発したエポキシの素材が入った、大きな注射器のようなものをつくり、2年間で分速数mmでゆっくりと液体を目地の中に流し込んでいきました。そして、270個の試験体を採取して強度や耐久を確かめながら、図面を描き進めました。

100年愛される建築を目指す

よく使い方を間違えられますが、"保存"は、歴史ある建築物をそのまま残すために、構造補強を施すなどして現状維持を図るものです。今回僕たちが赤レンガ倉庫の改修で取り組んだのは"保

写真3　模型(1/20)写真

写真4　レストラン「BEER NEXT」。店内入り口の階段は、中央のガラスに覆われたところにある

全"ですが、"保全"は、現在の機能や感覚を残しつつ改良して、自活できるところまで考えます。改修前の赤レンガ倉庫を見た商業コンサルタントには、「駅から25分も歩くし落書きだらけで鳩がいるし、こんなところに人が集まるわけがない」と言われていました。僕たちは赤レンガ倉庫の持つ魅力を信じて、コンサルタントを入れずに、プログラムから商業デザインまで自分たちで手掛けることにしました。

レストラン「BEER NEXT」では、僕はイスやテーブル、ビアサーバー(写真5)までデザインしました。他にも、使う皿の大きさや食材、鳥の焼き方や調理方法など、ありとあらゆるモックアップに取り組みました。ちょうどペンシルベニア大学で教えていたので、ヨーロッパやイギリスに行って、レストランや流行のメニューを調べたり、キリンビールの人と1日6軒ほど飲食店で飲み比べと食べ比べをしてメニューの検討をしていたら、それ以来痩せなくなりました(笑)。内装については、階段を壁側に置くとそこに窓を設けられないので、あらゆる法規を読み解き避難階段と解釈して、床を抜いた中央に自立させました(写真4)。その他に、全テナントに対して、歴史建造物を保護するために店内のレンガの目視率などを定めた共通のデザインガイドライン(図8)を配布しました。ただ、オープニングの3ヶ月前の時点でテナントの応募がほとんどなくて困り、2号館にガラス工房の「Yokohama Glass」ってあるでしょ、そこは僕の同級生のお店で、出店を希望していたので役所に紹介しました。このようにして何とかオープンを迎えられたわけですが、つまり、建築家の大事な仕事というのは"強靭な意志を持って、自分たちがやれば流行ると信じて突き進むこと"だと僕は確信しています。100年愛される建築をつくるのはとても難しいことです。赤レンガ倉庫の改修にはいろいろな人が関わり、その分いろいろな意見があって大変なプロジェクトでしたが、いいリーダー(このプロジェクトでは横浜市やキリンビールのこと)がいて、そのリーダーの求めることに僕たち建築家が応えられれば、いいものをつくることができるのかもしれませんね。

写真5　新居氏が設計したビアサーバー。メンテナンスが難しいことから現在は使われていない

「赤レンガ卒業設計展」とは

卒業設計展における大切なポイント

僕は常々、卒業設計は大事だと言っています。卒業設計・修士設計は課題だけではなく、クライアントも気にする必要がありません。敷地選びからプレゼンテーションまで、全て自分の好きなように考えられますが、言い換えれば自分との戦いになります。建築家の生涯でも2回あるかないかの大事な戦いです。世界の建築教育のほとんどが5〜6年制を中心にしている中、4年制は日本だけと言っても過言ではないでしょう。そうすると詰め込み教育となり、哲学的思考や物事への深いリサーチ力に欠けた学生をつくり出し、世界の大学に負けていくのです。皆さんには、実際にそうした状況にあることを認識しておいてもらいたい。

では、卒業設計で皆さんはどんなポイントを押さえなくてはならないか。僕はどこの国の学生にも同じことを説明しています。まず1つ目は、そのアイデアが思いつきではなく、卒業後も持続できるアイデアなのかということです。少なくとも25年先も色あせない案を考えなくてはなりません。建築は1つの作品をつくるのに多くの時間を要します。時代を読み間違えると、建築家として生き残ることはできません。2つ目は、自分の社会を見る"視点"が重要だということです。その時その時の流行を追わないことです。今はリノベーションが人気ですが、それを追っていては二番煎じにしかなりません。3つ目に、対象とする敷地がある場合は、その敷地を徹底的に読み込んで"site specific"を考えること。リサーチのようなものを少しだけ書いただけで、案をつくり出すようなことがないように。例えば、シンガポール大学では1年かけて敷地や課題に対する分析に取り組み、卒業設計ではその時につくった100ページを超える資料をベースにします。4つ目に、敷地を超えた"光"・"影"・"陰影"など、建築空間の質に関わる部分について断面などを深く考え、先達の思考と比べること。日常で気づいたことからコンセプトをつくること。5つ目は、自分の言葉で述べること。普段使わないような難しい言葉は、頭のトレーニングとしてはいい

写真7 「赤レンガ卒業設計展2018」の公開審査にて

のですが、最後にはやはり自分の言葉として置き換えなくてはなりません。シンプルな言葉の中に、渾身の一撃を込めるのです。最後の6つ目は、模型に対する視点も大事にすること。原寸大の模型に、自分が入っていてもいいですね。素材選びからこだわり、自分の中のアートを呼び起こすことです。

創立のきっかけ

「赤レンガ卒業設計展(以下、赤レンガ)」が始まったきっかけは、僕の教えている学生たちが、卒業設計展を開催できる場所がないか話を持って来たことでした。その時ちょうど改修をしていたので、赤レンガ倉庫を紹介しました。でも、学生からなかなか返事が来なくて、結局、開催はギリギリになって決まりました(苦笑)。僕が卒業設計に取り組んだ当時のことを学生によく話していたので、僕に相談したのだと思います。

僕が学生だった当時の卒業設計は早稲田大学の圧勝が続いていましたが、何とかして勝って全国1位になりたいと思いました。僕は3年生の時の課題ではずっと1番でしたし、東京都立大学(現在は首都大学東京へと再編・統合)の長倉康彦先生から、「このままいけば学会賞の受賞も期待できる」と言われ、ますます勢いづいていました。それで、卒業設計の基本的な構想は3年生までに考え、学外で卒業設計展を開催して社会に発信しようと数名の友人と企画したのです。会場は渋谷や自由が丘などのエリアに目星をつけましたが、レンタル代が高額であったりと、なかなかいい場所がありませんでした。最終的に桜木町の古いビルに決まり、15人ほどのメンバーと取り組みました。残念ながら、武蔵工業大学(現:東京都市大学)でのこのような卒業設計展は、僕の代の1回きりで終わってしまいましたが、ビルに泊まり込んで頑張ったことを今でも覚えています。

15周年に審査員長を務めて

創立時に場所の提案こそしたものの、それ以降、僕自身は一度も審査員をやりませんでした。ですが、今回15回目の節目を迎えるということで、引き受けてみようと思ったわけです。審査員をやってみて、やはり近年の卒業設計展の弱体化を感じます。もっと門戸を広げて開催してもらいたいです。作品を見ても、内容がジェネリックに

図6 新居氏は、赤レンガ倉庫近くに現在建設中のアパホテル&リゾート<横浜ベイタワー>(左パース)で久米設計と協同で設計を担当。また、現在建設中のアパホテル&リゾート<両国駅タワー>(右パース)の設計も担当している

なっています。予定調和の風潮を打ち破るような強さが欲しい。それから、風景画のような作品がとても多かったと思います。風景のスケッチやパースが多く、自分のアイデアや案がないことに気づいていない学生が多かったです。絵が上手な人がきれいにスケッチを描くと、なんでも上手に見えてしまう。建築にはその向こうにある社会性が必要なのです。先に述べた卒業設計展で押さえるべきポイントも含めて、そういう観点を持つ人が少なかったですね。原因はやはり出展数を絞ってしまったことにあると思います。「赤レンガ」に出展できなかった作品の中には、他の卒業設計展では上位に入っていた作品がありましたから。

今後の課題と展望

「赤レンガ」の名前は大切にしてもらいたいです。名前を変えてしまうと、その存在を保ち続けることは難しいと思いますね。黄昏てしまう。赤レンガ倉庫は、一般の方も足を運びやすい点が魅力です。展示スペースに問題があるのなら、門戸を広げつつ選定を厳しくしてはどうでしょうか。審査員が頑張れば、200人分でも300人分でも見ることができると思います。僕がこれまで審査員長として携わったコンペでは、890人くらいの応募がありましたが、10時間かけて全員にコメントをつけながら審査しました。今回の「赤レンガ」でも僕は全員にコメントをつけています。これまで出展していなかった大学の学生も出展したいと思えるような卒業設計展を目指してください。強い相手と戦ってこそ、本当の意味で自分を高めることができるのだと思います。卒業設計展はいろいろな人と出会える場でもあります。学生時代の出会いは大切です。僕も卒業設計で、今も交流のある高松伸氏と栗生明氏を知りました。卒業設計で感じたことは、数十年経っても自身の拠り所になってくれるでしょう。

さらに、次世代を担う建築家を目指すのであれば、建築とは異なるジャンルの人にも来てもらえるような場所で開催するのが理想です。僕自身、赤レンガ倉庫の改修では、いろいろな人に来て使ってもらいたいという思いを持っていました。運営の仕組みをきちんと定めて、丁寧にセレクションしたものを展示すればよいと思います。「"赤レンガ"卒業設計展」を持続できれば、定着もしていきます。他に望むことと言えば、議論でぶつかることに耐えられる学生に参加してもらいたいですね。活気が出て面白くなります。講評時間も制限なく、好きなことを言える場をつくってもらいたいです。

ただ、最近は卒業設計が就職の道具になっているように思えます。卒業設計ではル・コルビュジエを超えることを目指し、卒業後も20代の自分が考えた建築やまちを実現させるべく、努力を続けてもらいたいです。日本の就職システムにも問題があるのでしょう。大企業狙いの学生が多いですが、皆さんが入社したいと思う大企業のトップは、学生時代に留学したりブラブラといろいろなことを学んだ後に覚悟を決めて入社し、現在大いに活躍しているのです。大企業でなくとも、例えば僕の事務所は16人しかいませんが、今、2棟の超高層計画に携わっています（図6）。事務所の人たちに伝えているのは、理想を持って次世代を育てる"建築家のための建築家"を目指せということです。皆さんも、社会に出ても自分の理想を忘れないでください。

環境デザインガイドライン

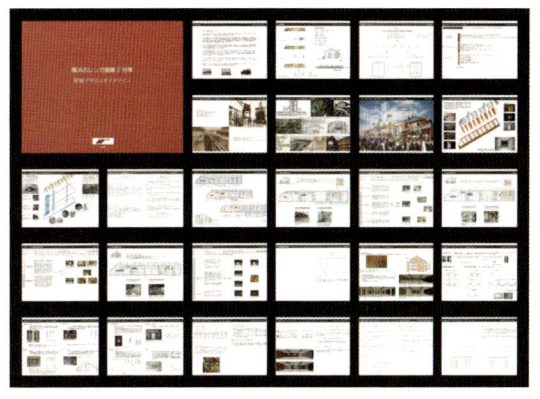

図8　全テナントに配布したガイドライン。26枚にわたって詳細に説明

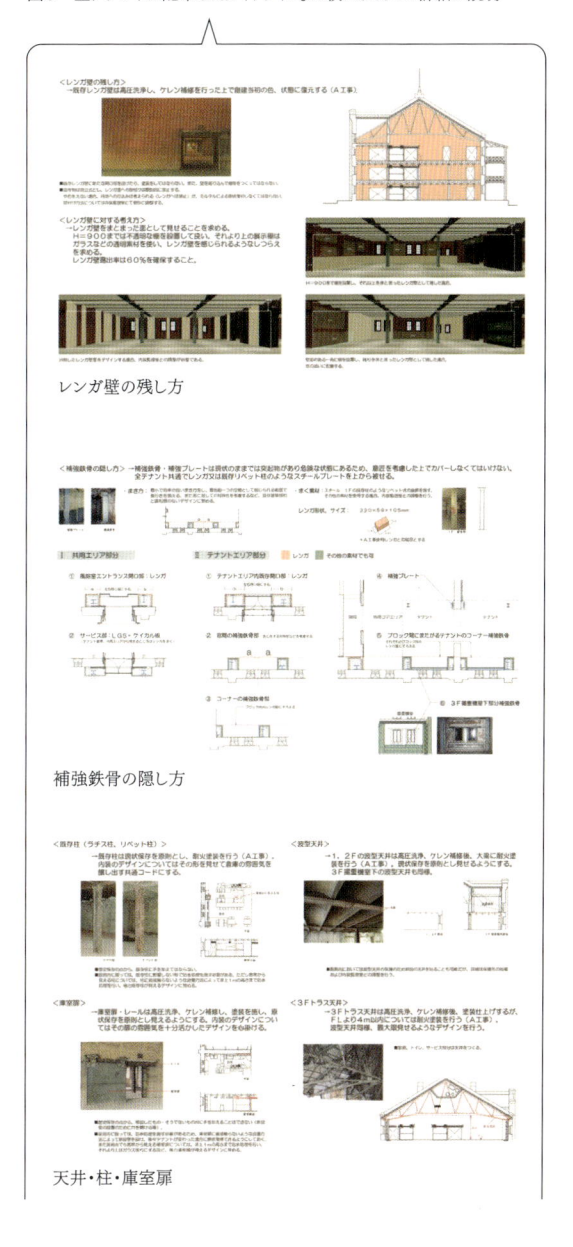

レンガ壁の残し方

補強鉄骨の隠し方

天井・柱・庫室扉

「身近な世界を越えるために」

猪熊 純

今年で15周年となる「赤レンガ卒業設計展（以下、赤レンガ）」は、今や全国でも有数の規模と知名度を誇る卒業設計展となった。私たちの頃には、「赤レンガ」も「せんだいデザインリーグ」も、今あるほとんどの卒業設計のイベントがなかったことを考えると、今の学生は本当に羨ましい。大学教員を10年もやっていると、学内で評価の低かった学生が学外で評価されるようなことにもしばしば出会うが、そうしたチャンスが与えられる学外審査は、素晴らしい取り組みだと思う。なかでも、学生主体で立ち上がった「赤レンガ」は、大学とは違った多様な審査を強く期待していることは想像に難くない（実際創設メンバーだった友人も、そういった話をしていた）。

一方、学外審査が多く行われるようになって、気になることも出てきた。130点程の展示が一同に会し、同様のものが全国的に行われ、まとめの作品集も出版されるようになったことで、結果的に共時的な卒業設計の情報は明らかに増えた。まるでSNSのように「今、似たような属性の人が何を考えているか」という情報が、他の情報を圧して多く流れ込んでくる。油断をすれば、学生たちは受動的に最近の卒業設計の情報ばかりを浴びて、設計が似たものの再生産になりかねない。実際、3年連続でズラッと並んだ卒業設計を見ていると、地域づくり系のテーマや家型を組み合わせた造形、アドホックでバラック的な佇まい、リノベーションなど、ここ数年の話題を感じさせるものは多い。多様な審査を

求めて始まったはずの「赤レンガ」が、結果的には同質性へと向かっているのだ。もちろん、私たちのような身近な若手建築家がこうした問題に挑んでいることも要因の一つではあろうが、学生が目を向けることのできるテーマは、もっと広がりがあるはずだ。海外に目を向ければ未だにグローバルな投資によって巨大な建築が建つ地域もある。テクノロジーの進化によって、これまでとは異なる建築のつくり方も可能になりつつあるし、自動運転など都市のあり方に大きな変化をもたらす技術も日々進化している。一方で環境に及ぼす人の影響力はますます大きくなり、"人新世"なる言葉も生まれた。不確実ではあるけれど、まだまだ進み続ける私たちの社会の中で、未来の建築家たる学生たちが、こぞって"すぐ目の前の問題解決"をテーマにしなくても良いのではないか。リアルな現場の話は私たち実務家に敵うわけがない一方で、ボールを少し遠くに投げるような提案においては、若い感性を持つ学生のほうが鋭い提案を行うことも、大いにありえるはずだ。

こうして考えると、情報の少なかった私たちは、かえって恵まれていたかもしれない。能動的に情報を取りに行かざるを得なかった私たちは、卒業設計を始めるにあたって、他分野の書籍を読み漁ったり、海外の建築事情を調べたり、図書館にある過去の卒業設計のアーカイブをチェックしたりと手当たり次第だった。結果的に当時興味を持ったのは、卒業設計のアーカイブ

だ。通時的に過去のものを見ると、時期によって流行りのようなものがあるのも良くわかるし、そうした表面的なものをはるかに超えて、青木淳氏や五十嵐太郎氏など、今活躍している人たちの設計が、圧倒的な存在感で目に飛び込んでくる。そうした大先輩の卒業設計を舐めるように見て、驚愕しつつも「同じレベルのことを今自分がやるなら……」などと精一杯背伸びをしようとした。青木氏は僕より20歳ほど年上、つまり20年も前の卒業設計に圧倒されたわけだ。そうした、時代を超える強度のようなものに、能動的に飛びついた。また同時に、「どんな卒業設計を行った先輩が、今どんな活躍をしているのか」といった生き方の問題として、卒業設計を見ようとしていた。

こう考えると、「赤レンガ」のような学外の卒業設計展は、生かすも殺すも、参加する学生次第の諸刃の剣のようなものだ。共時的な側面だけに影響を受けるのではなく、今を相対化し、乗り越えるための情報源として学外イベントを捉えたら、こんなに面白いことはない。ここ数年の卒業設計を見て、傾向と対策を読み取るのではなく、むしろそれをひっくり返すことを目標に、建築のつくり方や社会像や表現を考えることのほうがはるかに豊かなはずだ。今の学生は、20年後の建築家だ。不器用でも、そこに向かう新しい芽のようなものが130点の展示の中にたくさん見られたら、「赤レンガ」はきっとこれからも良い展覧会であり続けるに違いない。

2章

15周年JOINT企画

〜人をつなぐ〜

2章　15周年JOINT企画～人をつなぐ～
「実行委員による本音で座談会」

実行委員が教える
「赤レンガ卒業設計展」の基本

Q.「赤レンガ卒業設計展」の特徴を教えてください
A.石川：「赤レンガ卒業設計展（以下、赤レンガ）」は、首都圏の観光地で開催しているのが大きな特徴です。開催規模としては「せんだいデザインリーグ（以下、せんだい）」のほうが大きく、出展数も日本一で注目度が高いですが、普段建築に関わりのない人にも展示を見てもらえるチャンスが「赤レンガ」にはあります。そのため、より多様な来場者が見込めると思います。

Q.実行委員になったきっかけは？
A.石川：たまたま手伝いをしている先輩が前年の委員長だったのですが、次年度の委員長候補を探さないと設計展ができないから見つけて欲しいと頼まれ、人を集めた結果、自分が委員長になっていました（笑）。東京都市大学については、委員長、副委員長2人、会計2人、書記2人、パワポ係1人、大学の代表2人というメンバー決めがありました。ほとんどが手塚研究室の所属です。
掛川：委員長はキャラクター性で必然的に決まったんだと思いま

す（笑）。私は去年の実行委員をしていた仲のいい先輩から紹介されたのですが、大学の授業時間前にもメンバー募集の告知がされていました。少なくとも月に1回は会議があり、神奈川大学の場合、広報班としてスポンサーとのやりとりがあると説明されました。メンバーの所属研究室はバラバラです。
吉田：日本女子大学では実行委員を篠原研究室が毎年引き継いでいますので、作業はしやすいです。
石川：実行委員の決め方は大学ごとに異なるようです。1つの組織としては、サークルというよりも各大学の代表として捉えてもらいたいです。

各大学が集まって月2回の会議に参加。SNSを使って情報共有もしている

公開審査当日に実行委員皆で円陣を組むのが毎年恒例。委員長の掛け声で気合を注入

首都圏最大級の「赤レンガ卒業設計展」に、今年は16大学88名もの実行委員が参加しました。先輩より引き継いでから半年もの間、事前準備や当日の運営に奔走した実行委員たち。15回目の記念すべき節目にどのような想いで取り組んだのか、自分たちの活動内容に対する良かった点や反省点、後輩へのメッセージなど、実行委員長たちに語りつくしてもらいました!!

東京都市大学
石川朔巳（実行委員長）

東京都市大学
藤塚雅弘（審査班）

日本女子大学
吉田桜子（冊子班）

Q.今回座談会に参加した広報班、デザイン班、審査班、冊子班による、それぞれの活動内容を教えてください

A.掛川:広報班はスポンサー集めと宣伝・広告を担当しました。宣伝にSNSを活用した以外に、フライヤーを置いてもらえるように赤レンガ倉庫内のショップに働きかけもしました。

藤塚:審査班は審査員の選定と当日の審査の流れを決めたほか、当日の展示作品を決める"0次審査"に関する提案をしました。

吉田:冊子班は0次審査の冊子と会期中のパンフレット、作品集の制作を担当しています。

辻井:デザイン班はポスターや名刺のデザインといったデザインを主に担当して、設計展の顔となるものを作成しました。

石川:全体的なこととしては、実行委員の活動日を月2回にしました。その理由は、曜日によっては参加できない大学があるからです。自分たち幹部は、会議に来てもらえるよう働きかけることも仕事です。会議に参加しないと話ができない、話ができないと活動がわからない。そういう意味では、みんなで飲みに行くことも活動の1つかもしれません(笑)。

広報班でホームページのほかにInstagramやTwitterなども運用

審査員の先生との打ち合わせは審査会当日にも綿密に行われる

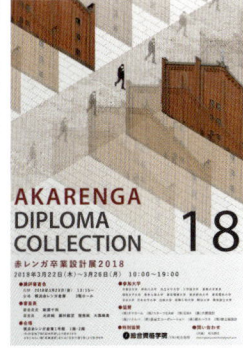

デザイン班が制作した2018年版ポスター。パンフレットの表紙でもデザインを踏襲

議題「赤レンガ卒業設計展の存在意義」

吉田：委員長が『「赤レンガ」は、建築に関わりのない一般の人にも展示を見てもらえるのが特徴』と言ったけれど（前ページの基本を参照）、確かに、私が以前「せんだい」に行った時は学生ばっかりだった。

掛川：「せんだい」に行くための仙台行きの夜行バスも乗客がほとんど学生だったな。

吉田：「せんだい」はそもそも建築関係者や建築学生をメインターゲットにしているんだと思う。

石川：「赤レンガ」は、建築に関わる人もそうでない人も両方をターゲットにしたスタンダードな卒業設計展として日本一を目指していきたい。

吉田：一般の人って、どういう人かイメージある？

石川：基本的に世の中の人全員に来てもらいたいけれど、挙げるとすれば建築に関わりのなかった人かな。建築学科が一体何をやっているのか、特に学生は、それを知らずに卒業するのは勿体ない。

掛川：課題のために学校に泊まることも、他の学科にしてみれば想像がつかないことなんだろうな。自分たちが4年間何をやってきたのか、見てもらいたい！

吉田：あとは建築関係で実際に働いている人。若手の感覚を見て欲しいと思う。

藤塚：卒業設計展で扱ったテーマが、次の流行になることもある。自分たちから何か発信できればいいな。

掛川：そういえば、大学の先生や後輩も来てみたい。

石川：自分も1、2年生の時に卒業設計展を見に行ったんだよね。何というか言葉では言い表せないけれど、元気をもらった。1人で遠方に行く機会があまりなかったのもあるけれど、1年生で「せんだい」に1人で行った時に、今でも忘れられない感動があった。

吉田：私は前回の「赤レンガ」を見て衝撃を受けた。あと数年したら今度は自分が同じものをつくるんだと思って、やる気が出てきたよ。

石川：自分が考えていることと同じようなテーマの作品を見つけたら、ショックなような嬉しいような……。

掛川：同じ世代の同じ建築学生がつくったものだからこそ、より影響を受けるよね。

石川：あとは出展者の立場からすると、自分の考えを多くの人に見てもらいたいということと、自分が関東でどれだけ戦えるのかが、大きいポイントだと思う。複数の大学が合同で活動する機会はほとんどないから、設計展のように他大学と比べる機会はとても貴重。

議題「実行委員会の活動の目的」

掛川：基本的には会期をいいかたちで迎えるという目的があるけど……運営面での本来の目的はあった？

石川：それについては、不透明のまま終わってしまった感じがする。でも1つ思ったのは、"誰にターゲットを当てるか"が重要だということ。例えば学生を対象にしているのであれば、議論ができるような講評会にしたほうがいいと思うし、一般の人であればレセプションや展示スペースをもっと広くしたり、会場に立ち寄りやすいような工夫をするとか。今年の講評会の裏では、時間が押しているから早く進めようという話も出たけれど、講評の時間が押すのは何も問題ではないと思う。講評会は1位を決める場であって、それを見たいために人が集まっているなら、時間を短くすることにこだわる必要はない。1番の目標は、きちんとキレイに卒業設計展を完成させるということで、それ以外の何でもない。ただ、班のノルマも必要。例えば関東一を目指すのであれば、冊子班はこのラインまで頑張らなくちゃいけないとか、広報班は何社スポンサーを集めて資金をこれだけ獲得しなくちゃいけないとか、頂上に置く目標がないと活動が派生していかない。たくさんの人が来てくれる卒業設計展という大きなイベントを完成させるのは、建築サークルなどにはない自分たちならではの活動。せっかくそういう大きな目的があるのだから、達成目標をきちんと決めて活動を進めていかないと。

藤塚：目標があれば、それに対して各班が何をやるべきかが見えてくるよね。

掛川：班ごとに方向性や目標を考えるべきというのは、本当にそう思う。目標なしに役職だけ与えられてもうまく活動できない。

議題「今年の振り返りと次の世代に望むこと」

掛川：今年の広報班は、まず協賛を多く集めれられて良かった！それから、Instagramはやって良かったと思う。

石川：Instagramは確かに成功。Twitterは告知、Instagramは写真と、SNSごとに役割ができていて良かった。

掛川：写真がメインになるInstagramは目につくから、宣伝効果は大きかったよ。

石川：動画を投稿したのも良かったね。

掛川：もし来年度のメンバー数が増えたら、外注よりも自分たちでつくる部分がもっと増えていいんじゃないかな。

辻井：でも、建築業界では異分野とコラボする流れが増えているし、外注して他と関わる経験も必要だと思うな。企業との関わりではどうして

もお金が絡むけれど、学生だからこそできることがある。その強みは大事にしたほうがいい。自分たちは建築という特化した武器があればいいから、それを持って異分野をもっと巻き込んでもらいたい。

藤塚: 審査員班は、今年はいろいろとタイミングが良くなかった。審査員をもっと早く決めて、意見をもらいながら審査方法などを検討するべきだった。審査員は毎年変えるという方針もあるけれど、例年の流れがわかるように固定の審査員ポジションを設けるなど、新しい目線も取り入れられるようにしたい。審査員の選定に関しては、年代に幅を持たせると、各々の評価の重点ポイントが異なるので、そこから面白い議論に発展したり、評価の違いが生まれたりしていいと思う。

辻井: いろいろな評価方法やテーマがあっても面白いかも。例えば、今の企業では何を求めているのかを考えたり、もっと多角的な審査方法があっていいよね。

藤塚: 今回は新居先生が作品1つ1つにコメントをつけてくれたことが良かった。出展する意味のあるものになった。

石川: やっぱり建築家の熱意はすごい。学生に対しても、とてもオープンに接してくれる。

掛川: 審査員の方々も、学生ともっと話したいんだと思ったよ。建築を学ぶ側としては、建築家との繋がりを大事にしたい。

藤塚: メインになる講評会以外にも見せ場があるといいんじゃないかな。

辻井: デザイン班は、来場者の目に触れるものをつくる立場として、相応のクオリティが求められるけれど、その点はクリアできたと思う。実際、フライヤーを配布したら、配布する前日の来場者が250人くらいだったのに対して、配布後は400人来てくれた。ただ、何のためにものをつくるかが見えてなかった課題はある。"ディプロマ"って言われても、建築に関わりのない人はわからないよね。

掛川: 広報班としては、もっと早い段階からフライヤーを使いたいと思った。

辻井: そうだよね。やるべきことはやったという感じはあるけれど、一方でもっとできることがあったとも思う。後輩には、チャレンジの姿勢で頑張って欲しい。

石川: デザイン班は1番活発だった。みんなで議論しながら動いていて、それはなかなかできることじゃないと思う。結果的に、デザインは各所で褒められたしね。

辻井: 皆優秀で協力的だったのでメンバーに恵まれたと思う。強い信頼関係もできていた。

石川: デザイン班をお手本に、他の班ももっと活動できたら良かったな。

掛川: 班の枠を超えて連携し、そういった良い活動の様子も共有

できたら良かったかもしれないね。

石川: 人をまとめるのは割と得意なほうだけど、やっぱり自分が信頼されるためには、まず自分が信頼しなくちゃいけないと思った。大学の学科会で代表を務めた時からそう思っていたけれど、今回改めて実感した。

辻井: これだけの規模の団体で副代表を務めたけれど、正直なところ、こういうことは得意じゃない。ただ、もっと良くできればという思いで取り組んできた。結論としては、すごくうまくいった！理由に挙げられるのは、班のメンバーに当事者意識を持たせたこと。仕事をきちんと振り分けて、組織を好きになってもらう工夫をした。メンバーそれぞれの長所短所を分析して、仕事の振り方は考えたね。1人1人にどれだけ動いてもらえるか、ドライな部分を構築するためには、コミュニケーションなどウェットな部分が大事になる。

掛川: でも会議に来てもらわないと話せないし、どんな状況かわからない。それがわかれば、仕事も振りやすかったんだけどな。

石川: 会議はとにかく活動の第一歩になる。来てもらうのも自分たちの仕事。

辻井: ただ、せっかく会議に来たとしても、広報班はもっとコミュニケーションを取るべきだったと思う。目の前にやるべきことを示していかないといけない。

掛川: 初めから1人で仕事をしていたところがあったから、他の人に仕事を振りづらくて……。早い段階から仕事を自分の大学のメンバー内で収めてしまっていたのは反省。

石川: 後輩に言いたいのは、「とにかく仲良くしよう」！今回のデザイン班みたいに心を開いて話し合う関係がいい。自分1人の中だけで考えていても、良いか悪いかわからない。

辻井: アイスブレイクみたいな場があるといいんじゃないかな。自分が海外ボランティアに参加した時、どうしたら参加者が楽しめるか、ボランティアメンバーで延々と議論していた。実行委員でも、もっとそういう場を設けたら良かったと思う。

石川: それから、たくさんの出展希望者と会場キャパシティとの兼ね合いは、ここ数年目を瞑っていた課題。次への指針をつくらないといけない。

辻井: その点についても、自分たちはすごく受動的だった。イベントを成立させるのに精いっぱい。本来は、イベントにとって1番いいものを、常に自分たちから提案していかなければいけないよね。これから能動的な組織にするために、引継ぎをしっかりやって、ビジョンを明確に持ってもらおう。関東一、さらには日本一の設計展にするという意識を、どれだけ下の世代に繋げていくかが大事。能動的に取り組めば、活動が楽しくなるし、意義のあるイベントになる。せっかく建築の良さを伝えられる場所なんだから、

しっかり活用しないと。

藤塚:引継ぎという話に関して、OBとの関係性は大事だよね。

吉田:それから、後輩ができることをもっと伝えていく必要もある。

辻井:一般の人にとっても、もっと意味のある設計展になって欲しい。きっと「赤レンガ」の立ち上げメンバーも、いろいろな人に見てもらいたいと思っていたはず。それを踏まえて、運営側も参加者も楽しめるよう、もっと勝負してぶっ飛んでくれていい（笑）。例えば学生起業家と協力するとか、いくらでも可能性はある。

掛川:いろいろな考えや可能性を話し合う場が、活動の早い段階からあるといいね。みんなで丸くなって話し合うような姿がいいと思う。

辻井:実行委員は90人の規模があるんだから、みんなの力を持ち寄って十分に発揮していくべき。

議題「理想の設計展とは」

石川:結局、みんなが理想とする卒業設計展ってどんなもの？

辻井:参加者が何かを得られる機会になるもの。自分の場合は、こういう卒業設計展の場で建築の力に気付けた。今は就職活動真っ最中だけど、改めて建築の良さを感じている。誰かの熱意に触れて、人生観が変わるようなイベントとして、社会的に意味のあるものにしたい。

掛川:来場者はもちろん、評価する人もいろんな分野があっていいと思う。今の時代は情報量がとても多くて、それらを取捨選択する力が求められているから、建築だけやっていればいいわけではない。出展者同士でディスカッションするという手もある。

藤塚:大学1年の時から「赤レンガ」の講評を見てきたけれど、時間が足りないとずっと思っていた。1位がその作品でいいのか議論をしようというところで時間切れになってしまう。来場者が腑に落ちるところまで議論を深めて、講評を聞いた人のプラスになるよう十分な時間が欲しい。

吉田:同じ意見になるかもしれないけれど、作品は卒業設計展に向けて頑張ってつくったものだから、いろいろな分野の知識を持つ人からも感想をもらいたい。今後の自分の活動に繋がると思う。

石川:自分が何故建築をやろうと思ったかというと、小学生の時に家を建ててもらった建築家に、夢を与えてもらったから。"建築家を志す"もしくは"建築に興味を持つ"ような行動を起こさせる場にしたい。今みんなに話してもらった理想は、どうしたら実現できると思う？

辻井:日本は建築に対して興味を持ちにくい環境にあるけれど、知れば知るほど良さを感じてもらえるはず。ITや

SNSなど、建築以外の魅力と紐づけて、かたいイメージを取り払いたい。そういう意味で、いろいろな分野と建築がコラボしていく方向になれば、理想に近づくと思う。

掛川:企業がお金を出したくなるような、一般の人も来場する意義を見出せるものにできればいいね。学生にもいろいろな知識を持っている人がいる。学生だけでどこまでできるかチャレンジしてもいいと思う。

藤塚:形式ばらず、もっと崩していいと思った。今までのやり方に固執していると変わらない。議論を重ねることで、もっと良くできる。

吉田:一般の人からアンケートで得られた感想を、制作者にフィードバックしてもっと活用するべき。

議題「来年度の出展者として思うこと」

石川:「赤レンガ」は3月に開催するので、卒業設計展としては開催時期的に最後のチャンス。そこまでいかに走り抜けるか。「卒、」も「せんだい」も入賞できなかったとしても、「赤レンガ」で10選もしくは個人賞に選ばれるかもしれない。実際に今回、自分の先輩が10選には残らなかったけれど、大西麻貴先生から個人賞をいただいた。その先輩は「卒、」も「せんだい」も惜しいところまでいって受賞を逃していたけれど、ずっとブラッシュアップを続けていた。

掛川:まさに「有終の美を飾った」だね。

石川:最後までやりきったと思えるような場にしたい。

掛川:こうして実行委員をやって設計展の裏側がわかると、出展するのも楽しみになるね。

　　　「実行委員による本音で座談会」

2章 15周年JOINT企画〜人をつなぐ〜
「トップ対談 変化を受け入れる時」

15周年を迎える「赤レンガ卒業設計展」を実行委員の立場から振り返った時、そこにはどのような姿があるのでしょうか。変わったことや変わらないこと、描く未来像、そしてトップとしての苦悩を、2013年度と2018年度の実行委員長お二人に話し合い、掘り下げてもらいました。今回は"ダブル石川"でお送りします！

2018年度実行委員長
石川朔巳
東京都市大学4年生。

2013年度実行委員長
石川真吾氏
現在は総合建設会社勤務。昨年、一級建築士試験に合格した社会人4年目。

SNS世代の先駆け

石川朔巳（以下、朔巳）：対談の依頼を受けていただき、ありがとうございます。早速ですが、「赤レンガ卒業設計展（以下、赤レンガ）」2013年度で実行委員長を務められた当時の活動内容を教えてください。

石川真吾（以下、真吾）：主幹である東京都市大学としては、主に各大学との調整、予算管理、施設準備、月1回の打ち合わせの日程調整、委員長としては、横浜赤レンガ倉庫やスポンサーなどとの打ち合わせも担当していました。

朔巳：基本的には同じですが、会議が月2回に現在はなっています。会議に来てもらえないと皆の状況がわからないので、各大学で参加できるように、曜日を変えて月2回開催にしました。それから、過去に「TAMAGO展」で審査員を務められた松田達さんの誘いでワークショップを開催しました。事前に運営のイメージを掴むために参加しましたが、建築家の講評の場もあり、「赤レンガ」の場合を想定して審査員の動きを確認できたかと。

真吾：その成果は大きいだろうね。僕は進行に必死で、審査員の動きまで見られなかった。僕らの代で取り入れたこととして、連絡ツールをFacebookにしたのは画期的だったと思う。それまではメールだったけれど、当時SNSが徐々に広がり始めた頃で、Facebookのグループ機能を使って情報をどんどん共有したことでやり取りのスピードが格段に上がった。今も使っている「赤レンガ」のTwitterアカウントを本格的に使い出したのも、僕らの代からだったと思う。

朔巳：僕らも今年はSNSの活用を強化し、今年からInstagramを新たに加えて出展作品のアーカイブとして使いました。Twitterでは情報を集約するなど役割を分けて運用しました。

実行委員長としての苦悩

朔巳：運営するうえで、特に大変だったことを教えてください。

真吾：委員長を任命されたのは引継ぎ会当日で（笑）、右も左もわからないままのスタートだった。大変だったことや苦労したことは、卒業制作を行いながら設計展を運営することだね。自分の卒業制作のため、月1回は香川県で敷地のリサーチとしてのボランティアに取り組み、さらに卒業設計の資金調達にバイトもやるという状況の中、教授とのエスキス、「赤レンガ」の運営のために各所と打ち合わせ……仕事を人に頼むのが苦手で、つい自分で抱え込んでしまってたなぁ。

朔巳：わかります（笑）。僕も人に仕事を頼むのは苦手です。

真吾：そんな状況が続いたからか、委員での打ち合わせ中に突然鼻血が出てきて（笑）、皆に心配された。でもかえってその一件で打ち解けて、皆に仕事を頼めるようになったかな。そんな時ぐらいから「赤レンガ」の運営を楽しめるようになっていたね。

朔巳：去年から委員は3年生が担当することになったんですよ。さらに、来年の委員には2年生も参加してもらいます。次の世代の運営に生かせるように。

真吾：自分たちの卒業設計展ではないのに、どういうモチベーションでやっているの？

朔巳：他大学との交流目当てや、イベントを成功させたいというモチベーションを持つ人が今は委員に集まっています。「赤レンガ」の出展者枠を得るためというより、第三者的な目線でもっといろ

いろな人に見て欲しいという思いです。

真吾：僕らの世代と感覚が変わって来ているんだね。あと、当時苦戦したのは、一般のお客さんを呼び込むこと。横浜赤レンガ倉庫は有名な観光地だから、建築関係者だけでなく観光客にも盛り上がりを広げられる展示会にしたいと思ったんだ。

朔巳：残念なことに今年から横浜赤レンガ倉庫の1階が使えなくなって、受付も2階になりました。そのことでますます一般の方の目に止まりにくくなるうえに、展示スペースが130作品分しかなくなり、展示作品をどのように選定するかが大変でした。以前から各大学の出展数を制限していましたが、それがさらに狭まってしまったので、今回は展示作品を選ぶ"0次審査"を設けました。130作品しか置けない現実の一方で、増える出展者。この兼ね合いが悩みどころでした。

真吾：僕らの世代からすでにスペースがギリギリだったけれど、"誰でも出展できる"ことは曲げたくなかった。僕らの場合は各大学ごとに展示スペースを最初に与えて、出展希望者同士で話し合い、限られた範囲で自由にやってねというスタンスを取った。でも、スペースはだいぶギリギリだったから、当時から0次審査の必要性は感じていたね。

朔巳："誰でも出展できる"コンセプトはわかっていても、会場のキャパシティがそれを許してくれない。かと言って場所を変えるわけにもいかない。そこにすごく葛藤がありました。

真吾：「赤レンガ」は変わる時なのかもしれないね。うれしいことに、こうして出展作品が増えてきたわけだから。

異分野の視点を取り入れる貴重な機会

朔巳：実行委員の経験は社会でどのように役立っていますか？

真吾：有名な観光地で1週間にわたるイベントを開催したうえ、企

業との打ち合わせも自分の責任の下で行ったことで、自信や度胸がついたことかな。それから、大学の枠を超えた仲間ができたことは、何ものにも代え難い。今でも連絡を取り合ってるよ。

朔巳：最後の質問です。今、実行委員では「赤レンガ」の未来像を描き、それをもとに「赤レンガ」での目標をつくる予定です。石川さんにとっての「赤レンガ」の未来像を教えてください。

真吾：今日話してみて、「赤レンガ」の全体像がすごく変わったという印象を受けた。"誰でも出展できる祭"というスタンスは残して欲しいけれど、変わらなくてはいけない時なのかも。でも、一般の方にも建築学生が取り組んできたことを示す貴重な機会というのは外せないと思う。仕事の場面でも、社内では好評価の提案が、違う分野の人からは共感が得られないことがある。「赤レンガ」で一般の人から感想をもらえると、きっと新しい気付きがあると思う。異分野からの視点にふれる大切な場になって欲しい。

朔巳：今日は石川さんと話して、この経験が今後どう生きるかや、仲間との繋がりが今も続いていることを聞けてうれしかったです。「赤レンガ」の特徴を生かしつつ、今後どのような形にしていくかを考えていかなくてはならないと改めて思いました。

column

一級建築士について

「資格取得でスタート地点に立つ」

朔巳：昨年、一級建築士を取得されてから、仕事内容に変化はありましたか？

真吾：まだあまり変化がないというのが正直なところ。一級建築士の資格を取ったとしても、建築は他にも多くのことを学ばないといけない。今いる会社では一級建築士の資格は持っていて当たり前だから、そこからさらにいろいろなことを学んで半人前が一人前になっていく。そういう意味では、資格取得はあくまでもスタート地点でしかないんだ。だから、僕も昨年取得して初めて入口に立ったようなもの。

ただ、当然ながら自分の名刺には"一級建築士"と明記されるから、お客さんに渡した時に社会人3年目だからとか一級建築士を取って間もないとかいう言い訳ができないのね。お客さんは他の先輩と等しく"一級建築士"として自分のことを扱うわけだから、そこに対する責任感は凄まじく増えるよね。身が引き締まる思いだよ。

朔巳：僕も意匠系へ進みたいと思っているので、将来的には僕も一級建築士を取らなくてはいけないのだろうと思っています。一級建築士を取得すると、手掛けられる建築物の範囲が広がるというのは知っていましたが、対外的に自分の立ち位置を示すのにも大いに役立つんですね。今後設計者として働くうえで、絶対に必要なものになるので、自分も社会人になったら頑張って取得します!!

3章

受賞作品

[L-7]

拝啓○○様.
－時に囲われたあなたの居場所－

敷地は川越の伝統的建造物群保存地区の一画。観光地化に伴い多くのテナントが出店する通り沿いと、その奥にひっそりと暮らす旧来の住民という構図に着目した。保存の対象である街区の表皮には手をつけずに、街区の内部に住民のための施設を新築。街区全体の住民に対するヒアリング調査によってそこに居る人たちの希望を紡ぎ出し、今は無い煉瓦造の防火壁と絡ませながらそれを実現する。

拝啓○○様. 観光に包囲された皆様のためのささやかな居場所の提案です。

敷地：埼玉県 川越市
用途：-
面積：10,000㎡
構造：鉄骨鉄筋コンクリート
階層：2階

外山　純輝
Junki Toyama

日本大学
生産工学部建築工学科

studio	篠崎研究室
software	AutoCAD, Illustrator, Photoshop, Procreate
planning/making	2ヶ月／2週間
next	日本大学大学院
dream	建築家

拝 啓 ○ ○ 様． －時に囲われたあなたの居場所－

お茶屋のおにいちゃん，地主のおばあちゃん，皆さんの生活に耳を傾けました．
目隠しされた墓，家の隙間を縫うレンガの壁，街に埋もれた見過ごしがちなものに眼差しを向けました．

今在るものを取り払い，新しいものを作っていくのではなく，
既にそこに在るものたちと生活を繋ぎ，豊かな場所へと再編することを意識しています．

もちろん歴史ある景観は一切損ねてはいません．
観光客で溢れる通りからは知る由もない，街並みの内側に，それはあります．

拝啓○○様．観光に包囲された街に住む皆様の為のささやかな居場所の提案です．

「赤レンガ卒業設計展 2018」受賞作品

01 計画地 -site-

□伝統的な街並みを残していく為に、建築物の保存、再生、活用に取り組み、場の価値の向上を図る地域が多くある。それらの活動により、ある種のブランド性を獲得した地域は観光地としての需要が高まり、地域の活性化につながっている。

埼玉県 川越市 伝統的建造物群保存地区 一番街の街並み

観光客数の推移

02 問題提起 -problem presentation-

一方、地域住民が中心であった場が、観光客中心の場へと変わることで、元ある生活が隅へと追いやられる事例は多く、これらの動向によって生まれる街並みに、地域固有の価値が存在しているとは言い難い。本計画の対象地もその典型にあたる。

埼玉県 川越市 伝統的建造物群保存地区 一番街　立面図 S=1：600

03 敷地/調査 -site/survey-

□実際、計画地を含む伝統的建造物群保存地区を調査してみると、かつては地域住民と観光客との結節点になっていた町家の商店の多くはテナントへと変わり、その奥にひっそりと旧来の住民がひっそりと暮らしているという構図が見受けられた。

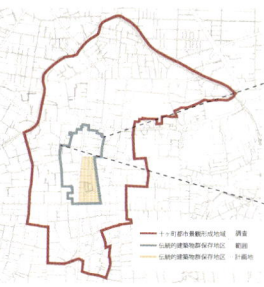

04 提案 -proposal-

□そこで、保存の対象である街区の表皮には手をつけずに、街区の内部に住民のための施設を新築する。街区全体の住民に対するヒアリング調査によってそこに居る人達の希望を紡ぎ出し、今は無い煉瓦造の防火壁と絡ませながらそれを実現する。

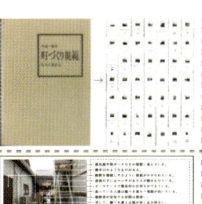

観光客のため
機能的
動的
表層的な街並み
全体性
木造
保存

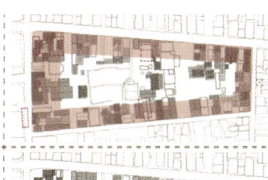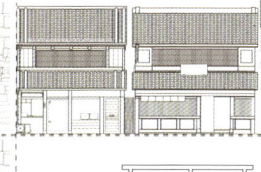

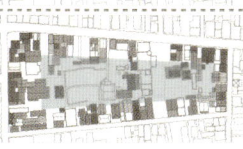

地域住民のため
身体的・精神的
静的
真の川越らしさ
部分的
コンクリート
更新

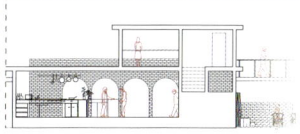

05 街の観察 -observation-

□その際、街を観察して回る中で得た地域住民の生活に根ざした空間的特徴を落とし込む。人の生活の質は、生活する空間の質と深い関係にある。人の生活に近い視点で街を観察し、探究することは、表層的でない地域固有の伝統的な空間を見出すことに繋がると考える。

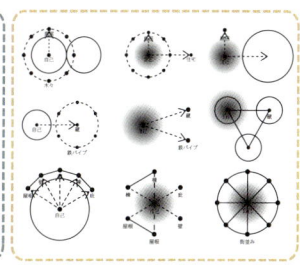

1.計画地に埋もれた見過ごしがちな街の風景　　2.伝統的建築群保存地区住む人々の声　　3.十ヶ町都市景観形成地域における空間的特徴

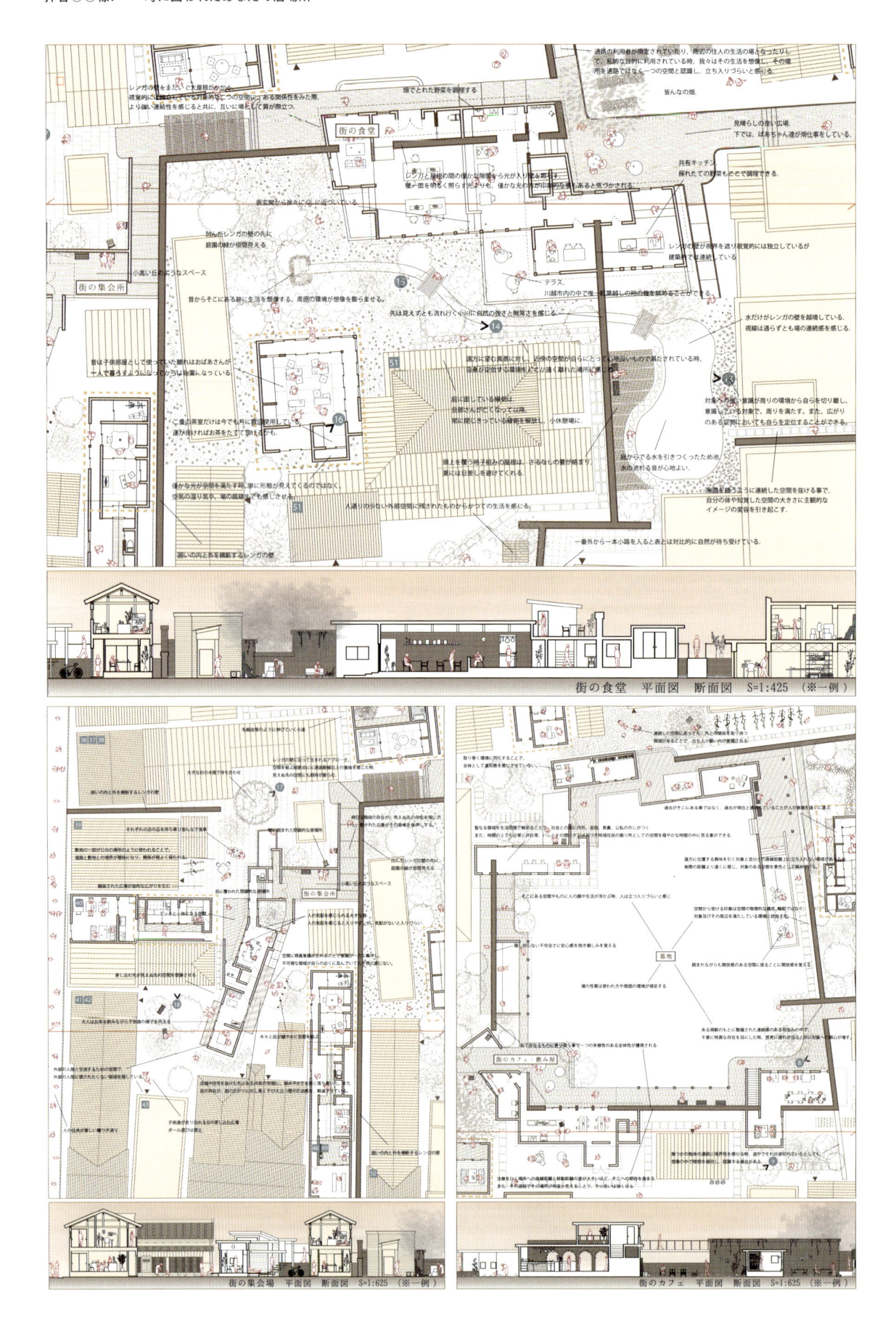

街の食堂　平面図　断面図　S=1:425　（※一例）

街の集会場　平面図　断面図　S=1:625　（※一例）

街のカフェ　平面図　断面図　S=1:625　（※一例）

住民への綿密なヒアリング

藤村 ヒアリングやプレゼンテーションがとても面白い。全員の似顔絵を描いていて、プレゼンテーションに隙がない。端から端までかなりの密度でつくっているから、すごいと思いました。ただデザインについては、住民の方とそこまで深い議論ができないと思いますが、一度つくったプランからフィードバックするようなプロセスはありましたか？

外山 ありました。デザインに関して、空間組織の表を落とし込んで、見せに行きました。

藤村 その結果どのように変わりましたか？

外山 もともとある個人の庭の設計をしたところ、住民から「これでは自分の家に人が入ってきてしまう」と言われました。そこで、空間が連続しても、あえて迎え入れた縁側やテラスをつくることで、逆に立ち入りがたい内側が意識されるというサンプリングをもとに石畳の庭や庇をつくりました。

藤村 なるほど。すごい情報量がありますから、いろいろなやり取りがあって表現されているのですね。

大西 ヒアリングの結果わかった川越らしさというのが、多様なものは多様なまま残されていることだと言ってしまうと、割とどこにでも当てはまるのではないでしょうか。そ

れから、川越は皮とあんこみたいなまちの構成がある中で、こういう応答を繰り返していくことを本当に建築家がやるべきなのか疑問です。この場合、建築家の役割はどのようなものだと思いますか？

外山 自分の考える"建築家"の役割は、上の立場ではなく、そこに住んでいる人たちよりちょっとだけ建築を勉強している人だと思います。また、「どこでも同じことが言えるのでは」という指摘についてですが、川越の町並みは、1つの規範に即してつくっていて、全体性がある。町並みとして価値があって、それに対して内側は多様なものや対比的なものです。ありきたりかもしれませんが、古都川越においてはそんなことは懐疑的ではなく、自分の中で面白いと感じました。街区は物理的な川越としての特徴を持ち、街区の内側は生活としての川越の特徴を落とし込みたいと思って設計しました。

光井 模型を見ると、内側はフラットルーフでシンプルにつくられていますが、川越はやはり屋根のまちというイメージがあります。景観的規範はないのですか？

外山 屋根の形はその切妻を採用せず、茶色いレンガの壁、もともとあった防火壁を全て一旦立ち上げて、それに寄り添うように設計しています。切妻屋根にすると寄り添うレンガの壁が目立たなくなったので、フラットルーフで少しシャープにすることで、全体としてレンガの壁が連続している様子が強く出せたので、フラットルーフにしました。

[B-3]

建築の生命化

－建築×テクノロジー－

独自の生命体の中に人のアクティビティが入る。クマノミとイソギンチャクの関係、地球と人の関係。建築は終わっている気がしたので、生き物をつくった。

敷地：なし
用途：ギャラリー
面積：400㎡
構造：S造
階層：地下1階、地上5階

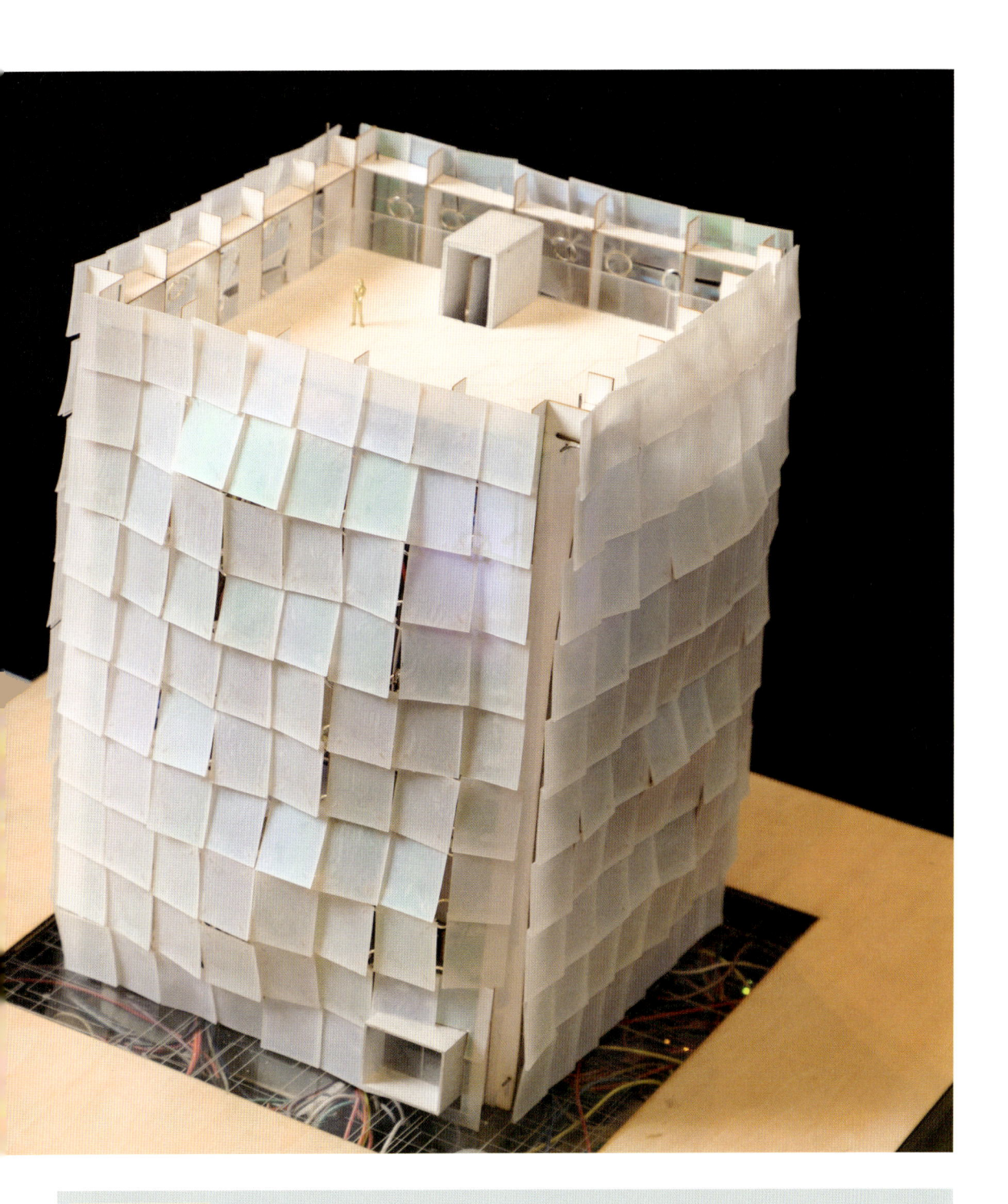

渡辺　顕人
Kento Watanabe

工学院大学
建築学部建築デザイン学科

studio	藤木研究室
software	Rhinoceros, Grasshopper
planning/making	1ヶ月/7ヶ月
next	工学院大学大学院
dream	happiness

「赤レンガ卒業設計展 2018」受賞作品

sky

空は絶えず変化する。日本語ではゆっくりとした変化を"うつろう"という。僕は空のように、絶えずうつろい続ける、豊かな様相の建築を見てみたいと思った。僕が目指したものは、建築らしさを保ちながら生物的に変化する、建築と生き物の間、抽象的な生命を作り出すことだった。

picture : Eric chane

039

「赤レンガ卒業設計展 2018」受賞作品

■ 建築の生命化

この建築はファサードが生物的に変化する。今回の提案ではその変化が内外に影響することを目指した。ファサードの動きは環境音から異なるパターンで生成され外界の音の変化を乱数を発生させるコンポーネントの変数とすることで波の始点、周期、高さが無秩序的に変更されている。巨大な構築物が動くことで，僕たちが地上で生活しているのとは無関係にうつろいゆく空のように大きな自然そのもののような建築を目指した。自然が神的な他者によって創造されたように、コンピューターという他者が状態を決定していくことで空間というものの根源的なでき方に迫りたかった。

architecture to life
https://sites.google.com/view/knt-kinetic-kento/
%E3%83%9B%E3%83%BC%E3%83%A0

Ripple pattern : Asin(x+y)

生かされているのは建築か人か

藤村 センシングして動くこと自体は前から実施されています。ただ、こうしたグラスホッパーの連なりが一斉に動くようなことを、高級な建築の技術開発ではなく、学生の模型でやっているのが面白いと思います。今後主流になっていくと思いますが、この作品の批評性はどこにあるのか、どういう意味があるのか。アーキテクトから語っていただきた

い。

渡辺 メディアアーティストというか人工生命の分野から入りましたが、コンピューターのシミュレーションやロボットでも、生命というものがどう定義されているのかわかっていません。動くということを広い意味での生命と捉えて、社会が人間の要求を十分に満たしていった先に、こういう余剰な部分というか、娯楽的な要素があるのではないかと

思っています。

猪熊 先ほど、この作品はクマノミとイソギンチャクの関係だとおっしゃっていましたよね。それがすごく面白いと思いました。クマノミとイソギンチャクのように相補的、つまりお互いが存在することによって成り立つのと同じような関係が、"人間"と"動く生命体の建築"との間に成り立つのかどうか。この先のステップとして、人と呼応する建築のような動く生命体への発展について考えがあれば聞きたいです。

渡辺 センサーが減ったら反応するんです。光に応答するので、ちょっと影をつくると動きが変わります。ただ、このクマノミとイソギンチャクという例は、「せんだいデザインリーグ」でも審査員の方に言われたのですが、そこまでの共存関係にはなっていないです。ただ、将来的にはお互いにメリットがあるような状態で関われるのが理想です。

光井 人とのインタラクトが緊密になっていくことが良いと考えているのですか？ 先ほど自立的という表現を使っていましたが、人感センサーで光がつくような、便利を突きつめた状態になっていく話なのか、猫を飼っているが言うことに従わないみたいな、もう少し距離のある自然をつくろうとしているのか、どちらですか？

渡辺 どちらでもないですね。本当は、勝手に動いてこちらが予想しない動きをしてくれるのが面白いと思うのですが。

藤村 でも世の中では、人機融合や人工知能などの話になってきているので、どのようなヴィジョンなんですかね。人と機械がもっと寄りそうべきなのか、役割分担するべきなのか、あるいは機械に任せるべきということか、人間と機械に対するヴィジョンはどのように考えていますか？

渡辺 人間と機械というより、生物と建築を混ぜたものをつくりました。

大西 私は、クマノミとイソギンチャクのようにお互いにメリットがあるという言い方に、何かヒントがあるのではないかと思います。建築というものを考える時に、どうしても人間のためと思ってしまいがちだけれど、もう少し自立的な、何が何に生かされているのかわからないような状態って、例えば民家にもあるかもしれない。渡辺さんは、もっと新しい形に挑戦しようとしているかと思うのですが、もう一歩踏み込んで、どっちがどっちに生かされているのかわからない怖さみたいなものが表せると、本当にやりたいことに近づいてくるのかなと解釈しましたが、合っていますか？

渡辺 そうですね。まだうまく言葉にできないところがありますが、そういうことをやりたいです。

新居 動くだけだったらかに道楽とどこが違うのだろうと思って。そうではなく、中の人間の行動とコネクションしているのだとしたら、何の目的があるのか。建物がグニャグニャと動くと面白いけれど、建物の外にあるかに道楽のようなものが、建物内に人がたくさん入ると反応するという状態には、なんとなく少し疑いがあります。怒られてしまうかもしれないけれど、そのように感じました。

[G-2]

蛇落地悪谷再考
－ 8.20 の記憶－

大蛇伝説から、蛇落地悪谷という地名が残された場所が現在の広島県にある。この伝説は災害を予期させるものであったが、地名は塗り替えられていった。こうして記憶が風化された平成 26 年 8 月 20 日、約 50 か所で再び土砂災害が発生し、大きな被害となった。そこで、自然と適応した集落の在り方を提案する。

敷地：広島県安佐南区
用途：堰堤,公共施設,住宅
面積：約50,000㎡
構造：混構造, RC造
階層：2階（住宅エリア）

山田　清香
Sayaka Yamada

東京理科大学
理工学部建築学科

studio	安原研究室
software	CAD,Rhinoceros,illustrator,photoshop
planning/making	3ヶ月/3週間
next	東京理科大学大学院
dream	幸せな人生を送ること

蛇落地悪谷再考

八・二〇の記憶

さかのぼること数百年前。現在の広島に竜の住む集落があった。水の神様である竜の首は山の上に切り落とされ、集落は大洪水に見舞われる。後にここは蛇落地悪谷と名付けられる。

砂防堰堤エリア

復興団体エリア

住宅エリア

「赤レンガ卒業設計展 2018」受賞作品

住宅エリア、復興団体エリア、砂防堰堤エリアの三つのエリアから集落の在り方を考える。

住宅エリア

・4つの設計手法で設計を進める。

災害時、全壊した家屋の多い山側に救助が集まり、被害の少ない下方の家屋は後回しにされ、1週間土砂堆積し続けた結果、被害家屋はとても多くなった。

一つ一つの家屋が土砂を受け止めながらも、少しずつ土砂を流していくことにより集落全体の被害を最小限に抑える。

基壇にまたがる住戸形体

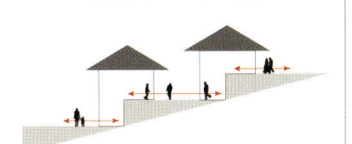

住戸を基壇にまたがるように住戸を配置することで、より外部への意識を持つことを促すことができる。様々なアクティビティーが可視化されることで、精神的に塞ぎこみがちになった人々の更生にも繋がりやすくなる。

中庭と車道

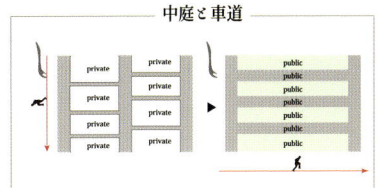

レイヤー状に中庭と車道を設ける。横動線の意識を日頃から強化することで、いざという時に素早く移動することができるようになる。

RC造と木造

木造の家屋が多いこの地域は、災害時被害が顕著に見られた。そこで、RC造を住戸形式に組み込むことで、安全性を高める。また、木造の住戸形式も部分的に取り入れることで、この地らしい景観を継承する。

災害から生き残った形体「シェルター」

住戸の内部と外部に災害時に守られた形を取り入れることで、一時的な避難場所となる場をつくる。日常では彩を与える場となり、災害時にはシェルターとなる。

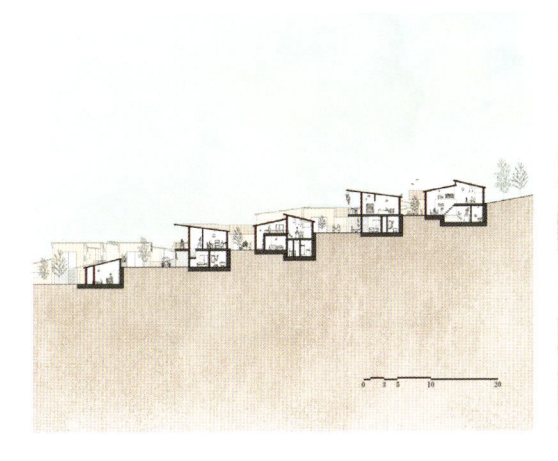

「赤レンガ卒業設計展 2018」受賞作品

復興団体エリア

2人の町民が立ちあがりできた復興団体「モンドラゴン」災害後、これまで以上に町民同士の交流が生まれた。

住宅と砂防堰堤の境目に建つ復興団体の場は、二つの場の架け橋ともなる。

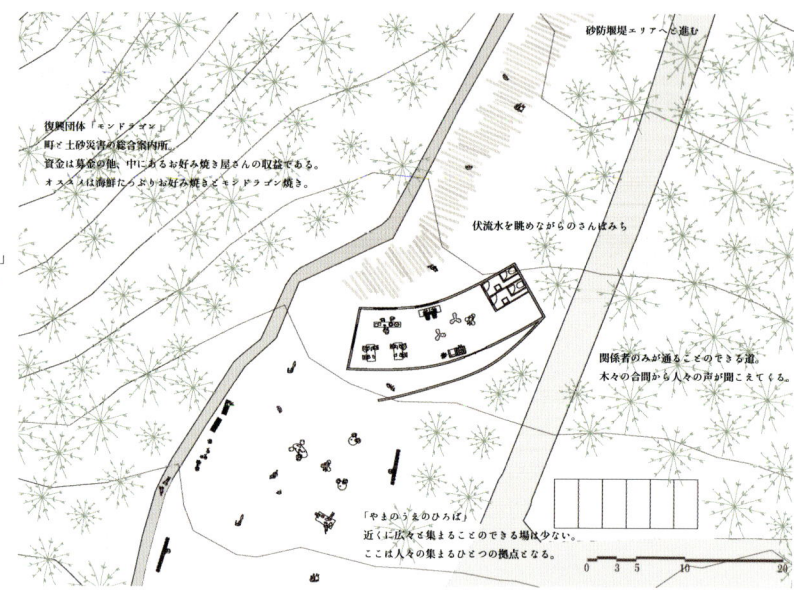

砂防堰堤エリアへと進む

復興団体「モンドラゴン」
町と土砂災害の総合案内所。
資金は募金の他、中にあるお好み焼き屋さんの収益である。
オススメは海鮮たっぷりお好み焼きとモンドラゴン焼き。

伏流水を眺めながらのさんぽみち

関係者のみが通ることのできる道。
木々の合間から人々の声が聞こえてくる。

「やまのうえのひろば」
近くに広々と集まることのできる場は少ない。
ここは人々の集まるひとつの拠点となる。

0 3 5   10   20

砂防堰堤エリア

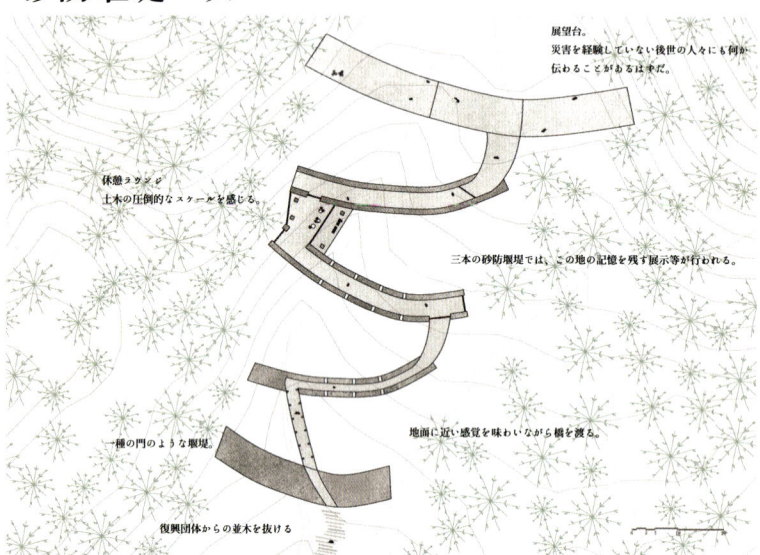

展望台。
災害を経験していない後世の人々にも何か伝わることがあるはずだ。

休憩ラウンジ
土木の圧倒的なスケールを感じる。

三本の砂防堰堤では、この地の記憶を残す展示等が行われる。

一種の門のような堰堤。

地面に近い感覚を味わいながら橋を渡る。

復興団体からの並木を抜ける

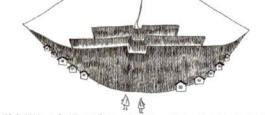

砂防堰堤は力強く建つがゆえ、逆に住民に安心感を与えており、災害から三年しか経っていないにも関わらず、記憶を風化させる原因となっている。また、自然と街を隔絶する印象も受ける。

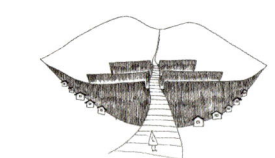

砂防堰堤を空間化し、建築と一体化させることで街を守りながらも記憶が継承されていく場をつくる。土木と建築の垣根を超える、ここならではの体験が可能となる。

自分たちの住む町と山との
境界に立つ。

土木と建築で表す新しい記憶の継承の仕方

建築と土木の架け橋

光井 私は峡谷に囲まれた山口県岩国市出身ということもあり、この作品で触れている災害についてニュースでもたくさん見ました。土砂崩れの被害は食い止められない大変なものです。砂防堰堤（さぼうえんてい）の形について、土木やランドスケープと建築、これらを一体化することで美しくなると思いますが、ジグザグの形は土木的計算をした結果なのでしょうか？ さらに、安全第一とはいえ何十年もそこに住むということになると、風景としての美しさも大事です。その点についてお話ください。

山田 土木的な観点の知識が未熟ですので、これまで災害が起こった時の土砂の流れを見て、自然の地形に適応した形としています。風景のあり方や土木構築物は、人間の生活に介入せず遠くから見守るもの、安全なものと解釈されがちです。でもこ

の砂防堰堤は本来そういうものではありません。土木的な解釈では、土砂を一時的に食い止めるものとして成り立っています。これがあるから大丈夫ということではなく、風景として人間の生活が介入することで、自然の恐ろしさを体感できるものになるのではないかと思いました。

藤村 根本的なメッセージは何ですか？ 住人はここを離れるべきではないというのか、それとも土木的な構造物に対する批判や提案ですか？

山田 まず集落の話からしますが、日本のまちの成り立ちとして"家は家"、"土木は土木"と切り離されていることを顕著に感じます。海外では、それらが一体化して建っているのに。設計はバラバラに見えるかもしれないですが、根本的な考え方として、自然に適応した形という点が通じている設計ができればと思い、この形にしました。

大西 蛇落地悪谷という地名や、民話・神話を引用しているところが印象的でした。どこで得た情報で、なぜ引用しているのか教えてください。

山田 私は昔、この付近 100m のところに住んでいました。当時この伝説は知らず、災害があった後に、そういう伝説が近くの神社に残っていたことを知りました。昔からわかっていたのであれば、そういった情報に即したまちづくりができたのではないかと考えました。

猪熊 砂を一時的に止めるものということですよね。そこに人が住

んでいいのでしょうか。一番災害が起こりやすいところに人を住まわせることになります。土木と建築が分かれているのにはそれなりの理由があります。その点はどう思われますか？

山田 災害が起こっても、ここに住みたいという人がいるのが現実です。このような地域は他にもあります。こうした地域をいっぺんに潰してしまうというのは逆にリアリティがないと思って、そこに住む人への思いをもとに提案したいと思いました。また、建築家による「この地域を潰せばいいのでは」とか「ここに建てるべきではない」という発言は、日本全国いつどこで災害が起きるかわからないという状況では、あまりにも無責任だと思います。そこにメスを入れたいと思います。

猪熊 ちょっと質問の仕方が良くなかったかもしれません。下に住む人にとって、砂防ダム自体が建築であることはとても危険だと思います。あっという間に砂にまみれる場所へ人を住まわせることになります。ここの解法として、もっとうまく下を守る建て方があったのではないかということです。

[G-5]

街並玄関孔

1 吉祥寺の中で孤立する近鉄裏

近鉄裏は吉祥寺の歓楽街としてかつて風俗街が乱立していた。
現在でも環境が悪く吉駅前の活気とは異なる街並みを作り出す。
歩車分離された大きな道路に囲まれており、
このエリアは吉祥寺の中でも孤立していると感じた。

2 大規模な再開発。変わりゆく街並み

吉祥寺では、大きな街区に対して再開発が行われている。
"近鉄裏" も現在、浄化政策や老朽化により建て替えの時期
を迎える建物が多く存在し、再開発されていく中で街並みが
徐々に大きく変わりつつある。
そこで現在駐輪場が多くとられ、今後再開発されるであろう
エリアを敷地として選定する。

3 近鉄裏を一つの建築と捉え直す

近鉄裏には昔から愛されてきた小さな店舗も多く存在し、ロックやジャズ、様々な文化が現在でも残っている。
更に、浄化の一環として公共施設が多く集まり、環境は悪いが駅から近く駅と住宅街の間にある特徴をもつ。
そんな近鉄裏を一つの建築と捉えなおすことでこの地域に新しい関係性を作り出す建築を提案する。

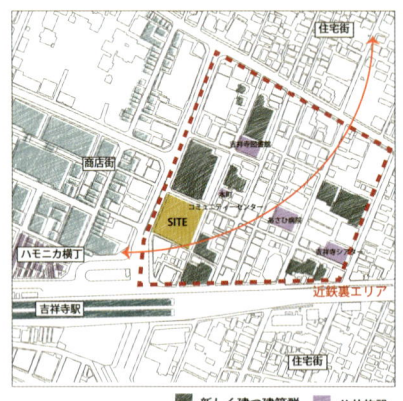

■ 新しく建つ建築群　■ 公共施設

近鉄裏では不足するプログラムが多く存在する

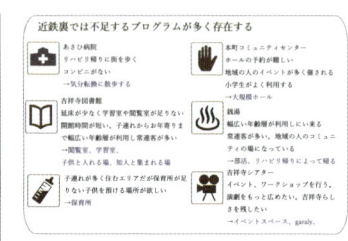

あさひ病院
サービス帰りに飯を多くコンビニが少ない
→気分転換に飯をする

本町コミュニティセンター
ホールの予約が難しい
地域の人のイベントが多く催される
小学生がよく利用する
→大規模ホール

吉祥寺図書館
延床が少なく学習室や閲覧室が足りない
開館時間が短い、子連れからお年寄りまで
幅広い年齢層が利用し常連客が多い
→閲覧室、学習室。
子供と入れる場、知人と集まれる場

銭湯
幅広い年齢層が利用しにいに来る
常連客が多い、地域の人のコミュニティの場になっている
→一部造、サービス帰りによって帰る

子連れが多く住むエリアだが保育所が足りない子供を預ける場所が欲しい
→保育所

吉祥寺シアター
幅広い年観層が利用し、
イベント、ワークショップを行う、
演劇をもっと広めたい、吉祥寺らしさを残したい
→イベントスペース、garaly.

近鉄裏に残る小さな都市活動

昔ながらの喫茶店　演劇　show ケース屋　ジャズ、ロックフェス

　孤立した都市を一つの建築と見立て、そこで補足するべきプログラムを集約する。それが
街の玄関となることで、非常に近接した状況の中で、多様な都市活動がお互いに補完し対話
することを可能にした。

　画一化されていく街の中で、自分が好きな空間ができる。
変化と対応しながら、地域の人々に新しい風景をつくりおおらかに時間をつなぐこの建築は、
この街の礎として人々に常に使い続けられる場所となる。

敷地：東京都武蔵野市
用途：街の玄関
面積：12,500㎡
構造：鉄骨鉄筋コンクリート
階層：7階

形成される視線のネットワーク

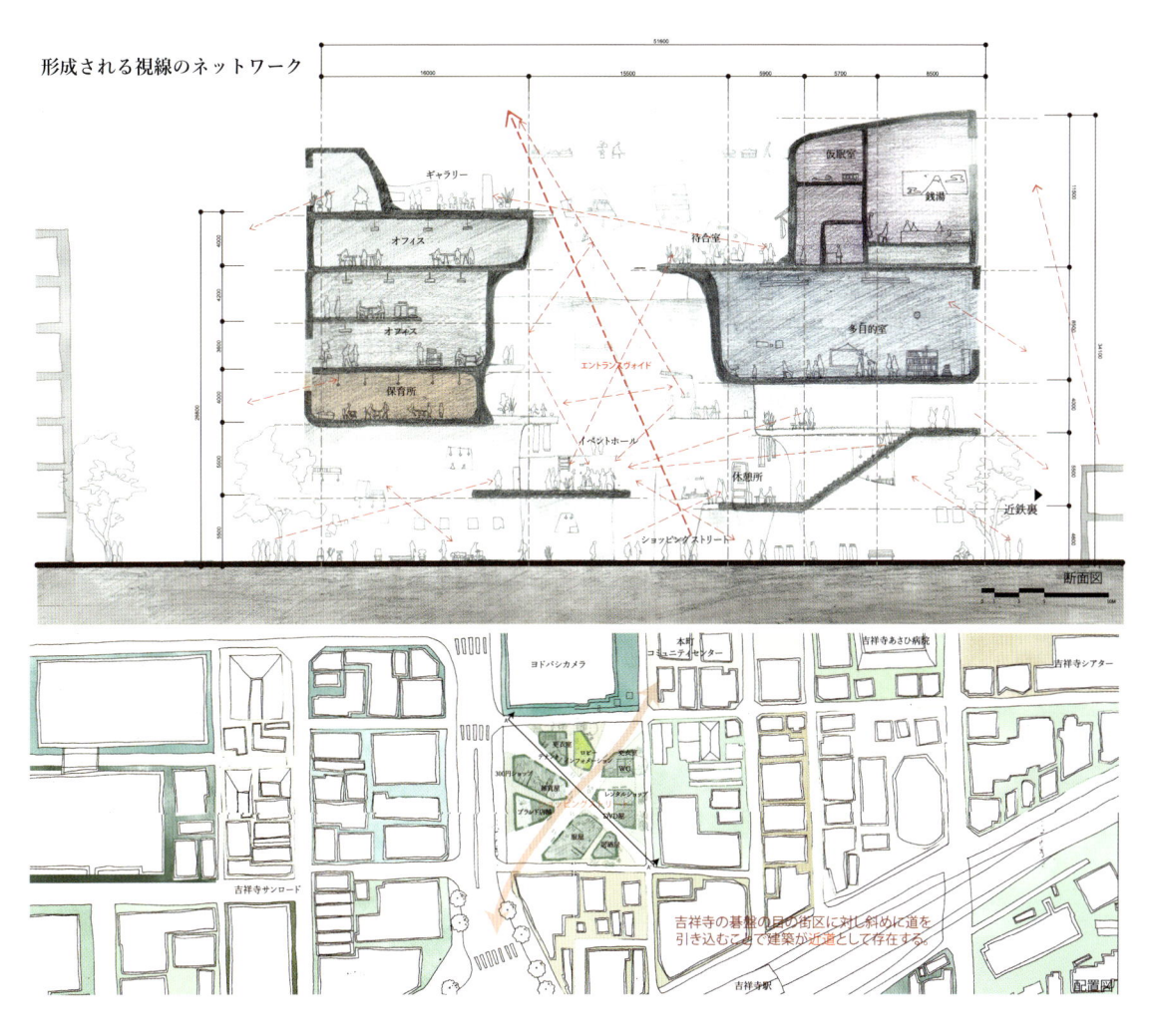

断面図

配置図

吉祥寺と近鉄裏を結ぶ玄関孔

現在、銭湯があり敷地の半分以上が駐輪場となっている

延床をただ増やすような再開発では近鉄裏は孤立したままである

近鉄裏を一つの建築と見た時、都市と都市を結ぶ玄関孔を提案する
都市と建築のヴォイドを設計する

近鉄裏で不足しているプログラムや補足するべきプログラムを集約させる。
本来価値を持たないヴォイドに価値を持たせる。

大きな建築と小さな都市活動を結ぶパイプ

単なるマスではなくパイプによる構造が連結をされてゆくことによって、分割されている
が一体の建築として作られる。このパイプによって吉祥寺の特徴ある小さな都市活動の質
を保ちながら連結す大きな空間の使い方を可能にし、かつ都市へのヴォイドも作り出す。

変化する平面構成

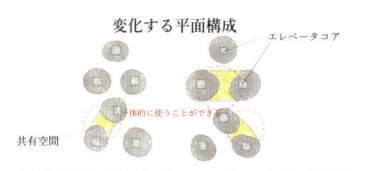

共有空間　　　エレベータコア

パイプの連結が繰り返されることでエレベーターコアを中心に分割されて
いる建築群が共有空間である外部空間を通しつながっていく。
外部空間と内部空間が本来別々の機能でも一体的に使うことができる。

一体の建築としての断面構成

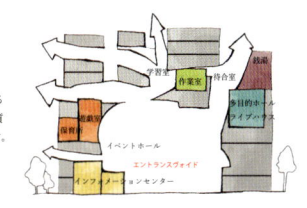

①道を延長したような共有空間
都市と建築のヴォイドでもあるエントランスヴォイド
②吉祥寺の特徴あるプログラムが入る大空間のヴォイド
③余剰空間としてスラブが自由に入るオフィス、店舗
3つの空間で構成される。

小さな都市活動の中でヒューマンスケールを超えた都市
のワンルーム空間を獲得する。

今埜　歩
Ayumi Komno

東京理科大学
理工学部建築学科

studio	——	安原研究室
software	——	CAD
planning/making	——	3ヶ月
next	——	東京理科大学大学院
dream	——	建築

活動が連鎖していく状態。街が持っている自由さが建築の中でも形成されていく。それは別々に組織されているけれども一体であることで可能になり，建築の操作によって本来無関係な活動までも結び付けてゆく。

4階を歩く

エントランスヴォイドを見上げる

喫煙室からSHOPを見る

オフィスから保育所をみる

2階からショッピングストリートを見る

喫煙室から下階を見る

3階から2階を見る

ジェネリックな再開発へ対抗できる規模まで拡げてほしい

光井 冒頭から、「都市との関係」、「敷地を超えて」とおっしゃっていますが、周りの都市の姿が説明に全く出てこないのが気になっています。本来、都市の賑わいはストリートや街路によって構成され、敷地を超えて繋がっています。その上で、この吉祥寺のどのような場所にあるからどういう建物にできるか、どういう空間にできるかが見えてこないと、都市との関係や建築とランドスケープを含めての相互関係が見えてきません。話を聞いていると、内部空間の話ばかりで、基本的には今までとは変わらないモール型のショッピングセンターに見えてしまいます。もう少しご説明ください。

今埜 そもそも吉祥寺の街区というのが、碁盤の目が駅に対して斜めに入り込んでいるという状態になっています。この再開発されるであろう場所が斜めで行きづらいところになっていることに対して、マスとしての建築が建つというより、近道と

しての建築が道を引き込むように建つことで玄関となるといった提案をしています。鉄道裏を1つの建築として考えているのは、公共図書館や病院やシアターが集積しているのに対して、延べ床が足りないとか、予約ができないといったところをここで補完します。それによって、例えば閉館時間の後にここで本を読むとか、リハビリ後に銭湯に寄るといった都市の繋がりを持っています。

藤村 世界観としてはよくわかるのですが、建築としてはよくわからない。良いことを言っているとは思うのですが、チューブはどういう意味なのでしょうか、模型で言えばどこを指していますか?

今埜 ここのパイプを全部一体としてつくっていて、分割されているように見えるのですが、滑らかに繋がっています。

藤村 それがパイプですね。では、それがそのまま置き換わって、繋がったものを表しているということ

ですね。わかりました。

新居 僕はこの作品が意外と好きです。最初、誰も推さないから推しました。これは模型が単体の敷地になっているのですが、もう少し隣の敷地にまで拡大してチューブを呼び、街が今のジェネリックな再開発に対抗できる規模までやれば良かったと僕は思うんです。あと5ブロックくらいこういうものを置いて、その中で力づくでやるというところまでいって欲しかったな。僕のコメントには誰も賛成しないけど、僕は好き（笑）。逆にこのようなチューブみたいなものがあるからこそ、もっとセオリーがあるような気がしています。

藤村 この模型はなかなか構造を感じますね、"かた"がある感じがします。どういう"かた"で創っているのかと説明を楽しみにしていたら、あまりそういうものがなくて、概念的な、世界観の話ばっかりだったので、どうやって組み立てているのか、ちょっとわからなかったです。でも、チューブというイメージがあったから少し想像がついた気はしました。

[O-7] 野島掩体壕博物館
一山に刻まれた戦争遺産は再生するー

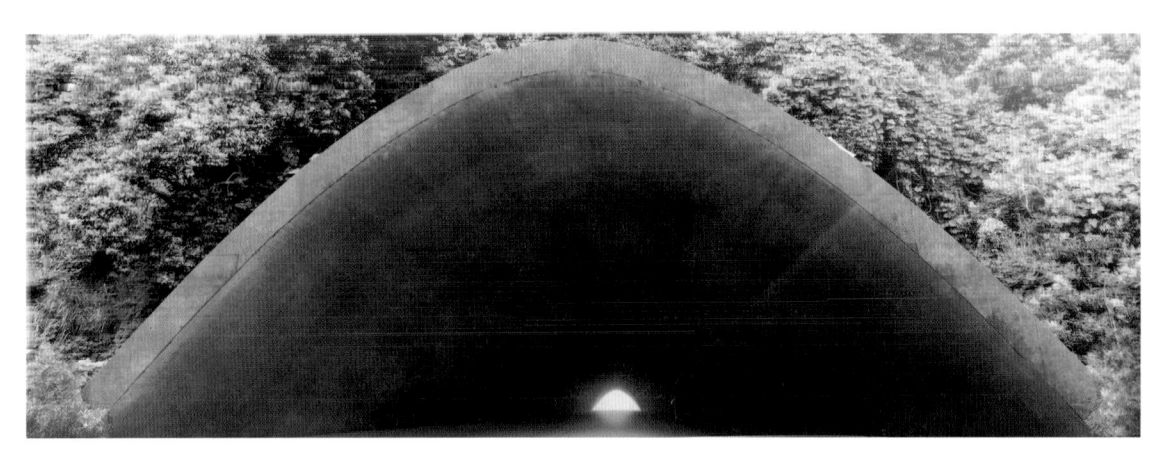

背景

戦争について考えたことはあるか。

戦争は悲惨である上に、虚しい。戦争をしても何も残らない。残るのは戦争の傷跡や虚しさ、やるせなさだけだ。

世界唯一の被爆国として戦争の悲惨さを感じていることは確かだが日本は加害者的立場でも戦争に参加していた過去もある。

この戦争の事実も知り、受け入れた上で当時の人の気持ち・苦しさを知ればより深く戦争の悲惨さや虚しさを知ることになるだろう。敗戦より72年経ち憲法9条の改正・集団的自衛権の公認など、徐々に戦争への引き金が軽くなってきている。「戦争とは何か」、今一度自分自身に問いただす場が必要である。

そしてそれらを考えさせる場として、戦争遺産は生きる素材として、事実を知る以上の何かを感じさせる力をもっている。

敷地

敷地は神奈川県三浦半島の一角、野島という島。

三浦半島には日本に一校のみの防衛大学校、陸上自衛隊高等工科学校や米軍基地、海上自衛隊基地などの軍事施設が集まっている。また、横須賀は軍港の街として観光客を集客するなどの活動がある。

その中で野島掩体壕は忘れ去られている。

軍事施設が集まるここだからこそ、戦争を考え直すための施設をここに作るべきである場所性をもつ。

掩体壕

掩体壕とは戦闘機を格納するためのものである。第二次世界大戦時、主に太平洋戦争中につくられたアーチ状のコンクリート製の大型構造物は取り壊しが困難であるため現在でもその姿を見ることができる。

一般的な掩体壕は戦闘機1機を格納するが野島にある掩体壕は横須賀海軍の戦闘機をまとめて格納するために野島山を貫通させ、約100機もの戦闘機を格納する、幅20m×高さ8m×長さ260mの全国最大規模の掩体壕である。

しかしその実態は虚しく、終戦間近につくられたため結果使われなかったことや、そもそもこの計画自体が成り立っておらず無謀であった。などの背景があり、意味を知るとこの時代の狂気さ、虚しさ、やるせなさがこの掩体壕からひしひしと伝わってくる。

戦争について考えたことはあるか。

戦後72年が経つ。集団的自衛権が認められ、日本は戦争への引き金が軽くなっている。
今一度戦争とは何か、ということを考え直す場が必要である。

私の住む街には野島掩体壕という100機もの戦闘機を格納するために山を分断して創られた、
決して風化することのない戦争遺産があるが、これは時代の変化と共に忘れ去られ、ただの穴ぼこと化している。

意味を知ると、戦争はこんなものまで創り出してしまうのかと戦争について考えさせる力を持っている。
保存し、野島掩体壕の意味を際立たせるような博物館を作ることでここを戦争について考える場にしていく。

敷地：野島（横浜市金沢区）
用途：博物館
面積：7,000㎡
構造：RC
階層：GL 0～16,000

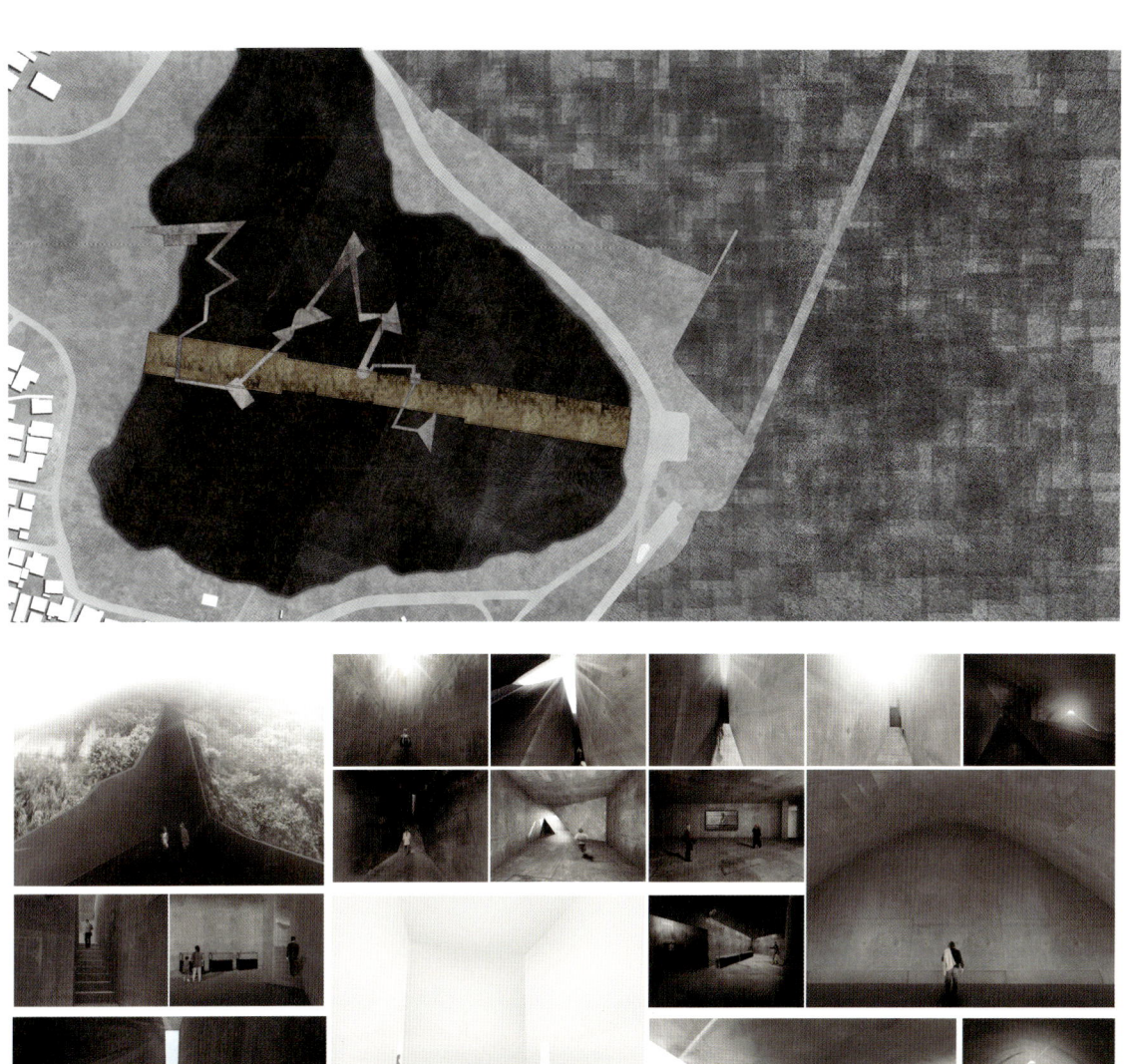

齋藤　嵩樹
Takaki Saito

東京電機大学
未来科学部建築学科

studio	——————	山本研究室
software	——————	SketchUp,Rhinoceros,Vray,Ps,Ai
planning/making	——	1ヶ月/3週間
next	——————	日野研究室
dream	——————	万人がいいなぁと感じるモノをつくる

- 形態ダイアグラム -

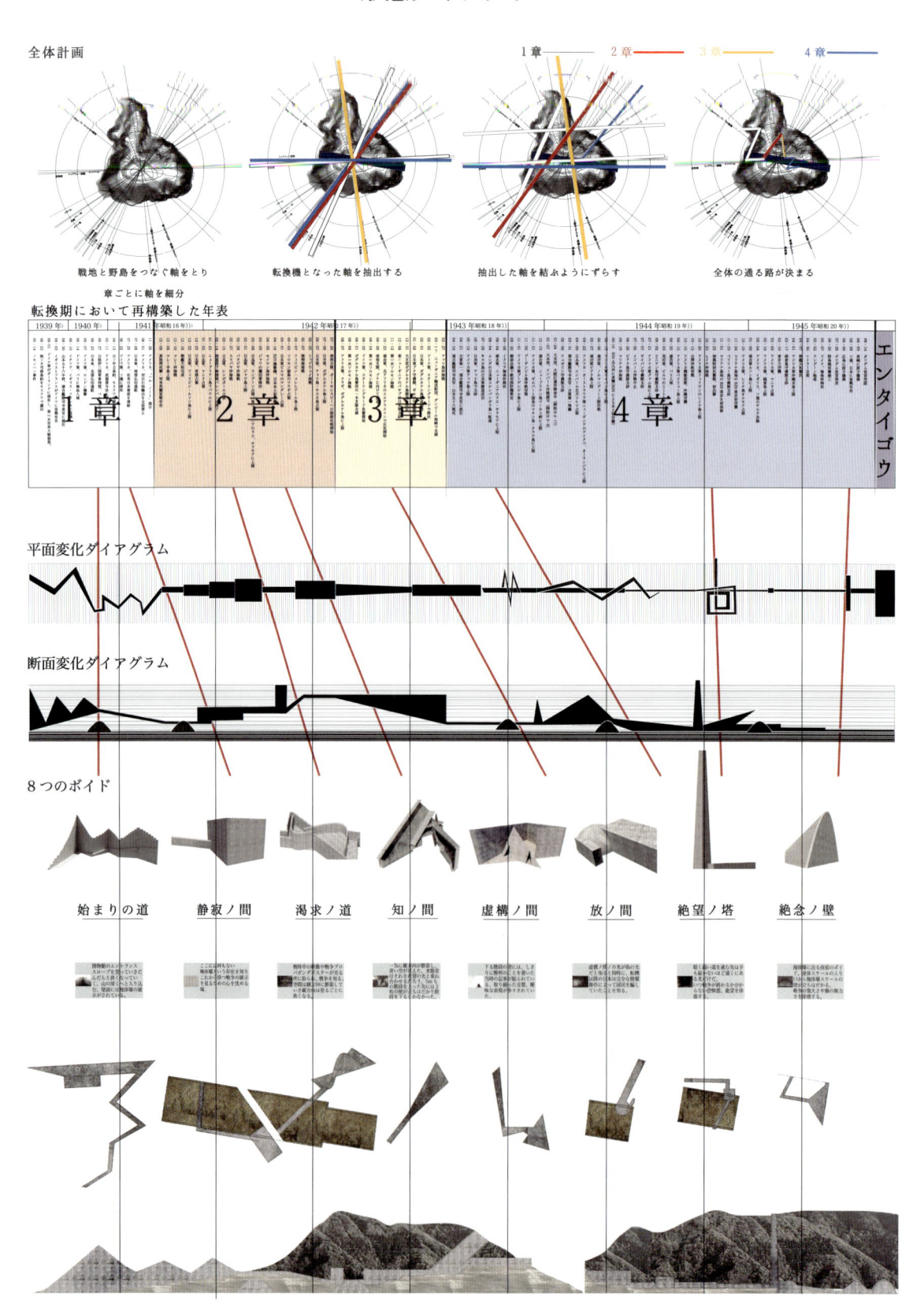

全体計画

1章 ——— 2章 ——— 3章 ——— 4章

戦地と野島をつなぐ軸をとり 章ごとに軸を細分

転換機となった軸を抽出する

抽出した軸を結ふようにずらす

全体の通る路が決まる

転換期において再構築した年表

平面変化ダイアグラム

断面変化ダイアグラム

8つのボイド

始まりの道　静寂ノ間　渇求ノ道　知ノ間　虚構ノ間　放ノ間　絶望ノ塔　絶念ノ壁

この場所で戦争を語る意味

光井 非常に良くできていると思います。これは齋藤さんが住んでいた近くにあったのでしょうか？

齋藤 はい。

光井 どうやってこの歴史について知られたのかと、この掩体壕を中心にいろいろなストーリーを展開されていますが、戦争について考えなければならないという問題意識について聞きたいです。

齋藤 まず、この掩体壕は山を貫通して使われていて、幅が 20m、高さ 8m で奥行きが 260m という圧倒的な存在感を放っています。その歴史は、掩体壕の前に立つ看板を見て知りました。それを知るまではただの穴ぼこにしか見えなかったのですが、つくられた経緯を知ると、敗戦の直前にも関わらずここまで大規模なものをつくった戦争の恐ろしさを感じました。この掩体壕というものは、言葉では表せない戦争の恐怖や戦後の世代に伝わらなかった戦争の虚しさを伝え得るポテンシャルを持っていると思ったので、ここに戦争を考えさせるための場所をつくろうと思いました。

猪熊 空間をいろいろと練ってあり、卒業設計だとついやりたくなるシークエンスと光の空間が良くできていると思います。ただ、戦争をテーマにした時に、この掩体壕ができてしまった以上に、多くの人が死ぬなど、たくさんのことが起きていたはずです。そういったことを全部差し置いて、「戦争のことを考えたことがあるか」という問いだけのために、このミュージアムが存在するのは、最も悲惨なことから目を背けていると感じます。もう少し、この場所固有の何かを絡めていったほうが良かったんじゃないかなと思ったのですが、そのあたりはどう思っていますか？

齋藤 誰の中にも戦争は悲惨だという思いがあると思いますが、太平洋戦争は日本が始めた戦争であり、そういった日本がしたことを知らずに、ただただ戦争は悲惨だという考えだけで、最近では集団的自衛権に対して若者が賛成することが多いように思います。そうしてだんだん戦争がしやすい雰囲気になっていますが、それはちょっと違うと考えています。戦争というものがどういうものか知った上で、戦争をこういった博物館で体験することで、戦争についてもっと考えるというのが、今は必要なのではないかと思います。

大西 戦争を伝えるための場所を日本全国どこにでもつくっていいという状況を想定した時に、普通であればここを選ぶということは起こらないと思うんですよ。齋藤さんは、自分の個人的な体験と結びつけてこの場所につくると決めているわけですよね。この場合それ自体が悪いわけではないのですが、この場所ならではの展示や、一般的なテーマとは違う何かがあったほうがいいと思うんです。そういった点はいかがですか？

齋藤 一般的なテーマというのはどういうことですか？

大西 例えば、太平洋戦争全体を展示するのに日本全国どこを選んでも良いとなった状況で、果たしてここを選ぶだろうかということです。

齋藤 確かに太平洋戦争の展示を日本のどこで展示しても良いとは思います。ただ、いろいろと戦争の遺産を見ると、広島や長崎のように原爆を他国から落とされたという受動的な事柄で残っている遺跡もありますが、そうではなくて、この掩体壕は日本が自らつくったものとして残っています。そうした場所に、戦争について考えるミュージアムをつくるのが良いのではないかと思いました。

新居 掩体壕を選ぶのは良いと思いますが、ここは 260m もの長さがありますよね。その中で何を感じたかについての説明が少ないように思います。齋藤さんの作品を見ていると、もっと深い理由があるのかなと思っていたのですが、それがあまり見えないですね。260m という長さを使い切っていない気がするんです。なぜ掩体壕にはあまり手をつけなかったのでしょうか？

齋藤 掩体壕は、戦争遺産としてあまり手を加えずに残していくべきだと思っています。その上で、たくさん歩いた後にクライマックスがあるという演出が良いと思って、掩体壕にはあまり手をつけずに設計しました。

[L-8]

解体の庭
一家の集合体から部屋の集合体へー

Site 東京の下町の風景残る墨田区京島

今も残る京島の風景

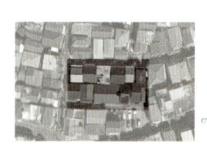

敷地　　　　京島3丁目の年齢別人口分布図

Background 「1住戸＝1家族」システムの崩壊

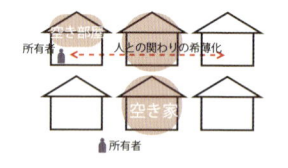

住人
空き家が増えることで人との関りの
希薄化が進んでいる

空き家の所有者
解体するにもお金がかかり手が出せない

企業
不動産価値が高い土地にも関わらず
マンションなどの分野で参入できない

Concept 街並みを残しつつ持続可能なシステムの建築へ

今までの住人
余ってる部屋を提供することで資金
を得ることができる今までと同じと
ころで暮らすことができ子供を呼び
寄せて一緒に暮らすことができる

新しく来る住人
最初は少ない家賃を払い子供ができ
れば部屋を増やすことができる

空き家の所有者
空き家を買い取ってもらい資金を得る
ことができる

企業

近年、高齢化などにより「一住戸一家族」のシステムが崩壊を始め、空き家や空き部屋の発生から人との関りが少なくなっている。そこで、パッケージ化された家単位から部屋単位の持続可能なシステムの建築へ現在の景観を壊すことなく、住んでいる人はそのままに居ながら改修を行う。ケーススタディとして敷地は昔ながらの風景を残す東京都墨田区京島の一画を対象とする。新しい屋根をかけることで区画の内側から解体を行い、共有部を入れていき各部屋へのアクセスを可能にする。既存の部屋は離れとなり、解体され機能を失った屋根や塀が新たな人の居場所となるきっかけを与えていくことで共有部は庭のような人との関りを生む新たな場所となる。

敷地	東京都墨田区京島
用途	住宅
面積	900㎡
構造	木造
階層	3階

1階から上部を見る

シェアキッチンを見る

既存屋根上から見渡す

改修の流れ

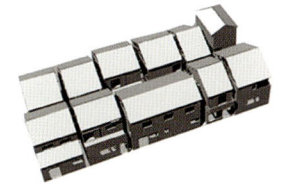

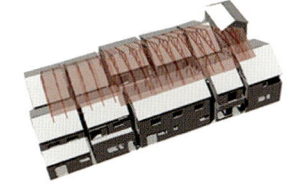

1.
東京の下町の風景が残る既存の住宅群の一区画。

2.
既存の上に屋根をかけることで外部を内部に取り込み街区の内側から解体することを可能にします。

3.
景観を残すように区画の内側から解体し住環境の改善とともに共有部を入れていく。

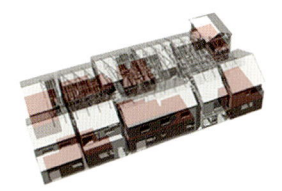

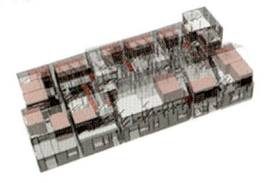

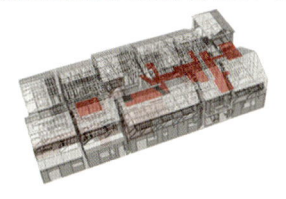

4.
コアとなる LDK の部分を確保もしくは再編成する。

5.
既存の廊下をつなぎ既存の各部屋へアクセスできる動線を確保し、部屋単位のシステムの建築にする

6.
機能が解体された屋根などに人が居るきっかけを与えていく共有部は人との関りの場となる

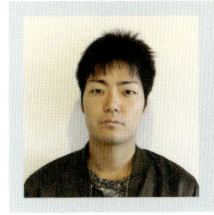

松井　裕作
Yusaku Matsui

日本大学
生産工学部建築工学科

studio	岩田研究室
software	CAD
planning/making	3ヶ月/4週間
next	日本大学大学院
dream	建築家

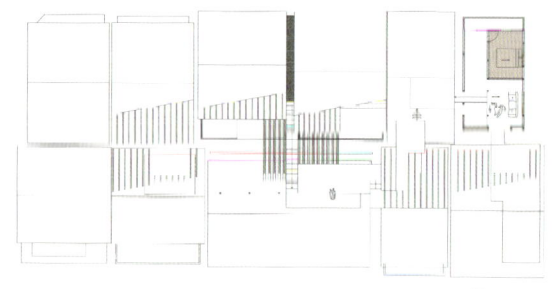

3階　平面図

2階　平面図

1階　平面図

■ LDK のコアとなる部屋

■ 必要に応じて借り増しできる部屋

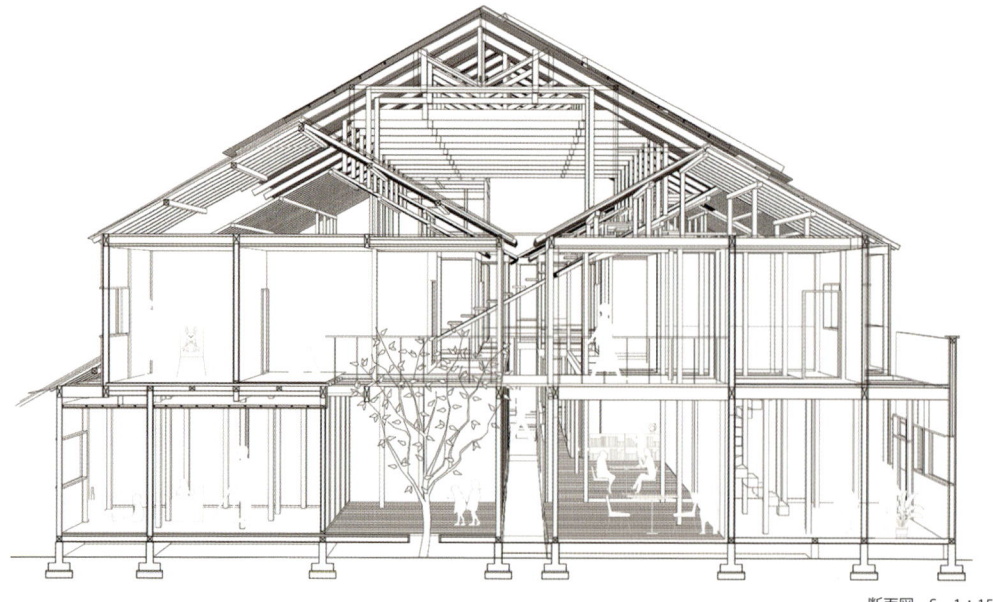

断面図　S＝1：150

屋根を架けた空間の使い方

大西 もともとの住民の方は住んでいるという設定ですか？

松井 はい。下の階に住んでいる人もいれば、空き家などもあります。

大西 かなり公共的な場所になっていくと思うのですが、どのようにもともと住んでいた人と新しい人とのコミュニティの場が使われていくのか教えて欲しいです。

松井 大屋根を架けたところが解体した場所です。解体した場所がいわゆる公共の場になっており、LDKの部屋をコアとして、シェアハウスのような形態をイメージしてもらうといいと思います。そこが誰でも使っていい場所になっています。

大西 新しいシェアハウスができて新しい人が来て住むというのとは違って、もともといた人と新しい人という存在がありますが、そこで何か工夫したことはありますか？

松井 例えば、実際に高齢者の方が一人で暮らしていて若者がその地域に入っていくことができない中で、

今の住人と新しく入って来る人、参入企業、それぞれにメリットがあるようなものになればと思います。具体的には、子どもたちが入ってきて、老若シェアのような、そういったものが公共的なスペースで生まれてくるのではと思っています。

光井 開発の手法についても述べられていましたが、全部の敷地をディベロッパーから買い取るという理解でいいですか。一敷地にしてしまうということですよね？

松井 はい、一区画1オーナーを考えています。

光井 一区画をまとめるとなると、屋根を架けて内側を解体していくため、その空間は密閉されていないと雨が吹き込んだりします。密閉されていない、インテリア化していると解釈してよろしいですよね？

松井 エクステリアを半屋外で使っているので、ある意味ではインテリア化していますが、完全な内部とは考えていないです。

光井 ただ、そこに皆が使うスペースがつくられていくのでしょうから、冬は寒いですし密閉したほうがよいのではないですか？

松井 対策としては、ビニールのカーテンなどで仕切っていくことを考えています。

光井 これだけ大きな規模で1つの巨大な木造建築をつくるとなると、消防法的にかなり心配です。スプリンクラーが新しく必要になるなど、他にも様々な問題が発生しそうですが、その点は大丈夫ですか？

松井 改修の段階で、壁と壁の間を防火壁にした

り防火塗料を用いたりします。それから、設備としてスプリンクラーなども新たに設ける必要はあると考えています。

藤村 これまでは木造密集地域をコンクリート建築に置き換えていくということをやってきたけれど、どちらかというと解体してコモンスペースをつくり出す空間像が主題なのかと思うのですが、どこに重きを置いていますか。ベルナール・チュミもやはり、古いものを残しつつ屋根を架けて、新しい機能を持たせることをやっていました。当時話題になった背景に、プログラムの問題があります。そういった議論を思い起こす今回の図式自体は共感します。ポイントはどこですか？

松井 自分としては、住んでいた人を追い出して、まちをコンクリートでできた同じ景観にしていくのではなくて、今ある風景や景観を壊さずに、どのような新しい運用システムで展開するかを推したいです。

藤村 砂防堰堤の山田さんと似ているんですよね。災害を扱っていて、技術論としては破綻しているけど、思いとしてはよくわかります。

新居 藤村さんが言ったように、チュミという僕らの世代の建築家が、工場の建物に屋根を架ける提案をしていました。屋根を架けるのはコストがかかるから、屋根と屋根の間でのプログラムとかを考えると、もっと屋根を架けることに意味も出てくると思いますね。ただ、出展作品全体で130ある中で、僕は木造建築物としては一番良くできていると思いました。トップに架けた屋根と屋根との間に階段みたいなものが設置されていますが、この空間に対するプログラムの提案をもっと充実させると、もっと強い案になったのではないかと感じます。

[L-5]

集積する都市のバックヤード

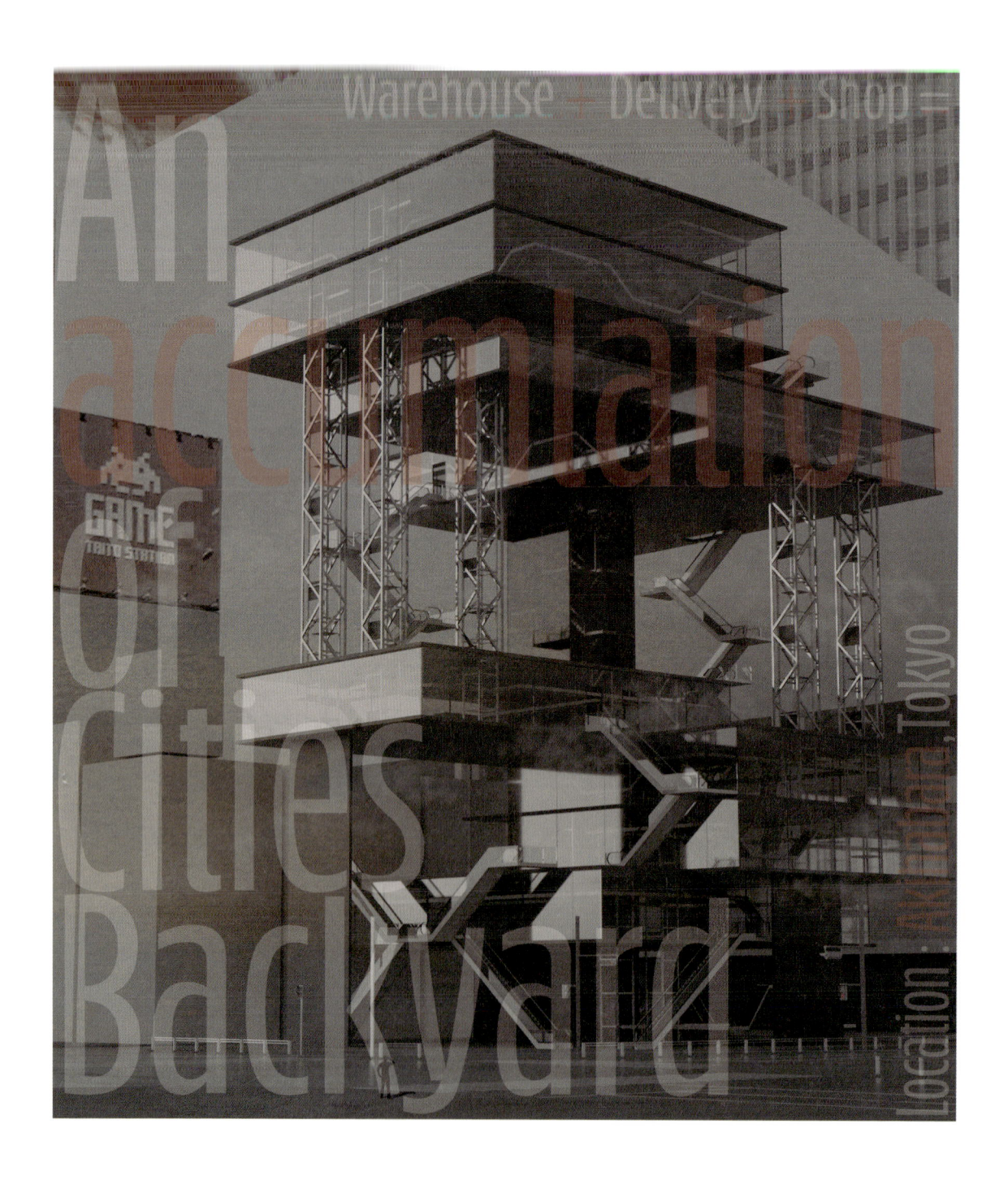

インターネットを介した商取引（EC：Electronic Commerce）の急成長によって、都市には倉庫や配送センターが乱立している。これらは地域性を持たないブラックボックスであり、今後も都市に黒い穴を空け続けるだろう。一方で、EC拡大は人々の消費目的の遠出を少なくさせることで地域活性化をもたらすと考える。本提案ではブラックボックスが作り出すバックヤード部分を都市の中心に集積させることで、購買活動の利便性向上やECと街の商店の共存を実現しながら、物流の可視化による新たな空間を作り上げる。

敷地：秋葉原
用途：物流インフラ
面積：10,500㎡
構造：鉄骨
階層：10階

DETAILS

01 Current

都市の裏側で行われる消費プロセス

【実店舗】 Business → Warehouse → Derivery → Shop → Customer

【EC】 Business → Warehouse → Derivery → Customer

購買行動の可視化で現実と仮想が連結する

ドローン配送にも対応する物流拠点

都市に無秩序に増殖する倉庫・配送センター

ネット通販など、インターネット上を介した商取引であるEコマース（以下EC）が急成長した結果、大型倉庫や配送センターが乱立している。これらは地域性と人の交流を排除したブラックボックスであり、これからも都市に黒い穴を空け続けるだろう。

EC企業の実店舗がつくる複合商業施設

amazon　Rakuten　ヤフオク!
ZOZOTOWN　mercari　さとふる

大企業と街の商店が物流を共有して高め合う

従来のエリアに店舗を配置する形態 → 棚によって分かれることで自由に配置できる

棚に出店するというシステムによって小さなECサイトでも実店舗を持つことができ、逆に街の小さな商店も簡単にECに参入できる。

02 Action

ブラックボックスを都市の中心に集積する

ⅰ. 倉庫　災害時の物資拠点になる

ⅱ. 配送　商品が「入る」だけでなく商品を「出す」機能を持つ

ⅲ. 商店　多世代が利用するコミュニティ形成の場

物流は可視化され街と接続する

物流がより身近にあることでモノのやりとりが活発になり、ただ商品が入ってくるだけでなく、街の文化を世界へ発信する起点となる。また、いつでもどこでも買い物ができるオムニチャネルの考え方を街全体にあてはめることができる。

これが生み出す多様なパブリックスペース

03 Complex

様々な形態を持つECの多様性

BtoC 企業から消費者へ　Business → Customer

BtoR 地域を絞った密着型　Business → Region

CtoC 消費者から消費者へ　Customer → Customer

MtoC 小さな商店のEC参入　Mall → Customer

ECの発展はむしろ地域活性化を生じさせる

ECを利用すれば買い物のために遠出する必要がなくなり、その地域で暮らすようにな地域内で過ごす時間が増えることで結果として地域を活性化することができる。

04 Effect

踊る箱が広告となりファサードになる

欠陥を持つ商店街を変化させる

趣味に特化した秋葉原　＋　街のバランスを整える機能

地域再生のプロトタイプとして…

各都市にそれぞれの形で機能の集積が起きることで都市間の物流ネットワークはより強固なものになると考える。また、ECの発展は郊外型ショッピングセンターに影響を受けた商店街の復興にも貢献できるので地方都市においては、コンパクトシティの実現への一歩となるだろう。

05 Future

佐藤　耕介
Kosuke Sato

日本大学
生産工学部建築工学科

studio	—	大内研究室
software	—	AutoCAD , Rhinoceros , V-ray
planning/making	—	3ヶ月/3週間
next	—	日本大学大学院
dream	—	おでん屋

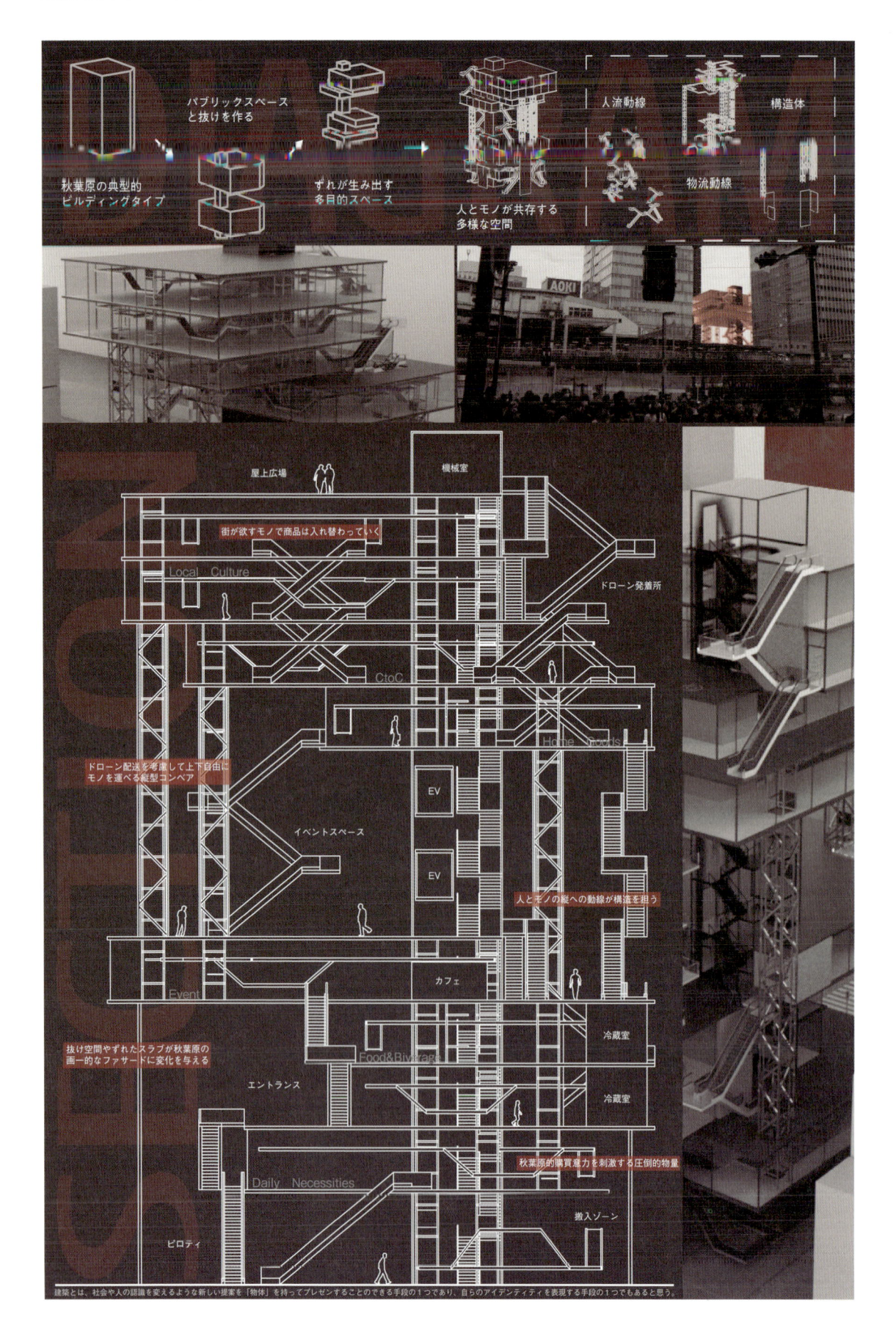

まちの中の物流すべてを担う

光井 趣旨はよくわかります。実店舗とEC業界が活用してきた倉庫のようなもの、郊外にあった集積センターもしくは流通センターを都心に持ってきて、一緒に展開しようということですよね。今回の模型で見ると、この巨大な倉庫のデザインに収納スペースとかそういったものが入っているようにはとても見えないです。ただガラスに囲まれたオープンなレストランとか物販が入った店舗が並び、中間層には大きな吹き抜けがあるので、何かイベントでも開催するのだろうという感じで、かなり軽やかな透明感のある店舗に見えています。最初に説明されていた倉庫やドメスチックセンターといった施設は、この模型のどこにあるのでしょうか?

佐藤 今回は秋葉原に建てるということで、秋葉原の欠陥物を修復するために、ここで食料品とか日用品といった小さい商品を扱うことにしています。今回アマゾンプライムの倉庫はつくれなかったのですが、ここでは普通の店舗のように棚に商品を並べ、それを倉庫化していく感じに

なっています。見方を変えれば、商品ケースが見えるということです。中に入っているガラスの部分が商品棚であり倉庫の棚でもあるという両方の意味を込めています。普通の商業施設のような形なのですが、物流の機能も含んでいるということです。

光井 いや、最初に社会問題としての大型ショッピングモールの問題があり、それからECが発達したことで、倉庫間の部分が倉庫外になっていったという話をされていましたよね。社会問題を解決する1つの方法として、今回のデザインが出てきたのかと思っていました。ところが蓋を開けてみると、簡便な形のものでしかないので、最初に定義された大きな社会問題を解くというところが見えないのが少し残念だと思いました。

佐藤 これから建っていくものを変えていきたいと思っています。外部に設けた大きな倉庫で他の商品を扱うというのは、それはそれでありだと思うのですが、ECを発展させるために、どうしても都心に配送センターを建てなくてはならない。そういった部分をもっと鍛えた空間にすることで、これから増えていってしまうものを変えていくことができればと考えており、既存のものを変えていくよりはこれからできるものを新しいデザインで提案したいと思っています。

猪熊 実は、佐藤さんの作品は面白いかもと思って僕が票を入れたんです。説明を聞いてみたいと

思って。とはいえ、やはり倉庫の比率が多くないことには成立しないと思うんですね。あとは、都心の地価の高さという課題が最終的には上手くひっくり返されて、計画に実現性が感じられるように計算されていると面白いなと思いました。でも、実際はスカスカなままではあるわけです。だとすると、デパートがウェブ販売しているのと、何が違うかというところになってくると思うのですが。この点で違いはありますか? 例えば、伊勢丹がウェブでも買えますと言ったら一緒なのか。

佐藤 ここでは、伊勢丹とかそういう企業だけでなく、まちの商店にも商品を置いたりでき、最終的にはまち全体を物流の拠点として商品が出たり入ったりしていく。まちの中の全ての物流の機能を併せ持つ存在になればいいかなと考えました。

新居 僕はこれが必ずしも世の中にとって良いように作用するとは思えない。郊外にあるAmazonの倉庫の中を見たことがありますか? そこではロボットが走っていて、ピッと何か操作をすると、自分ごと目的の場所へ運んでくれる。そういう方向に持って行ったほうがよっぽど物流も大量に動かすことができる。人間がその中をビュンビュン移動し、隣の人は隣の人で違うものを買っているくらいやらないと、こういうのは綺麗すぎてスカスカになってしまってもったいないと思うんですよ。やっぱり視点は面白いけど、こういうテーマに取り組むのなら、もう少し話を展開してすごい物流とは何かというようなメカニズムと新しい商業とを組み合わせて考えたら、建築的に面白いと思うんだよね。それがないのが残念です。いいとは思うんですけどね。

[D-5]

みえない小学校
ー街に対する小学校の新しい形。建築が変わり教育が変わる。ー

みえない小学校

- 町に対する新しい小学校の形。建築が変わり教育が変わる。-

今日も町は授業を受けに町を練り歩く子供達でにぎわっている。しかし授業が始まるといつもの閑散とした町に戻る。
町に溶け込んだ小学校は町の風景の一部となり、町全体が小学校となる。すると小学校は町からみえなくなる。

急な坂道	使われない場所がある駐車場	虫取りに行く森の入り口	多く見られた階段	住宅にある駐車場	緩やかな坂背戸道	緩やかな連続した階段	背戸道から連続した急な階段	緩やかな坂道と階段
空きスペースの余る駐車場	緩やかな階段	スペースの余る駐車場	背戸道からみる立体駐車場	森に面する空きスペース	緩やかな坂道	通りから連続した階段	背戸道から連続した急な階段	空きスペースに作られた駐車場

01 敷地

真鶴駅

まなづる小学校

真鶴港

神奈川県足柄下郡真鶴町

02 調査

01 敷地

町を歩きながらスケッチをし町の特徴を探った。町の特徴として坂が多いこと、空きスペースが多いこと、高台にある小学校は敷地にあってないが見晴らしがいいこと、建物の軒、などがある。そして町全体に子供の学びの場があり、例えば虫とりに行く森や、授業で魚屋さんに教えてもらったりと広がっている。調査をしていくうちに町としては魅力的な反面、特徴である坂によって地域住民が抱える問題として「長い階段が辛い」や「坂の途中に休む場所が欲しい」ということがあげられた。また街の中心の高台に位置するまなづる小学校は周辺の住宅街の小さなスケールの中に、大きなスケールの校舎が構え、柵で囲われ閉鎖的であり周りの住宅との関係に違和感のようなものを覚えた。

現在の小学校はセキュリティーを重視するあまりまるで監獄のようである。そこで街に小学校を散らし溶け込ませ、地を這うように屋根を浮かせ、道で繋ぐ。すると子供達は授業を受けに街を練り歩く。授業中、町は閑散としているが休み時間になると子供がうろつき賑わう。屋根によって教室の縁側は半外部空間となり、さらに学校としての目印にもなり子供達の歩く目標になる。繋ぐ道は学校と町の接点を増やし、子供は町のことがわかる。小学校が町の風景の一部となり街全体が小学校となる。すると町から小学校がみえなくなる。

敷地：足柄下郡真鶴町
用途：小学校
面積：3186.12㎡(床面積)
構造：木造,テント構造
階層：2階(GL,1F)

03 ダイアグラム

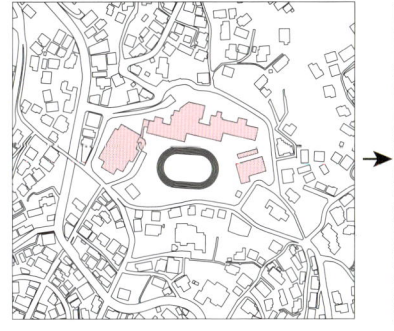

町に対して閉じた小学校

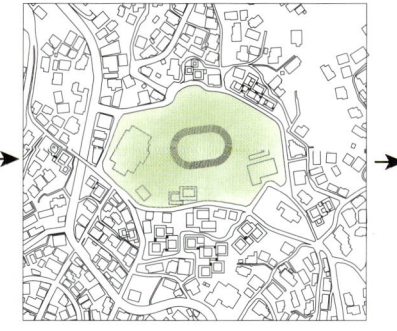

休育館とプールを残し
元々の敷地はグラウンド兼公園

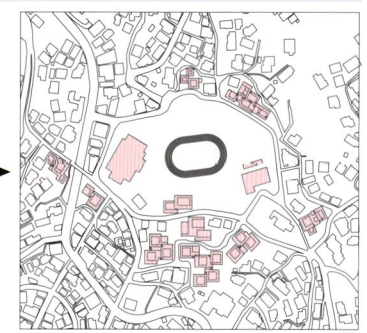

町の中に溶け込んだ小学校は
学びの場が広がり町全体が小学校

04 3つの要素

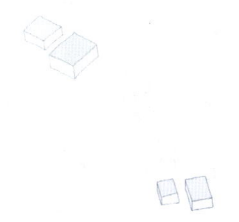

住宅スケールの教室

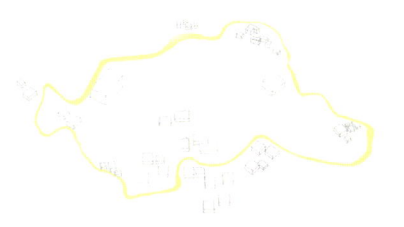

教室をつなぐ背戸道

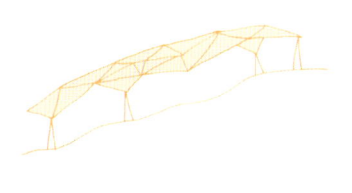

地面をはうように浮く屋根

05 屋根について

教室にテント屋根をかけることによって屋根は子供の歩く目標となる。また地域の人も避難する際に視覚的に小学校を認識することができる。

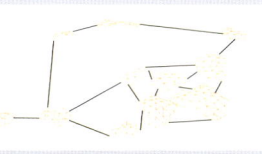

06 教室について (平面)

教育の変化に合わせて引き戸、折りたたみ戸、すべり出し窓よって緑側空間に拡張、伸縮が可能。また緑側空間はテント屋根がかかり半外部となっているため町の人も入ってこれる。

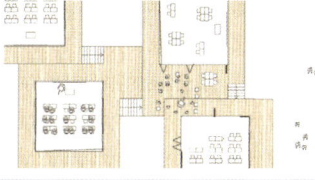

07 教室について (断面)

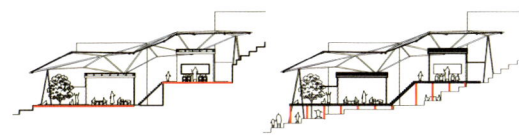

地形を削って作るのではなく、傾斜からスラブを出し、足をつけて建ち上げるにすることで子供しか行けない空間ができ、町対しては軒下空間が生まれる。

08 配置図兼平面図

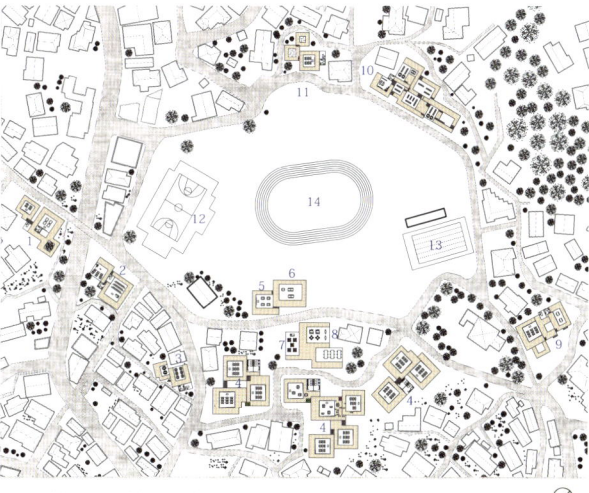

1. 理科室　　2. 音楽室　　3. 家庭科室　　4. 普通教室　　5. 調理室　　6. ランチルーム
7. コンピューター室　　8. 職員ラウンジ　9. 図画工作室　10. 図書室　11. 和室
12. 体育館　　13. プール　　14. 公園兼グラウンド

山道　崚介
Ryosuke Yamamichi

東京都市大学
工学部建築学科

studio	手塚研究室
software	Vectorworks,Illustrator,Photoshop
planning/making	3ヶ月/2週間
next	東京都市大学大学院
dream	建築家

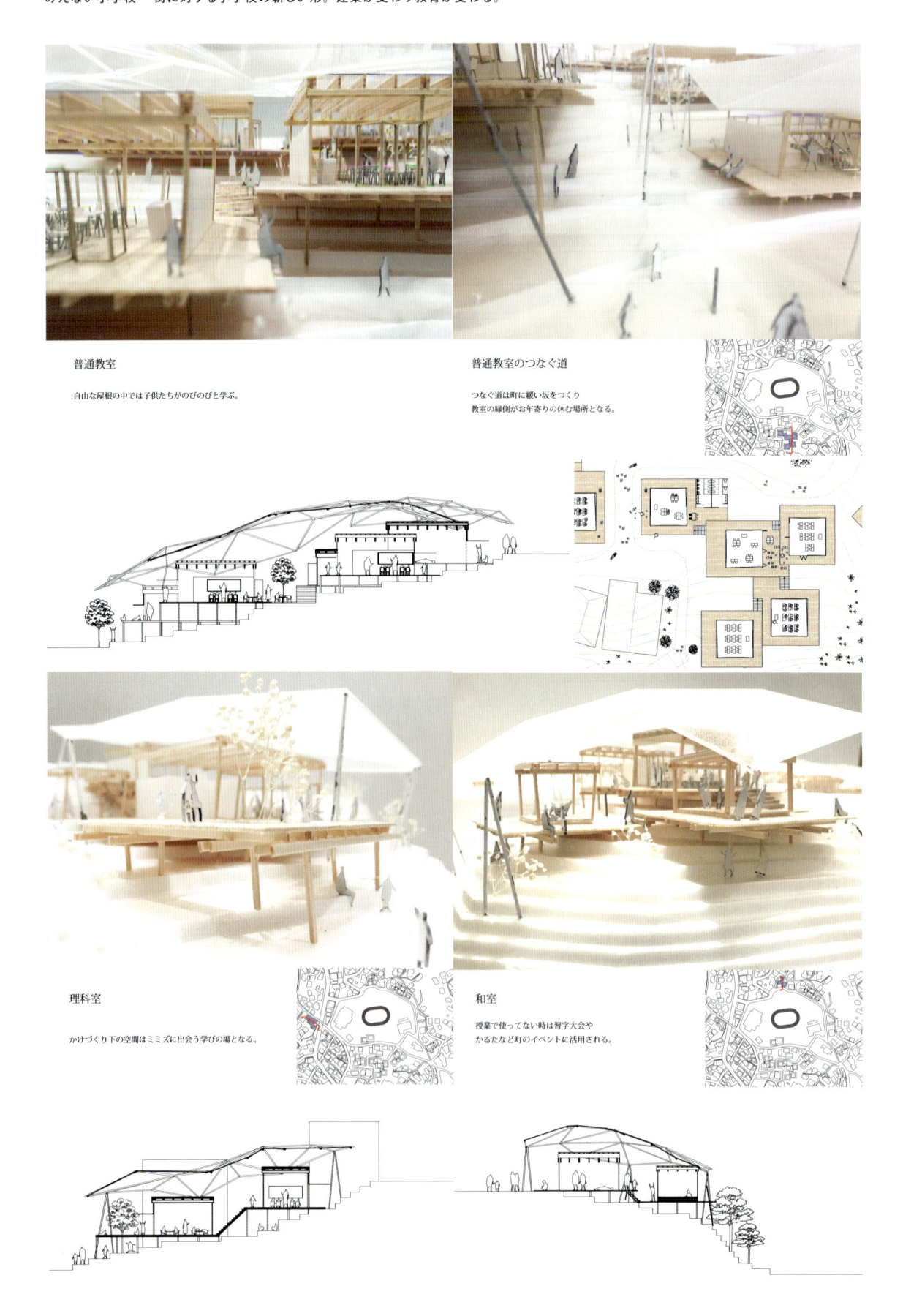

普通教室

自由な屋根の中では子供たちがのびのびと学ぶ。

普通教室のつなぐ道

つなぐ道は町に緩い坂をつくり
教室の縁側がお年寄りの休む場所となる。

理科室

かけづくり下の空間はミミズに出会う学びの場となる。

和室

授業で使ってない時は習字大会や
かるたなど町のイベントに活用される。

家庭科室

細いつなぐ道はを子供が通ると中のポケットスペースでは近所のお母さん達の井戸端会議が行われている。
また計画後にできた細い背戸道は子供達の近道になる。

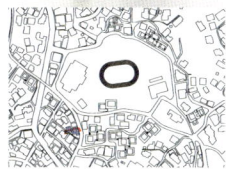

音楽室

道に対してひらくことで音楽コンサートが行われる。

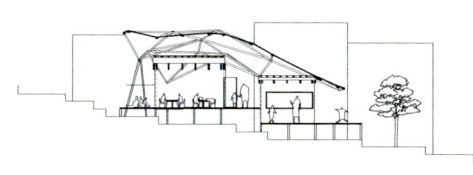

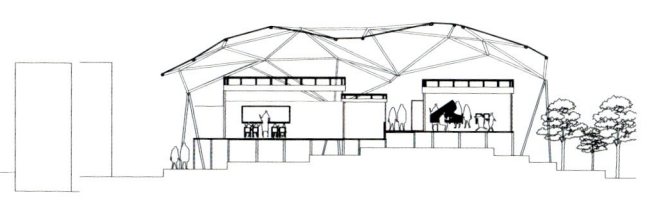

調理室

道に対してテント屋根で深く軒をだすことで縁側で一休みできる。

図画工作室

授業がない時は地域に開放しものづくりの場となる。

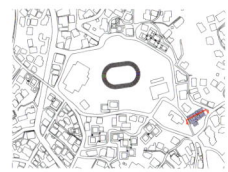

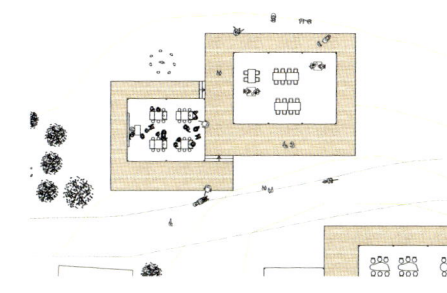

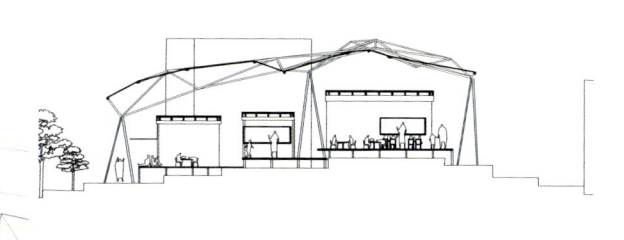

SPACE for SPACE
―宇宙環境と居住空間―

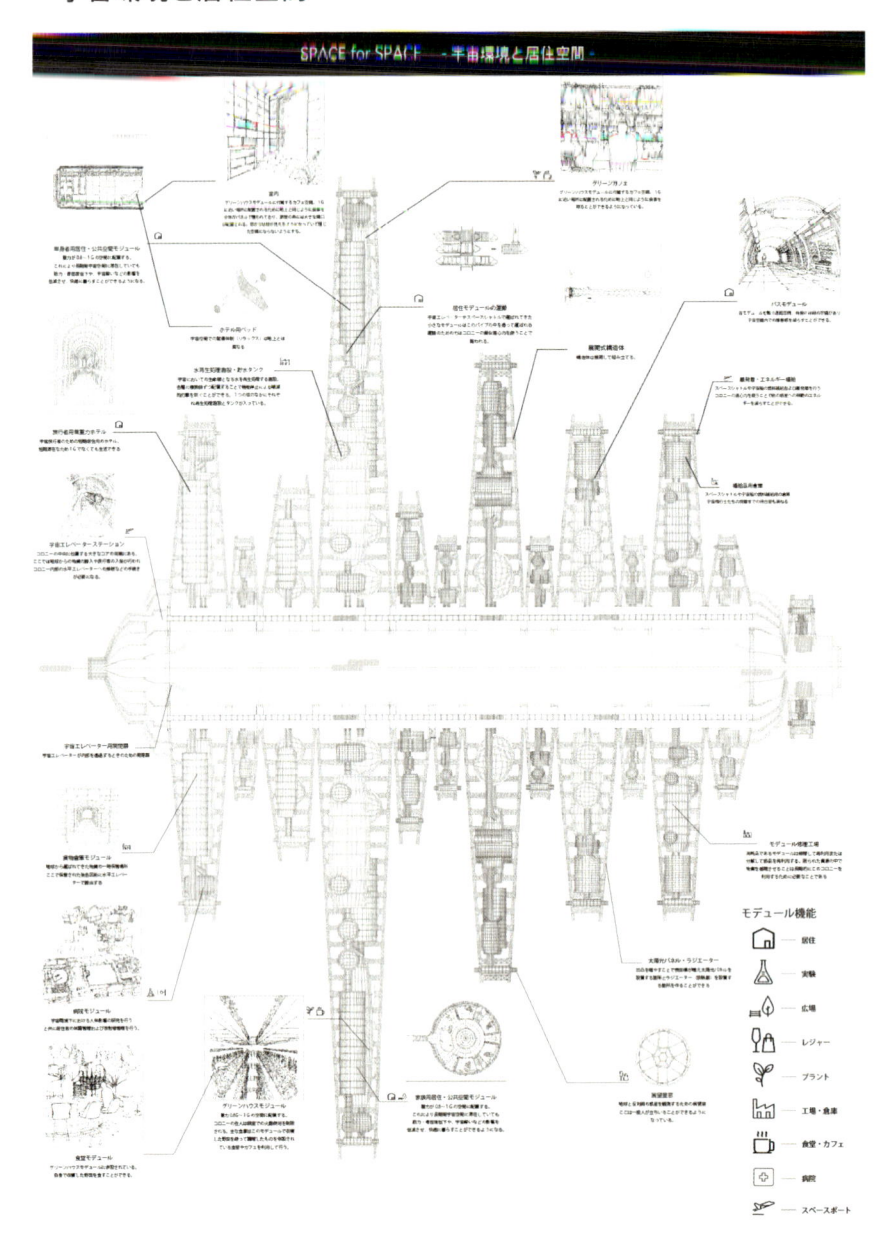

現在地上で問題となっている人口爆発や地球環境問題を解決する1つの方法として人類は宇宙開発及び宇宙への移住を計画してきました。中でもスペースコロニー計画は宇宙に地球の模擬環境を作り数万人を収容する大規模な移住計画として研究が進められています。しかし、これまでは宇宙構造システムへの考察に終止しており、居住空間や暮らし方の議論はなされているとは言えません。宇宙において人間が長期滞在な住空間の実現を目指し、居住性を重要視したスペースコロニーを計画します。

敷地：宇宙
用途：スペースコロニー
面積：7,500,000㎡
構造：鉄骨、カーボン
階層：12層、各12ブロック

鶴田　叡
Akira Tsuruta

東京都市大学
工学部建築学科

studio	―――	手塚研究室
software	―――	my hands, Illustrator, Photoshop
planning/making	―――	4ヶ月／2週間
next	―――	東京都市大学大学院
dream	―――	新しいことに挑戦し続ける

宇宙に住むための設計的アプローチ

光井 地球というコンテクストから抜け出したかなり挑戦的な作品ですので、どうやって解釈しようかなと思っていたのですが、ただ、住んでいるのは人ですので、人が中心ということは多分変わらないのでしょう。そういった意味で遠心力や重力の差、生まれてくる力の差が、人間の心などにどのような影響を与えるのかが知りたいし、興味があります。これらのことを研究されていたのでしょうか？ また、超高層がいくつも乱立した形でアナロジーをつくっているのですが、広い空間や狭い空間、あるいは緑の空間といったように、多様な空間でないと人間は何年も生きられないのではないでしょうか。地球の環境とは違った環境や生態系をつくるとおしゃっていましたが、本当にそうなのだろうかと少し疑問に思うところがあります。何百万年も人間は人類として生活してきていますので、地球の中で何がなくなってもいいのか、何がなくてはいけないのかということですね。そういうことが、スタディ・検証されている

必要があります。その上で、円盤状の形、幅、空間の大きさなど具体的なことが決まってくるのではないかと考えているのですが、そのあたりについてはいかがでしょうか？

鶴田 まず、重力の差によって人に対してどういう影響が与えられるかですが、人が宇宙空間に出て重力がなくなった時は、基本的に平衡感覚だとか、普段地上で得られているような重量感というものがなくなります。設計の中でどのように解決をしているかというと、例えばこの右側の空間を見ていただいた時に、屋根が円弧になっています。これは、重力がなくなったり少しでも重力が減ったりした時に、人は上下の差がわかりにくくなるということがあり、それに対して円弧が上で下が平らというように、人体にとって上下が分かりやすいデザインにしています。また、この地球の環境をそのまま持って来なくていいのかという質問ですが、参照したものとして「Biosphere2」という研究があります。地球上で、周りから電気などを

一切取り込まずに砂漠の上で生態系を維持できるかという研究なのですが、その中でいろいろな問題が発生して、わずか2年ほどでその中では生きられなくなるという研究結果が出ており、その反省点などを参照しながらやっています。例えば、閉鎖空間なので、人間関係にどんな影響が出てくるかというのが一番大きな課題としてあります。住居モジュールの隣にグリーンハウスモジュールがありますが、このグリーンハウスモジュールで採った野菜をそのままそこに内接してあるカフェで食べられるようになっています。食事のスペースは、基本的にはここだけに絞っています。というのも、こういった閉鎖的な空間の中では火災などが起きた時に一気に燃え広がってしまうので、小さくしないといけないのです。しかし、小さくした結果として人が集まる場所として集約することができて、様々なコミュニティーだとか、会話とかが生まれやすくなって少しでもストレスを解消できるようになればと思っています。

水と共に生きる
ー分散型インフラを核としたコミュニティの提案ー

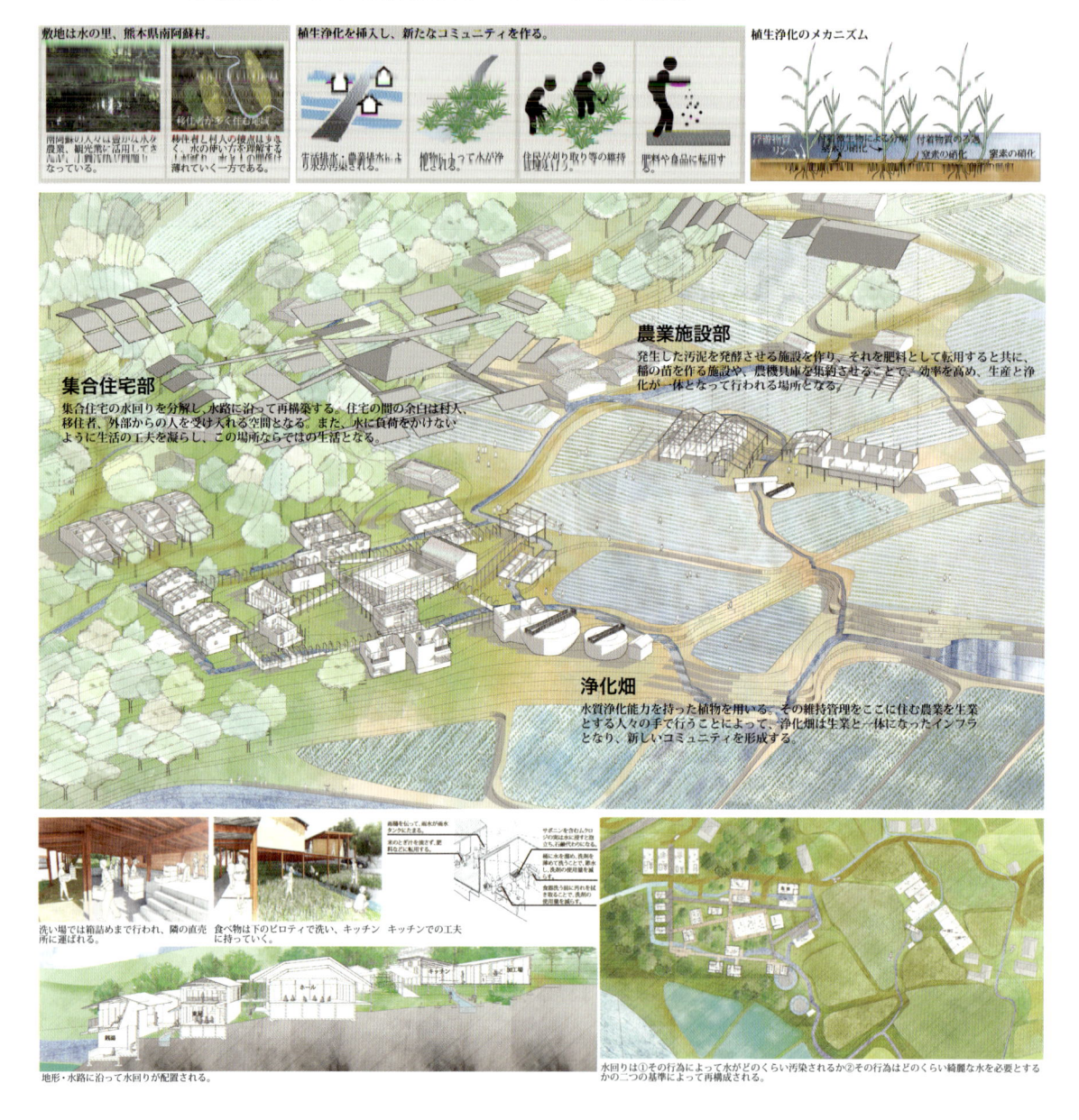

敷地は水の里、熊本県南阿蘇村。

間伐跡の人々は豊かな水や農業、観光業に活用してきたが、高齢化が進問題になっている。

移住者と村人の接点は少なく、水の使い方を理解する人が薄れていく一方である。

植生浄化を挿入し、新たなコミュニティを作る。

汚濁物質を減らし農業排水にする。

植物によって水が浄化

住民が刈り取り等の維持

肥料や食品に転用す

植生浄化のメカニズム

集合住宅部

集合住宅での水回りを分解し、水路に沿って再構築する。住宅の間の余白は村人、移住者、外部からの人を受け入れる空間となる。また、水に負荷をかけないように生活の工夫を凝らし、この場所ならではの生活となる。

農業施設部

発生した汚泥を発酵させる施設を作り、それを肥料として転用すると共に、稲の苗を作る施設や、農機具Uを集約させることで、効率を高め、生産と浄化が一体となって行われる場所となる。

浄化畑

水質浄化能力を持った植物を用いる。その維持管理をここに住む農業を生業とする人々の手で行うことによって、浄化畑は生業と一体になったインフラとなり、新しいコミュニティを形成する。

洗い場では箱詰めまで行われ、隣の直売所に運ばれる。

食べ物は下のピロティで洗い、キッチン キッチンでの工夫に持っていく。

地形・水路に沿って水回りが配置される。

水回りは①その行為によって水がどのくらい汚染されるか②その行為はどのくらい綺麗な水を必要とするかの二つの基準によって再構成される。

　集中型インフラにより水と生活は切り離され、水は消費物として扱われるようになった。近年の地震により、集中型インフラの脆弱さが露呈している。植生浄化という分散型インフラで再び繋ぎあわせる。敷地は熊本県南阿蘇村。移住者が増加し、高齢化により豊かな水を農業に生かして生活してきた村人の人口が減少しており、互いの接点は少ないため、水の使い方を理解する人が減っている。そこで、生業と一体になる植生浄化を挿入する。植生浄化に利用するアシ等の植物は肥料に転用でき、浄化能力を維持するため維持管理が必要である。この維持管理を村人と移住者で行うことで農業とインフラが一体になり、南阿蘇に新たなコミュニティが生まれる。彼らのための集合住宅、農業施設を提案する。この集合住宅の水回りは水への影響度で分解され、既存の水路に沿って再構築される。
　ここでの生活は水への負担を少なくするため、生活の工夫が日々行われることで、阿蘇ならではの生活となる。

敷地：熊本県南阿蘇村
用途：集合住宅
面積：2,000㎡
構造：木造
階層：2階

山口　裕太郎
Yutaro Yamaguchi

東京工業大学
工学部建築学科

studio	安田研究室
software	Vectorworks,SketchUp,Illustrator,Photoshop
planning/making	3ヶ月/1ヶ月
next	東京工業大学大学院
dream	建築家

地方のインフラに対する最適案とは

大西 例えば、水によってできていくランドスケープを軸に考えようと模型を見た時に思ったのですが、今のプレゼンテーションですと、機能の話が中心になっていたところがまず1つ気になりました。それから、自然の中で水を浄化させていくシステムとは、山のようなもっと大きなスケールの中でやっていくことではないでしょうか。今回の作品のスケールは、どのように決めたのですか？　水と浄化、暮らしというものを考えた時に、これを最適な大きさと考えたのでしょうか？

山口 この規模にしたのは、植生浄化によって、この広さだと40人ぐらいの住人が住むのに適切だという計算結果を根拠にしています。そして、プレゼンが機能の説明に集中しているという指摘に対しては、もちろんランドスケープとの一体性がとても強いことは考えています。大きいインフラを生活という細かいところに、自分の身に近いところまで想定することを考えているので、ランドスケープの説明よりは生活の説明

に終始しています。

猪熊 僕は、素敵な風景を思わせる良い作品だと思いました。ただ、冒頭で大きなインフラによるエネルギーが問題だという話から入られていて、この提案の先にある世界像を教えてください。基本的にはこういう小さなものの連続で全部ができているということを目指したいのか、都市は大きいもので支えられている一方で田舎だけこのようになっているというイメージで描いているのか。もし、そういう全体像やイメージがあれば教えてください。

山口 こういうインフラでは、集中型か分散型かどちらを選択するかというのは、やはり経済性が重要視されます。こういう場所では、まず水が綺麗ということもあり大きなインフラは必要なく、人口規模についても集中型だと下水管などを張り巡らさないと機能しないという問題があります。この地域は農業を生業としていて水が豊かではあるけれど、そこへの意識がだんだん薄れていることが問題だと考え、経済原理とそういう地域の問題を考慮して、今回のような分散型を選択しています。さらに、将来的にすべて小さいもので構成されるかというと、そういうわけではありません。やはり都市では、集中型が経済的には理想的だというように思われていますが、地方ではこのような形がいいと思います。

新居 僕は、この案は逆に疑っていますね。富山のこういう地域を手掛けたことがあるのですが、例えば分散型にして、そこでお風呂に入るとか言いましたよね。お風

呂で使った化学薬品や石鹸は、農業にすぐダメージを与えます。だからこれをやった途端に、たぶん山口さんの想像とは逆に全滅してしまうと思います。水は汚れ、分散させたとしても運ぶインフラが増えて、逆効果になると思うんですね。あと例えば、影も農業の人たちによると重要で、僕らが植えようとした1本の木の影だけでも農産物がダメになるって、ものすごく怒られたわけ。だから、そういうものをバンバン入れていくということは、君が信じているものの逆方向に行っちゃうと思うんですね。僕ははじめ、ドイツでやっているような水の流れを活用した小さい水力発電などを取り入れて、完全にエネルギーをクリーン化してどこかに集中させるのかと思ったのですが、ちょっと違うのかなと疑問を持ちました。お風呂や台所などからの排水処理は考えましたか？　なかなか簡単にはいかないと思うんですよ。

山口 ここでの想定としては、浄化畑はリンなど化学物質を除去することに特化していて、そこでは足りない部分を補う形で、植生浄化を挿入すると考えています。

藤村 原発が話題になって、集約型のエネルギー生産が批判されている時にこういうストーリーがよく出てきたと思うんですね。やっぱりまだ、近代以前に戻そうという安易なプレモダン回帰の論のように聞こえます。案自体はいいのですが、どういうレトリックでそれを言っているのかもう少しひねりがないと、何か都市の若者が抱きがちな都市部の幻想みたいに見えてしまいます。

浦賀再賑
ー産業の抜け殻の再編で描く未来の浦賀ー

かつて造船で栄えた浦賀は、現在使われなくなったその造船工場跡地によって海が完全に見えない。　そんな、海が近くて遠い浦賀の未来を考える。
——————浦賀の未来は再び海に開くかれるべきなのである。

一．浦賀のまちの特徴　　—— まちから海を切り抜いている、B万平米の造船所跡地の未来を考える。

—— 造船のまち、浦賀 ——

浦賀の自然環境の再読・造船文化の継承の2つの視点から浦賀について考える。

二．B万平米の計画　　—— 自然・土木・建築のスケの関係性を考え、浦賀の成長プロセスを描く。

—— 土木建築という概念 ——
（プロムナード）

—— 造船所跡地の再編 ——

敷地を囲んでいた塀が、山から引き込んだ自然の起伏に置き換わり、今までにない自然体験の場になる。

現在、浦賀は造船所跡地の塀によってまちから海が見えない。

そこで私は、この敷地に土木建築（プロムナード）という概念を挿入した。海に向かって伸びる土木的な歩行空間によって、周辺の山や海といった自然を引き込み、その湾曲したリズムが敷地全体を巡ることで、浦賀を特徴付ける要素が絡み合う環境を作り出した。また、浦賀が造船文化継承の地となるために、産業遺産のオーセンティシティをまち全体で担保していくシステムが必要であると考えた。そこで、敷地内の造船軸上には、既存煉瓦塀の材質や既存工場のリニアな造形を活かした造船技術センター、そして浦賀ドック内部にはその造船当時の風景を体感できる海事博物館を計画し、ただの廃墟が活用的な保存を経て新たな意味を持つ、未来の浦賀を計画した。

敷地：神奈川県横須賀市
用途：博物館など
面積：80,000㎡
構造：S造など
階層：1〜3階

原　寛貴
Kanki Hara

東京電機大学
未来科学部建築学科

studio	山本研究室
software	AutoCAD , Revit , PhotoshopCS6
planning/making	12ヶ月/3週間
next	東京電機大学大学院
dream	建築家

吊り構造で建築と自然の接地を減らす

光井 港町というか造船所の再生というプログラムで町興しをしようとされていますが、町の設定が非常にドラマチックなので、デザインとも噛み合って非常に印象深い作品になっていると思います。ランドスケープについても様々な配慮がされているし、細かい地形の現状把握もされているので、かなり密度が高くなっています。海事博物館については、船の形をなぞっていますが、この具体的な形についてはいろいろと賛否があるかもしれません。また、船底はガラス張りか何かで、視線が抜けるということでしょうか?

原 はい、部分的にガラスになっていて下や上が眺められます。

光井 下に降りた時に、船を下から眺めるという視点があるのも、なかなか面白いと思いました。

藤村 全体的に美しい形態だなと思うのですが、1点だけ疑問があって、あの上から吊っているのはなんでしょうか? これが何かを表している

のか、これはやらなきゃいけないことだったのか、どういう意図があったのかを聞きたいですね。

原 引きで見た時に、ランドスケープ全体が自然に囲まれているのですが、そこに帆船の帆が連続するような景色を想定してつくっています。また、ランドスケープについて、自然に配慮した時に、この土木建築が接地する部分はできるだけ減らしたいという思いがありました。そこで、吊ることにより、建築と自然との接地部分を減らせるので、デザインと僕の思いが繋がっていくのかなと思ってこのようにしています。

藤村 構造的にリアリティを感じさせるためには、もうちょっと吊り方を考えても良かったかなと思いましたが、意図はわかりました。

猪熊 もっと具体的なことを聞きたいと思います。周りの自然を引き込むという話がありましたが、それは模型でいうとランドスケープを指しているのですよね?

原 はい、ランドスケープの部分です。

猪熊 それから、具体的には山に生えている木を持ってきて移そうというようなイメージなのか、それとも草原みたいになっているイメージなのか、もう少し具体的に教えてください。

原 敷地としては8万平米あるので、高い場所や平地などにいろいろ計画しているのですが、この模型では秋に溜まる場所というのを想定してつくっています。ランドスケープの中において、造船、教育、自然の3つの要素が季節によって溜まり場が変わることで、年間を通して様々な体験ができるかなと思ってつくりました。

猪熊 そうすると、今回提出された模型の全体の雰囲気より、実際にはもっと木が生えているところもあるということですか?

原 場所によっては、そうですね。

猪熊 模型ですと見渡しのいい雰囲気ができていますが、そうではない可能性もある?

原 そうですね。

大西 繰り返しになるかもしれませんが、何のためにこれをつくるのかということを、もう少し聞きたいと思っています。ミュージアムというテーマですが、この場所に本当に必要なのでしょうか?

原 理由としては、第一に、浦賀のポテンシャルを評価しています。ペリーが来た場所として全国的に知られているのに海は完全に閉じており、寺社に参詣しに来る観光客が多くいても、海に興味を持って来る人はほとんどいないという問題意識がありました。このプログラムは、地域に対してどう使われるかを中心に考えていますが、ここに来た時に海や造船を意識できるようにと思ってプログラムを設定しました。

2011年

2012年

2013年

2014年

ガ卒業設計展 2014 講評会

2014 03 31

2015年

2016年

開会挨拶

2017年

4章

公開審査ドキュメント

4章 公開審査ドキュメント

「Keep on fighting
～最後まで戦い続ける～」

2018年3月23日金曜、「赤レンガ卒業設計展」の記念すべき公開審査15回目を迎えました。数ある卒業設計展の中でも開催期間が総じて遅い「赤レンガ卒業設計展」には、毎年、様々なコンペを経てブラッシュアップされた力作が揃います。ファイナリスト10名によるプレゼンテーションと審査員5名による鋭い批評を皮切りに、次世代の建築家たちの4年間の集大成を問う戦いが幕を開けます。

大西 麻貴氏

猪熊 純氏

前半総評

藤村： 実行委員から指名を受け、司会進行を務めさせていただきます。10作品から最優秀作品1点を決めるということで、最初に我々審査員が現時点での総評を一人一言ずつコメントを述べた上で、各審査員が3票ずつ投票して議論の絞り込みをします。光井さんから順番に総評をお願いします。

光井： 今日は素晴らしい力作がたくさんあり、選ぶのも非常に大変だと思いますが、私自身とても勉強になりました。数えてみると、7つが"まちの再生・まちづくり・賑わい活性"に関わっているもので、2つが"テクノロジー的なもの"、それから1つが"モニュメンタル・モニュメント"ということで人の心を扱ったもの。そういった大きな分類ができると思っています。私はまちづくりに非常に興味が

あり、"まちの再生・まちづくり・賑わい活性"が7つあるということは、建築を単体で考える視点から、まちと一緒に世の中から建築を位置付けるという視点が随分高まっている、あるいは日本自体がそういった視点を必要としているのではないかと思っています。テクノロジーでは、「建築の生命化」、「SPACE for SPACE」がありました。まちづくりについても、場所を生かした建築のつくり方がいろいろ拝見できて非常に面白かったです。齋藤さんの戦争の話もありましたね。私自身もあの戦争は何だったのだろうかということを、憲法改正と絡めていろいろ考えることがあります。そうしたきっかけも与えてくれて非常に良かったと思います。力作ばかりなので、自分の作品が賞に選ばれなかったとしても落胆することなく、ファイナリストに残ったことを誇りに思ってください。素晴らしいプレゼンテーションをありがとうございました。

藤村： 私はどちらかというと、この作品が次の時代をリードするのではないか、今こういう時代だからこのような作品をつくること

藤村 龍至氏

光井 純氏

新居 千秋氏

に意味があるのではないかという批評性を見たいと思います。そうした観点で幾つかの作品を見て、軸やカテゴリーごとにペアにしてみると面白いと思います。原さんの「浦賀再賑」と齋藤さんの「野島掩体壕博物館」はモニュメントの作品でしたね。山田さんの「蛇落地悪谷再考」と松井さんの「解体の庭」は、災害や火災を念頭に置いた議論があり、災害と建築の関係を表していたり、今垈さんの「街並玄関孔」と山口さんの「水と共に生きる」は世界観や社会観、建築そのものの技術的裏付けやリアリティというよりも、パーソナルな感覚みたいなものが形になっている。佐藤さんの「集積する都市のバックヤード」と鶴田さんの作品は"新技術"と"空間"だと感じました。私が興味を惹かれたのは、外山さんの「拝啓○○様.」と渡辺さんの作品です。これは何の軸かというと、マッシブなデータです。外山さんの場合は、顔をたくさん描いてたくさんの人にヒヤリングを行ったものですね。渡辺さんは、パラメーターとしては1つなのかもしれないけれども、たくさんの入力があってそれをたくさん出力するというものでした。大西さんはどうでしょうか?

大西: 私も今日会場に入った時に、模型や図面が会場内にぎっしりと並んでいるのを見て、すごい迫力を感じました。さらに、プレゼンテーションを聞くと、例えば、渡辺さんは建築と人間がお互いにメリットがあるということを言っている点や、鶴田さんがせっかく宇宙に建築をつくるのだから、地球での慣習を持って行かず新たな建築の可能性に言及している点など、皆さんのプレゼンテーションの言葉には、大事にしていることや今の建築に対して疑問に思っていることが表れていました。その点をどんどん掘り下げていくと、もっとこれから次の展開に繋がっていったり、もっと人の心をつかんだり、社会を変えたりするような提案に繋がっていくんだろうなと思えて、それが皆さんに感じられたのが素晴らしいと思いました。

猪熊: 時代も関係するのでしょうが、二次審査に残っている作品も、一次審査をした作品もそうですが、全体を通してメッセージのベクトルが比較的やさしいと感じました。それもとても大事で、僕も自作ではそのタイプなのですが、一方でそれだけでは物足りないと思っているような方たちの案も幾つかあったのが僕個人としては刺激的でした。鶴田さんの宇宙空間でスペースをつくっていく作品と、渡辺さんの作品がそうでしたが、渡辺さんは確信犯的なのか、たまたまなのか、まだちょっと読めないところもあります。あとは、建築としては少し惜しいですが、佐藤さんの建築は、物流から読み変えようとしている意志が感じられる作品でした。そうした、他とは全然違うものを出してみようという心意気のある作品があったのは結構新鮮でした。これらが今回、どのような扱いになっていくかに僕はすごく興味がありますね。

新居: 僕は作品全体の中で、誰も選ばないかもしれないと思って選んだ作品もあります。審査員の皆さんの話を聞いていると、なるほどというものと、共感できないものもありましたし、また、審査員のほうで深読みして確信犯的にいい流れに行くだろう作品も予測をしていました。僕はまめなので、はじめに30点くらい選んで、1つずつコメントを書きました。誰かと同じ評価になるかもと思ったのですが、ほとんど同じにならなかったです。実は二次審査に選ばれた作品はすごく少ない推薦を経たもので、特に大西さんは誰とも合わない選び方がすごいと思いました。言うと怒られちゃうかもしれませんけど(笑)。このようにいろいろな視点がある中で、佐藤さんのように難しい言葉でずっと説明しているうちに、自分の案に辿り着けないのは損だなと思いました。最終投票でも、たぶん審査員が投票する作品は揃わないでしょうが、それが面白いと思います。

藤村: ありがとうございました。総評を述べたところで早速ではありますが、先生方に一人3案選んで投票いただきましょう。

「Keep on fighting 〜最後まで戦い続ける〜」

第一回投票

藤村：審議中の雑談となりますが、猪熊さんたちがおっしゃったように、一時期おじいちゃん系とよく言われていた、パーソナルな記憶を辿って再現するような作品は減りましたよね。時代や世代でちょっとずつ機運が変わってくるのでしょうが、すごくドライになって、震災ショックみたいなものが抜けてきたような感じがしました。さて、集計結果はいかがでしょうか？

集計結果

渡辺顕人「建築の生命化」…………………3票（藤村、猪熊、大西）
鶴田　叡「SPACE for SPACE」………2票（新居、猪熊）
山口裕太郎「水と共に生きる」…………0票
山田清香「蛇落地悪谷再考」…………2票（藤村、大西）
今埜　歩「街並玄関孔」…………………1票（新居）
佐藤耕介「集積する都市のバックヤード」0票
外山純輝「拝啓〇〇様。」………………2票（光井、藤村）
松井裕作「解体の庭」……………………3票（新居、猪熊、大西）
原　寛貴「浦賀再賑」……………………1票（光井）
齋藤嵩樹「野島掩体壕博物館」…………1票（光井）

藤村：光井さんの3票について、ポイントはどこでしたか？
光井：外山さんの作品は、面白い視点だと思いました。最近は観光客が増えており、街がにぎやかになっていくのでそれ自体は良いことではあるのですが、反面そこに住んでいる人たちの居場所がなくなるということがあります。例えば、日用品を買う場所がなくなるとかですね。同じようなことが金沢やいろんな地域で起きています。そこに対する着眼点が新鮮で面白いと思いました。
藤村：ありがとうございます。さて、この中から個人賞5作品と、最優秀賞と優秀賞2作品を選びたいので、この後の時間は、どれが「赤レンガ卒業設計展」の最優秀賞にふさわしいかという論点で、しばらく議論したいと思います。一人が推しているものとか、誰も推していないものを最優秀賞に推すことは難しいので、複数の方が推しているものを候補作品に選びましょう。もう1回確認すると、渡辺さん、鶴田さん、山田さん、外山さん、松井さん、この5つということになりました。さて、これらについてどういう論点がありますか、これがふさわしいという意見はありますか？ 猪熊さんはいかがですか。
猪熊：ずっと話題になっていますが、渡辺さんがどれだけ確信犯的に攻めてきているのか、結局本人の意思が一番大切だと思うので、そこはちょっと本人に聞いてみたいですね。
藤村：これは早速聞くしかないですね。渡辺さん、何がやりたかったのか、改めて一言お願いします。
渡辺：作品自体は、自然のように移ろいゆく美しい建築を目指し

審査員長
新居　千秋（Chiaki Arai）

1948年、島根県生まれ。1971年、武蔵工業大学（現、東京都市大学）卒業。1973年、ペンシルベニア大学大学院修了。1980年〜新居千秋都市建築設計代表取締役。1998年、ペンシルベニア大学客員教授。2008〜2016年、東京都市大学教授。2017年〜東京都市大学客員教授。主な作品に「リアスホール」（2008）、「横浜赤レンガ倉庫」（2002）など。主な受賞に日本建築学会賞（1996）、日本建築大賞（2010）など。

ました。ただ、卒業設計展はあまり社会に影響を与えるようなものではないと思うんですよ、建たない建築なので。それでも、自分の制作を意味あるものにしたいと思って取り組みました。示しておきたかったのは、RhinocerosとかGrasshopperについて、学校などで正当に勉強できないアウトサイド的な扱いを多少でも変えたいという点です。技術の発展、テクノロジーの進化は避けられないと思うので、むしろなぜそういう作品がないのかという疑問があるくらいです。情報系の技術に長けたプログラマーやエンジニアの方が建築家よりも重要になってくる気もしていて、そういう分野を横断する作品が増えればいいとも思っています。建築の歴史をみると、技術の発展で大きくガラッと変わった時代があり、今回の作品で言えば情報技術の発展がそれにあたると考え、手を出しておくほうが安全かもという（笑）、そういうメッセージがあります。
藤村：はい、ありがとうございます。ル・コルビュジエもそうでしたが、技術が進化する時に建築に革命が起こるというのもあり、渡辺さんの語り口から確かめたかったというのがあります。さて、大西さんは言葉にこだわっていましたが、他に言葉を聞いておきたい候補者はいますか？
大西：実は一次審査の時から山田さんの案をすごく推しています。今も最優秀賞にするなら山田さんと思っていますが、それは、彼女の質問への受け答えがいいと思ったからです。例えば、「なぜ災害があるところに家を建てるのか」という質問に対する、「日本中で地震だって台風だって来るところに住まなければいけない人がいるのに、そこに住むべきではないと言うのは無責任

ではないか」という回答です。山田さんの話をもう少し聞いてみたいです。

藤村: 山田さんに一言いただく前に、あえて見方を変えて質問します。山田さんの案は、土木がやってきたことを建築が引き受け過ぎている気がします。東日本大震災の後、津波を大堤防で防ぐ

光井 純(Jun Mitsui)

1955年、山口県生まれ。1978年、東京大学卒業。1984年、イェール大学大学院修了。1992年～ペリ クラーク ペリ アーキテクツ ジャパン代表取締役。1995年～光井純＆アソシエーツ建築設計事務所代表取締役。2016年～日本大学客員教授。主な作品に「日本コカ・コーラ新本社ビル」(2016)、「日本橋三井タワー」(2005)など。主な受賞にBCS賞、グッドデザイン賞など。

という防災の考え方は本当に良いのだろうか、もっと違う減災の仕方があるのではないかという提案が多く見られました。しかし、それは建築側からの意見な気もしています。砂防ダムを無数に新設してかろうじて人が住んでいるような、実はハザードマップでは真っ赤という危うい大都市は、広島や神戸など日本にたくさんあるんです。そもそも日本そのものが地震の発生源の帯の上にある島国であるし、何よりも防災は考えなければならないことでしたので、日本の建築学や土木学はそこを起点に発達していきました。そういう体系があるところで、なぜ土木でやるべきことを建築がそんなに担わなければならないのかという素朴な疑問に対して、山田さんの言葉を私からも聞いてみたいです。

山田: ありがとうございます。私も最初は、砂防堰堤(さぼうえんてい)だけを設計しようとしていた時期がありました。けれども土木学科の先生へ話を伺った時に、土木と建築の垣根がすでに分かれている時点で、地震の後に堤防が建ったとしても、住宅が以前と同じつくり方をされていることに対して危機感を覚えているという話を聞きました。これだけ災害が起こっていても、そこの架け橋をする人が実はあまりいないのではないかと。学生ならではかもしれないですが、その架け橋になる人になりたいと思って今回設計しました。

大西: また、別の視点となりますが、提案の中に民話や神話の話がありました。何かを残していくということについて思っていることがあったら教えてください。

山田: 事実、砂防堰堤があるから大丈夫だと思われてしまい、砂防堰堤自体が災害の風化の原因になっているようです。まだ3年しか経っていないのに、災害を1回経験しているにも関わらず、そういう考え方に陥ってしまうのがすごく危機的状況だと思いました。だから、追体験ではないですが、そのような場所を残していく

のが大切になってくるのではないかと考えています。

藤村： いろいろな住民と関わって話を聞いたことが説得力に繋がっていると思いますが、同じ流れで、外山さんの話も聞きたいと思います。外山さんにとって、いろいろな方の声を聞いてあのように似顔絵をたくさん描いたことは、一体どのような意義があったのでしょうか？

外山： 似顔絵を描いた意味については、直接設計とは結びついてはいませんが、まず、観光地にも人が住んでいることを伝えたかったです。もう1つは、最初は文字だけを集めて構造化し、設計を進めていましたが、1年間敷地に通いながら計画や設計をしていく中で、自分は話を聞いた人の顔や姿、生活を見ながら設計していると感じました。それをダイレクトに伝えたくて、似顔絵を描くことにしました。

光井： あの似顔絵は自分で描かれたのですか？

外山： そうです。

光井： 1年間通って街を分析し、その上でいろいろなイメージを膨らませて具体的な形にしていくのは、非常に時間がかかりますが、大事なプロセスだと思います。設計の場合、どうしても建築家目線というか、外の視点から組み立てる場合が多くなります。しかし、場所の分析から始めて、少しずつ人に寄り添ったデザインをしているのは、学生の課題としては非常にわかりやすいし、調査の上にデザインが成り立っているという点で、非常に良いのではないでしょうか。将来的には、このように調査と分析からデザインが成り立つという考え方は、建築デザインに明確な根拠を与える上で重要だと思います。

外山： 最初は、何か見た目が奇抜なものをつくれたらいいなと

思って、住民の方に提案を持って行きました。そうしたら、「あなたは何を調査してそういった提案をしているのか」と笑われてしまって。そこから話し合いを重ねた結果、このような落ち着いた見た目のものに着地したのですが、今はそれで良いと思っています。見た目は地味というか、ささやかなものであっても、そこに住んでいる方のためになれば良いと思っているからです。だから、これからも自分の足を使って見たり聞いたりするような、裏での努力を大事に、コツコツ設計していけたら良いなと思っています。

藤村： ありがとうございます。さて、新居さんは鶴田さんと松井さんに票を入れていますが、それぞれに聞いてみたいことはありますか？

新居： 鶴田さんは視点が変わっているので票を入れました。今埜さんは良さがみんなに理解されなかったと思うので、もう一度、他の人とは違う自分の強みなどを教えていただきたい。あと、松井さんはかなり地道に設計されているので、こちらも話を聞きたいです。松井さんは今のままでは票が入らないので、自分の提案について説明してみてはいかがでしょうか。

藤村： ではまず、今回の議論には入っていませんでしたが、新居さんがどうしても話を聞きたいということで、今埜さん。その次に松井さん、お願いします。

今埜： 大きな街区に対し1つの建築を建てました。1つの建築だけで収めてしまうのではなくて、小さな都市活動を集積したものが構造にまで影響を及ぼしていることがポイントです。別々に組織された都市活動ですが、1つの建築として全体がパイプで繋がり、違う活動にも連鎖していくことで、新しい需要を生むことができると考えています。この建築がつくり出す空間が都市に対して大

藤村 龍至（Ryuji Fujimura）

1976年、東京都生まれ。2008年、東京工業大学大学院博士課程単位取得退学。2005年〜藤村龍至建築設計事務所（現、RFA）主宰。2016年〜東京藝術大学准教授。主な作品に「すばる保育園」（2018）、「さいたま市大宮駅東口駅前おもてなし公共施設 OM TERRACE」（2017）など。主な著書に『ちのかたち』（2018）、『批判的工学主義の建築』（2014）、『プロトタイピング』（2014）など。

きな意味を持っていて、また、その空間によって暮らしの質が上がると考えています。

藤村: はい、ありがとうございます。松井さん、いかがでしょうか。

松井: 社会で建築が飽和状態な中、会場である横浜赤レンガ倉庫もそうですが、今ある建築を今の社会の仕組みの中でどのように運用し、今その建築が建っている意味をいかに次に繋げていくかが、この先重要だと自分は考えています。

藤村: ありがとうございます。さて、今選ばれた中では最後になりますが、鶴田さん一言お願いします。実は先ほど聞きたかったのですが、鶴田さんは"SPACE for SPACE"、つまり空間が大事だと話していましたが、ここに出ている模型が全て構造模型だということがよくわかりませんでした。スライドの絵は良いと思いましたが、なぜこの模型なのか、その辺りをもう少し聞かせてください。

鶴田: 今回大きな模型では構造を中心につくりましたが、中の生活空間と外側の全体を構成する構造を2つの構造に分けることで、中身の生活を支える構造を入れ替えながら、宇宙での限られた資源の中で恒久的にあり続ける建築を模型で表現しようとしました。

藤村: はい、ありがとうございました。審査員の先生方には最優秀賞としてふさわしい作品を1点決めていただきます。では、最優秀賞の番号を書いて投票してください。

最終投票

最優秀賞候補5名の集計結果

渡辺顕人「建築の生命化」……………………1票（猪熊）
鶴田　叡「SPACE for SPACE」…………0票
山田清香「蛇落地悪谷再考」……………………1票（大西）
外山純輝「拝啓〇〇様.」………………………2票（光井、藤村）
松井裕作「解体の庭」……………………………1票（新居）

藤村: 2票獲得の外山さんに最優秀賞をお贈りしたいと思います。おめでとうございます。それでは、票が入った残り3作品の中から優秀賞を2作品選ぶということでよろしいでしょうか。では渡辺

さん、山田さん、松井さん、言い残したことなどがあればお願いします。最初に松井さんから。

松井: はい。建築家として、今後は設計をしていくだけではダメだと考えています。建物の運用の仕方や社会の仕組みなど、視野を広くして設計することが必要だと思っています。そういう意味で、こうした建築の運用などを考えていきたくて、この作品も広い視野を持って設計した建築の1つだと思っています。

藤村: はい、ありがとうございます。山田さん、いかがでしょうか。

山田: 日本全国に、大蛇伝説のような伝説が伝わっている地域はたくさんあります。まだ知られていない地域でもそういう伝説があぶり出されて、自分のような提案が増えていったら良いなと考えています。

藤村: ありがとうございます。それでは渡辺さん。

渡辺: 言いたいことはもう言ったので、大丈夫です。

藤村: ありがとうございます。さて、審査員の先生方はこの3作品の中から2つを選ばなくてはいけませんが、1人1票を選んでいただければと思います。

優秀賞候補3名の集計結果

渡辺顕人「建築の生命化」………………2票（藤村、猪熊）
山田清香「蛇落地悪谷再考」………………2票（光井、大西）
松井裕作「解体の庭」………………1票（新居）

藤村: それでは発表します。優秀賞は渡辺さんと山田さんでした。おめでとうございます。次に個人賞をそれぞれの先生に選考して

いただきます。

光井: 私が選んだのは、齋藤さんの「野島掩体壕博物館」です。掩体壕の話が非常に面白いと思いました。ご指摘があったように、長さ256mの空間をもっと違った用途に生かせたのではと確かに思いますが、幼少期から知らずに遊び場として触れていた巨大なほら穴は、第二次世界大戦時に攻撃からの避難場所として使われていた歴史があることを齋藤さんは発見します。自分自身のその驚きを素直に受け取って、現代に再生させようという意気込みに共感しました。そして、長い歴史の枠組みの中にいる自分自身の存在を発見し、それを形にした点にとても好感を持ちます。今日は本当に思った以上に意見が分かれましたが、審査員の皆さんは名のある建築家だから、それぞれの個性や考え方が選出作品の違いとなって表れたのだと思います。建築には様々な見方が可能であるということについて、いろいろ勉強させていただきました。ありがとうございます。

藤村: 実は、優秀賞を渡辺さんと松井さんですごく迷いました。しかし、渡辺さんはもう少し他の言い方があったのではと思いますが、言葉の向こうにある、やろうとしていることや野望のようなものがすごく面白かったです。共感したかどうかまではわからないのですが、可能性を感じたので、優秀賞になってすごく良かったなと思いました。松井さんにはですね、是非ベルナール・チュミなどをよく学んで欲しいと思います。渡辺さんは、もっと共感を呼ぶような話術を磨いて訴えていかないと、大学の中身も変わっていかないと思います。それは社会全体もそうだと思いますが、スキルやその価値を広めたいのであれば、もっと何か言葉が欲しいです。以上が本日思ったことになります。そのことを加味して、私は個人賞を松井さんに贈りたいと思います。おめでとうございます。

猪熊 純（Jun Inokuma）

1977年、神奈川県生まれ。2004年、東京大学大学院修了。2007年〜成瀬・猪熊建築設計事務所共同主宰。2008年〜首都大学東京助教。主な作品に「LT城西」(2013)、「FabCafe Tokyo」(2012)など。主な受賞に日本建築学会作品選集新人賞(2015)、第15回ヴェネチア・ビエンナーレ国際建築展 特別表彰(2016)など。主な著書に『シェア空間の設計手法』(2016)など。

大西： 私の個人賞は、二次審査には残っていませんが、東京都市大学の山道峻介さん「みえない小学校－街に対する小学校の新しい形。建築が変わり教育が変わる。－」(P.64)に贈りたいです。内容としては、ヴォイドである小学校の敷地中央に建物が建っていて、その敷地中央が町の人たちのための公園のようになっています。小学校自体はとても軽やかなものにして、町の中へ溶け込ませるという案なのですが、模型の中を覗き込むと、すごく気持ち良さそうな空間が広がっていていいなあと思いました。それから、先ほど新居先生に言われたように、私は選んだ案が誰とも重ならなくて私の選んだ方は二次審査に選出されなかったので、気になったプロジェクトを紹介します。まず、東京都市大学の松浦航大さん「暮らしを埋めて馴染ませて－多国籍団地の新しい住まい方－」(P.112)。これは団地のリノベーションで、このような事案はよくありますが、すごく丁寧に設計されており、もしかしたらこんな簡単なことで、もっと全体が混じり合って面白くなるのかもしれないと思った案でした。次は、日本大学生産工学部の仙波宏章さん「水縁ハナレ〜縦と横の結節線〜」(P.177)。足助の川沿いに降りていくような道、通りから水際に降りていくような道をつくる案です。これもすごく良かったです。それから、横浜国立大学の若森真菜さん「まちをつなぐ抜け道広場－都市の中のこどもの居場所を再構築する－」(P.108)。キャットストリートの斜面に子どもの広場兼学校をつくるという案も、すごく空間として魅力的でいいなと思いました。

猪熊： 僕は後半であまり議論にのぼらなかった案を、今後の応援の意味も込めて選びました。佐藤さんですが、最初にも言っ

た通り、震災後の建築はやさしい案が多い一方で、現実世界ではグローバルな経済も動いています。建築が何も変わらず決まりきったことをやっているのは、僕はとても問題があると思っています。志としては、僕らも仕事を大きくしたいと思っていますが、皆の世代ももっと視野を広く持って欲しいと思っています。佐藤さんの作品は、物流を扱っている割に空間がスカスカなのはかなり問題ですが、取り組もうという姿勢はやはり大事です。めげずに頑張ってくださいという思いを込めて、猪熊賞にしました。おめでとうございます。

藤村： それでは最後に新居さんお願いします。

新居： 僕は卒業設計なのに主張が少し弱いと思います。というのも、形としてあれでいいのかとか、発想はいいがそれが形になっているかとか、スケッチがうまい人たちはスケッチだけ描いているため、提案になると落選するという事例があるように、最後はやっぱり自分の主張を建築に落とし込むべきだと思います。最初、渡辺くんの作品を選びましたが、後半の説明でRhinocerosなどの話を聞いたところ、コンピューターを勉強すると就職に良いと言ったり、質疑回答が途中で終わり、結論が出されなかったので残念でした。自由に変化する窓と「かに道楽」の動く「かに」とどこが違うのか等々疑問に思っています。少し審査員の深読み過ぎではないかと思っています。せっかく学生なのだから、将来的に安心だからなどではなく、もっと自分の主張を強く持ってもらいたい。技術より重要なことは、その建築の裏にある哲学だと思います。僕は東京都市大学を自分が教えているので、何か言うのはフェアじゃないと思い、東京都市大学の案は少しきつく評価したので、

大西 麻貴（Maki Onishi）

1983年、愛知県生まれ。2006年、京都大学卒業。2011年、東京大学大学院博士課程単位取得退学。2008年〜大西麻貴＋百田有希/o+h共同主宰。2016年〜京都大学非常勤講師。2017年〜横浜国立大学大学院Y-GSA客員准教授。主な作品に「二重螺旋の家」(2011)、「Good Job! Center KASHIBA」(2016)など。主な受賞にSDレビュー2007鹿島賞(2007)、新建築賞(2012)など。

最終の人の数が少なくなりました。審査員の皆さんが選んだ作品を聞くと、このような選び方もあるのだなと思いました。二次審査には選出されなかったのですが、東京理科大学工学部の瀬下友貴さんの「囲郭の奥」(P.153)という作品では、すごくオーソドックスな幾何学でつくっていて、この時代にこういう人が生き残っていていいなと思いました。でも、僕の選んだ作品はやっぱり全滅してしまい、二次審査に選出されなかったのですが、今埜さんの案は他の方には絶対に選ばれないだろうと思ったので、自分で票を入れておこうかなと思って入れました。説明を聞いていくうちに、意外ともっと好きになったから僕の賞は今埜さんに贈ります。
藤村: おめでとうございます。惜しくも10選にもれてしまった方も壇上の皆さんも、本日の健闘を称えまして、改めておめでとうございます。

閉会式

新居:「赤レンガ卒業設計展」は今年で15目目ですが、僕が横浜赤レンガ倉庫の改修を設計したばかりの時に、たまたま僕の学生が設計展をやる場所がないと言うので、横浜赤レンガ倉庫ならアレンジができると伝え、この「赤レンガ卒業設計展」が始まりました。その頃はみんなの手づくりで、こんなに大々的なものではありませんでした。14年経って、同じ場所でこうしてずっと続いているのはいいですね。でもただ1つだけ苦言を呈するとすれば、出展していない学校もあり、「赤レンガ卒業設計展」が少し弱くなっています。次回はできるだけ多くの学校が参加して、"Join

to join"というか、自由に参加できて最後まで諦めずに自分の作品を話せるような場を皆でつくるといいと思います。あとはそれをずっと皆で共有していくこと。それから、他の審査員とは全然違うところから選んでくる大西さんの力がすごいなと思いました。いろいろな審査のやり方があるかと思います。今日は僕が審査員長なので、自分の意見をあまり強く言うのはやめて皆に聞いてみようと思った時に、それぞれの建築家が持っている時代感などが異なり、僕らが古くなったのか他の人たちが新しい方向に向かって行ったのか、いざ選んでみたら全員バラバラでほとんど同じ選択がないというのはすごく面白いと思いました。卒業設計は生涯で1度しかないですし、あるとしたら大学院の時にもう1回ですね。なるべくいろいろなことに挑戦して、自分たちでつくりあげてください。僕は、卒業設計で建築家の高松伸氏と栗生明氏を知って以来、今でも仲がいいのですが、皆もう70才になります。こうした場で会った仲間がずっと頑張り続けていると、まだやろうかという気力が出てくる。今回ファイナリストとなった10人の皆さんや会場にいる皆さんも、僕が好きな言葉"Keep on fighting"のように元気に最後まで戦い続けると、いい時代が来ると思います。それから、横浜赤レンガ倉庫の斜め前、万国橋のたもとにちょうど今僕は超高層ビルをつくっています。僕らの事務所は16人しかいませんが、15年前に横浜赤レンガ倉庫の改修設計を担当した時に、今度は自分で設計したものをこの場所につくってみたいと思ったんです。その夢が実現したわけです。君たちも、卒業設計でなくても何か他の計画でも、どこかに建てることを目指し執念を持って頑張ってください。諦めなければ必ず実現すると僕は思っています。少なくとも、僕はこの歳までなんとなく楽しく建築をやれていますが、それはやはり卒業設計の時に皆で頑張ろうという気持ちを抱いたからでしょう。是非そういう力を持って夢を抱き、事務所の大きさなどとは関係なく頑張れる次世代の建築家になってください。本日はありがとうございました。

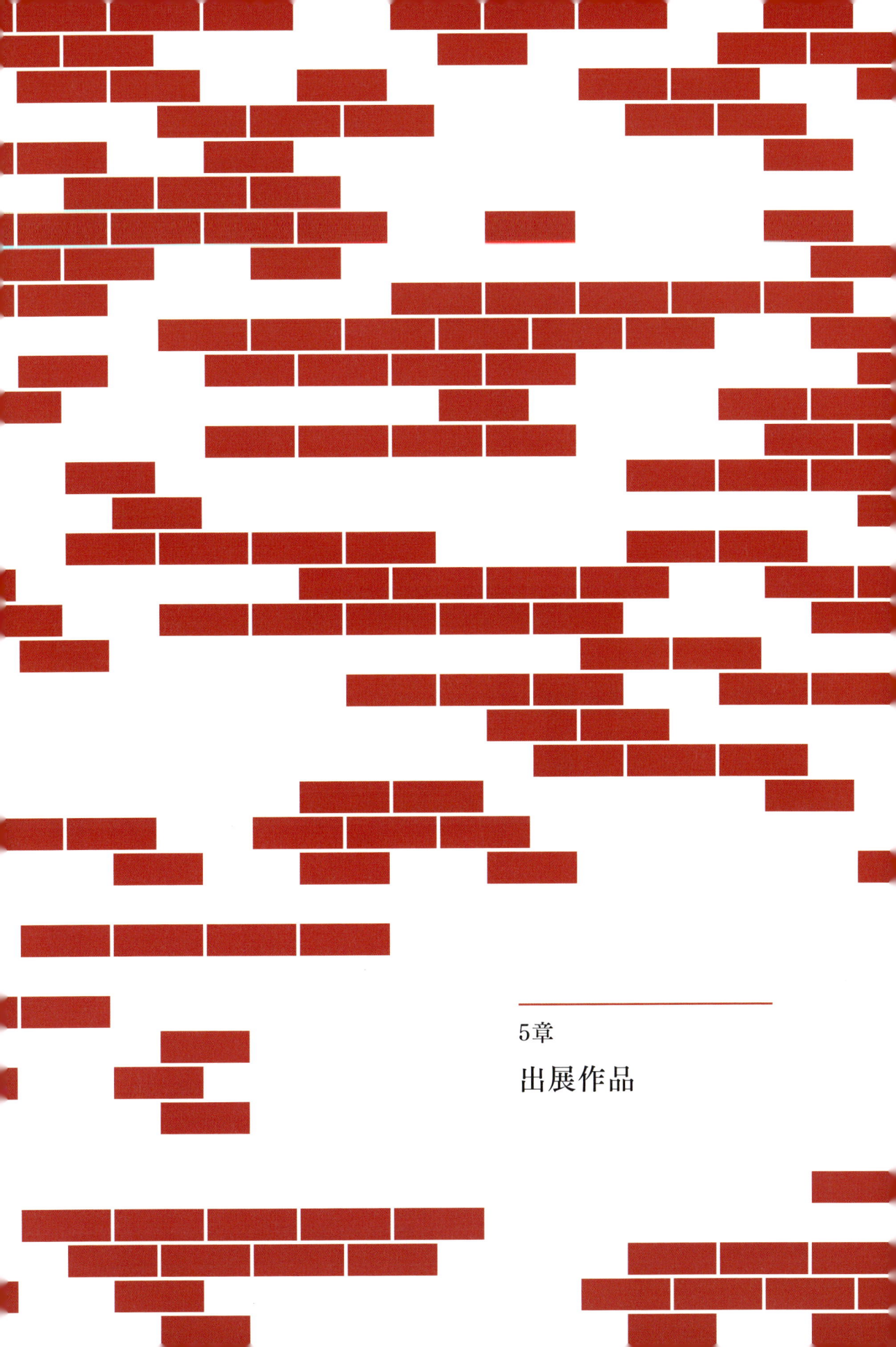

5章

出展作品

[A-1] 神田猿楽寮
ー集い語らう学生国家ー

かつての若者は学生寮などを拠点に自己の主張を社会に発信していた。現在自治寮は取り壊しが進み、多くが廃寮となっている。しかし、当人同士で意見交換や問題解決を行うことは、自らのことだからこそ真剣に考える契機となる。これらは本来あるべき社会の縮図であり、今の社会に足りない意識ではないか。いつの時代でも次の世代を担い、未来の社会を作るのは若者である。学生同士が生活を共にし、これからの社会を支える学生たちが集い語らう学生国家を築く。

敷地：東京都千代田区
用途：学生寮
面積：約1,100㎡
構造：鉄骨造
階層：12階

満島　梨美
Rimi Mitsushima

共立女子大学
家政学部 建築・デザイン学科

studio	堀研究室
software	Vectorworks
planning/making	5ヶ月/3週間
next	就職
dream	建築家になること

下町にいきづく子どものすみか
ー児童養護施設の計画ー

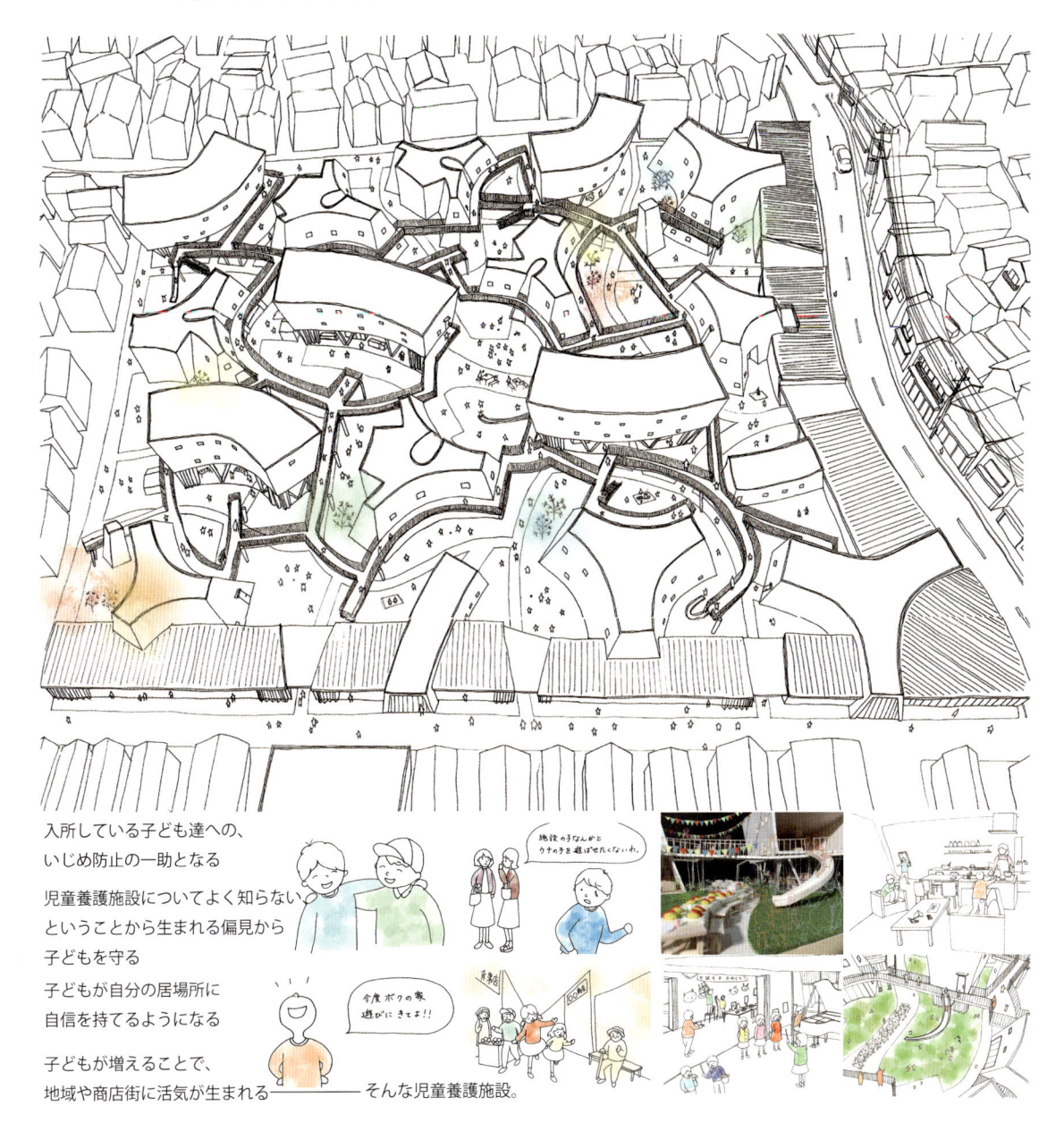

入所している子ども達への、
いじめ防止の一助となる

児童養護施設についてよく知らない
ということから生まれる偏見から
子どもを守る

子どもが自分の居場所に
自信を持てるようになる

子どもが増えることで、
地域や商店街に活気が生まれる————そんな児童養護施設。

児童養護施設というと、あなたはどのようなイメージを持つだろうか？
親と暮らせない子どもが入所していることから、かわいそうなどのマイナスのイメージを持つ
人が多いと思う。しかしそれは私たちの勝手な想像にすぎない。施設で暮らしている子どもたちは
辛い経験を乗り越えながら、普通の家庭で暮らしている子どもと同様に、毎日楽しく暮らしている。
この設計では、児童養護施設に対するマイナスのイメージの払拭、周囲の人が集まってくる、
交流の盛んなまちのシンボルとなるような児童養護施設を提案する。

敷地：東京都墨田区
用途：児童養護施設
面積：5,977㎡
構造：S造、RC造
階層：3階

河合　茉琳
Marin kawai

共立女子大学
家政学部 建築・デザイン学科

studio ———————— 建築計画研究室
software ———————— VectorWorks,AutoCAD,Adobe
planning/making —— 5ヶ月/1ヶ月
next ———————————— 法政大学大学院
dream ———————————— 公共建築に特化した建築家

歩きを誘う街

街を歩いているとたくさんの発見がある。そして自ら見つけた街の魅力は、その街への愛着を持つきっかけとなるだろう。そこで歩きを誘発する建築として本計画を提案する。その場で完結する魅力的なものをつくるのではなく歩くきっかけとなるよう街に7箇所点在させ、湾曲した道や坂などの歩いていて楽しいと感じる空間構成をそれぞれの敷地に落とし込むことで歩きを誘発させる。それぞれの機能として、学生街を活用したWSスペースや溜まり場を設け、歩くことで生きた街を感じる。

敷地：東京都練馬区
用途：公共施設
面積：total 1,500㎡
構造：鉄骨造
階層：2階or3階

山岸　明日香
Asuka Yamagishi

共立女子大学
家政学部 建築・デザイン学科

studio ———————— 堀研究室
software ——————— vector works
planning/making —— 5ヶ月/4週間
next ————————— 就職
dream ———————— 設計したおうちに家族でたのしく暮らすこと

[B-1]

結びを織り成す駅
ー終点から広がりを持つ場所へー

　これは現在衰退し続ける地方路線の駅において、地域の人の生活の拠点と観光に来た人の拠点を集約することで、その地域に賑わいを作ると同時に、今後の地方路線の駅のあり方を問う提案です。敷地は群馬県安中市にある信越本線の横川駅。廃線になったことで関東地方と中部地方を繋ぐ在来線は寸断された。またこの敷地周辺は県境や分水嶺など様々な境界がある。これらの分かれているものに繋がりをつくることが今回 のプロジェクトの目的である。

敷地：**群馬県安中市**
用途：**駅複合施設**
面積：**7,200㎡**
構造：**S 造（一部 RC 造）**
階層：**4階**

櫻本　敦士
Atsushi Sakuramoto

工学院大学
建築学部 建築デザイン学科

studio	樫原研究室
software	Rhinoceros,Photoshop,Illustrator
planning/making	9ヶ月／3週間
next	工学院大学大学院
dream	駅など公共交通建築を設計したい

KAKEGAWA ARTS WORKS
―アートがにじむ茶産地へ―

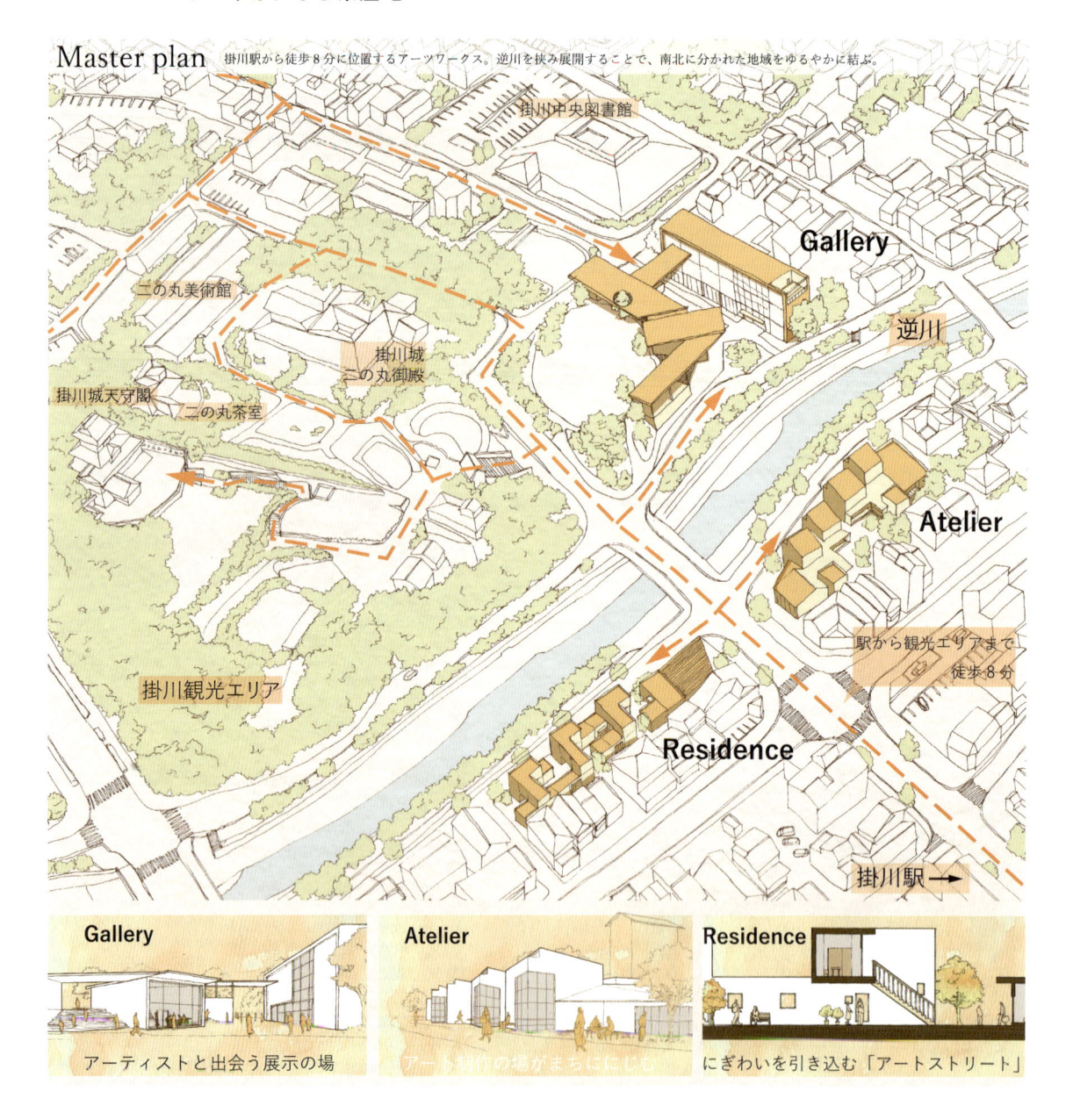

Master plan 掛川駅から徒歩8分に位置するアーツワークス。逆川を挟み展開することで、南北に分かれた地域をゆるやかに結ぶ。

掛川中央図書館
Gallery
逆川
二の丸美術館
掛川城二の丸御殿
掛川城天守閣
二の丸茶室
Atelier
駅から観光エリアまで
徒歩8分
掛川観光エリア
Residence
掛川駅→

Gallery
アーティストと出会う展示の場

Atelier
アート制作の場がまちににじむ

Residence
にぎわいを引き込む「アートストリート」

アートはどのように生まれるのか知りたい。
地域の日常にアートワークがにじむ場、アーティスト・市民・観光客の出会いの場をつくりたい。
静岡県掛川市は、芸術祭「かけがわ茶エンナーレ」を2年前から開催し、現代アートを見ながらお茶文化を楽しむことができる取り組みを行っている。
アートがいきづく茶産地を目指す掛川市の、日常ににじむアーティストインレジデンスを、
ギャラリー、アトリエ、レジデンスユニットの三点から提案する。

敷地：静岡県掛川市
用途：Artist in residence
面積：総面積3929.5㎡
構造：鉄骨鉄筋コンクリート
階層：1～3階

北村　久美子
Kumiko Kitamura

工学院大学
建築学部 建築デザイン学科

studio ——————— 澤岡研究室
software ——————— illustrator,Photoshop, 手書き
planning/making —— 3ヶ月/1ヶ月
next ——————— 工学院大学大学院
dream ——————— まちと人々を繋ぐ建築デザイナー

かえされた場所　つくりなおす居場所
～沖縄米軍基地跡地における公民館の提案～

あまはじテラス

石垣を超えて出てきたあまはじ（深い軒）が、涼しい日陰のたまり場を生み出している。

木＋RC の空間

沖縄伝統建築の貫屋（ヌチジャー）の木組みと
RC のコアによる構造形式

［戦前〜戦争］　豊かな集落　→戦争→　更地　→復興→　自治公民館

［これから］　米軍基地　→返還→　更地　→開発→　これからの公民館

歴史の残る森

新しくできる街

既存の住宅街

人と人　人と自然　人と歴史をつなげる。

フェンスの向こうの遠い場所を　再び地域の居場所にしたい。

　沖縄県全体の約18%もの土地を占める米軍基地。近年、その広大な土地の返還が始まった。しかし今までの跡地開発は、沖縄の歴史や伝統とは切り離された東京とも変わらない街を作ってきてしまった。そこで、新たに返還された西普天間住宅地区跡地において、沖縄の歴史や伝統を汲み取りながら、かえされた場所を再び『地域の居場所』とするための公民館を提案する。

敷地：沖縄県宜野湾市
用途：公民館
面積：2,500㎡
構造：木造、RC 造
階層：1階

仲間　剣
Tsurugi Nakama

工学院大学
建築学部 建築デザイン学科

studio	冨永研究室
software	IllustratorCC, photoshopCC, Rhinoceros
planning/making	4ヶ月/1ヶ月
next	工学院大学大学院
dream	世のため人のために命を燃やす建築家

下町の結
― 2つの商店街をつなぐ透間―

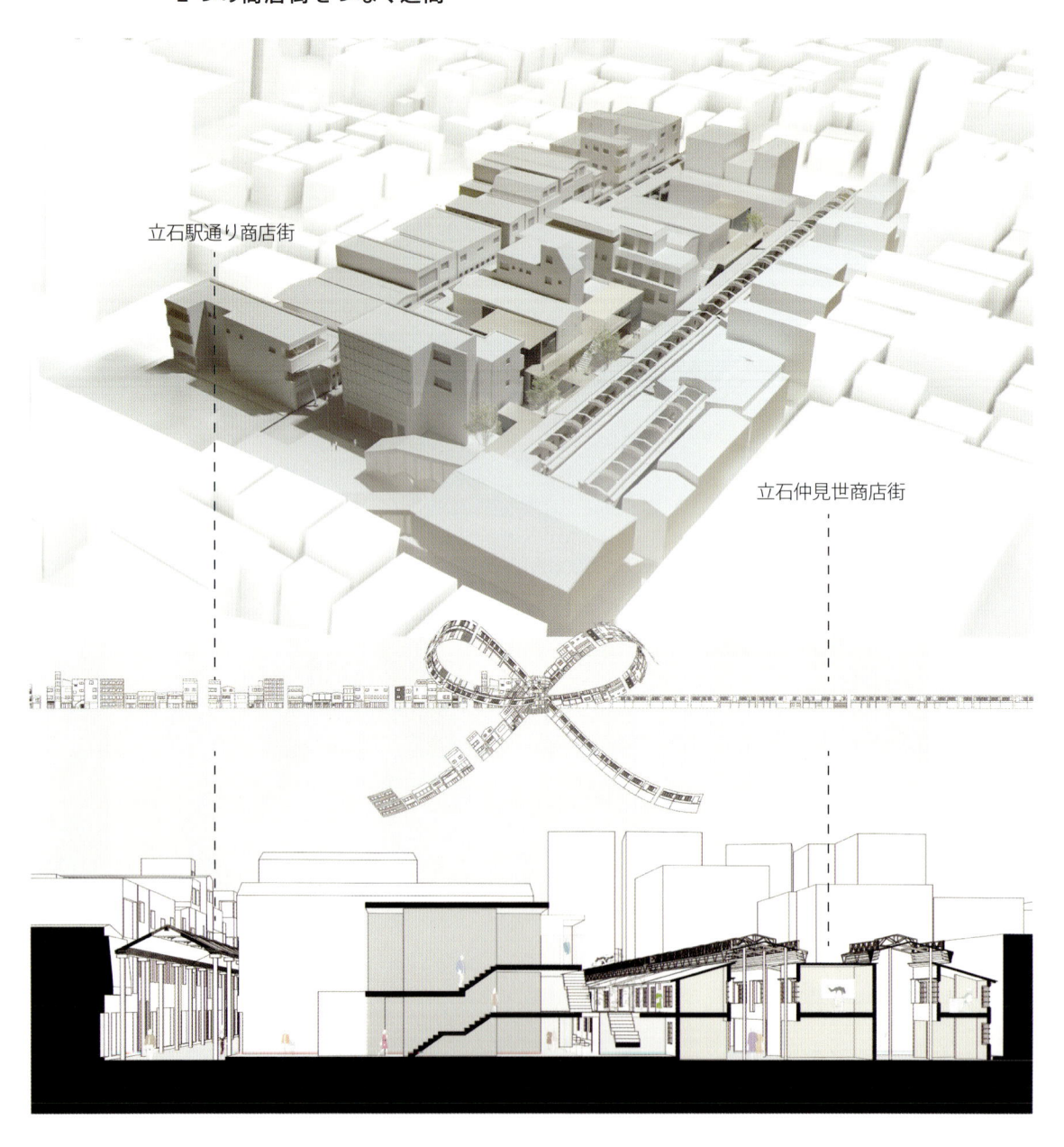

立石駅通り商店街

立石仲見世商店街

東京の下町、葛飾区立石を舞台に、異なる特徴を持った[ふたり]の商店街に着目した。
[ふたり]の商店街は、現状、隣りあいながらも繋がりが全くない。この[ふたり]を結ぶことをコンセプトとして、お互いの商店街に繋がりを作る提案である。お互いの、現在活用されていない空間を活用することを前提として、新たな立石における地域発信と地域コミュニティの場へと更新する。

敷地：東京都葛飾区
用途：アトリエ、ファブ
面積：4,200㎡
構造：木造
階層：3階

高橋　明久
Akihisa Takahashi

工学院大学
建築学部 建築デザイン学科

studio ——————— 木下研究室
software ——————— Rhinoceros, Vectorworks etc...
planning/making ——— 1ヶ月/2週間
next ——————— 工学院大学大学院
dream ——————— お節介なくらい世話好きな建築家

川辺の民になる

富山県射水市旧大門町、かつてこの街の発展の中心であった庄川のこの川辺は今、治水事業による住宅街の集団退去によって更地となり、その魅力を持て余している。治水が十分に整った今だからこそできる、この場所に似つかわしい親水空間があるはずではないか。この場所に地域の養殖場やレストランといった機能を集約することで地域住民の地元への誇りを再提示するとともに、この場所が持つ猛威としての川と恵としての川、その2面性を建築の空間体験として見せてゆく。この場所の歴史をもう一度刻み始める建築操作を仕掛ける。川辺の猛威と恵を知り、私たちはもう一度、この場所で、川辺の民になる。

敷地：富山県射水市
用途：養殖場・レストラン等
面積：4,000㎡
構造：鉄骨造・木造
階層：地下1〜2階

杉本　晴香
Haruka Sugimoto

工学院大学
建築学部 建築デザイン学科

studio ——— 澤岡研究室
software ——— illustrator, Photoshop, 手書き
planning/making ——— 6ヶ月／2ヵ月
next ——— 東京工業大学大学院
dream ——— 人の役に立つ人間になること

丸亀ぶうたんたん
ー商店街裏温泉計画ー

「裏を表に」
商店街は表側に入口が置かれ、道に沿い入口が並んでいる。この商店街の裏側にある空き空間からアクセスする入口と、その入口から入る温泉施設を設けると、普段は裏側である場所が、主役である表の空間となる。

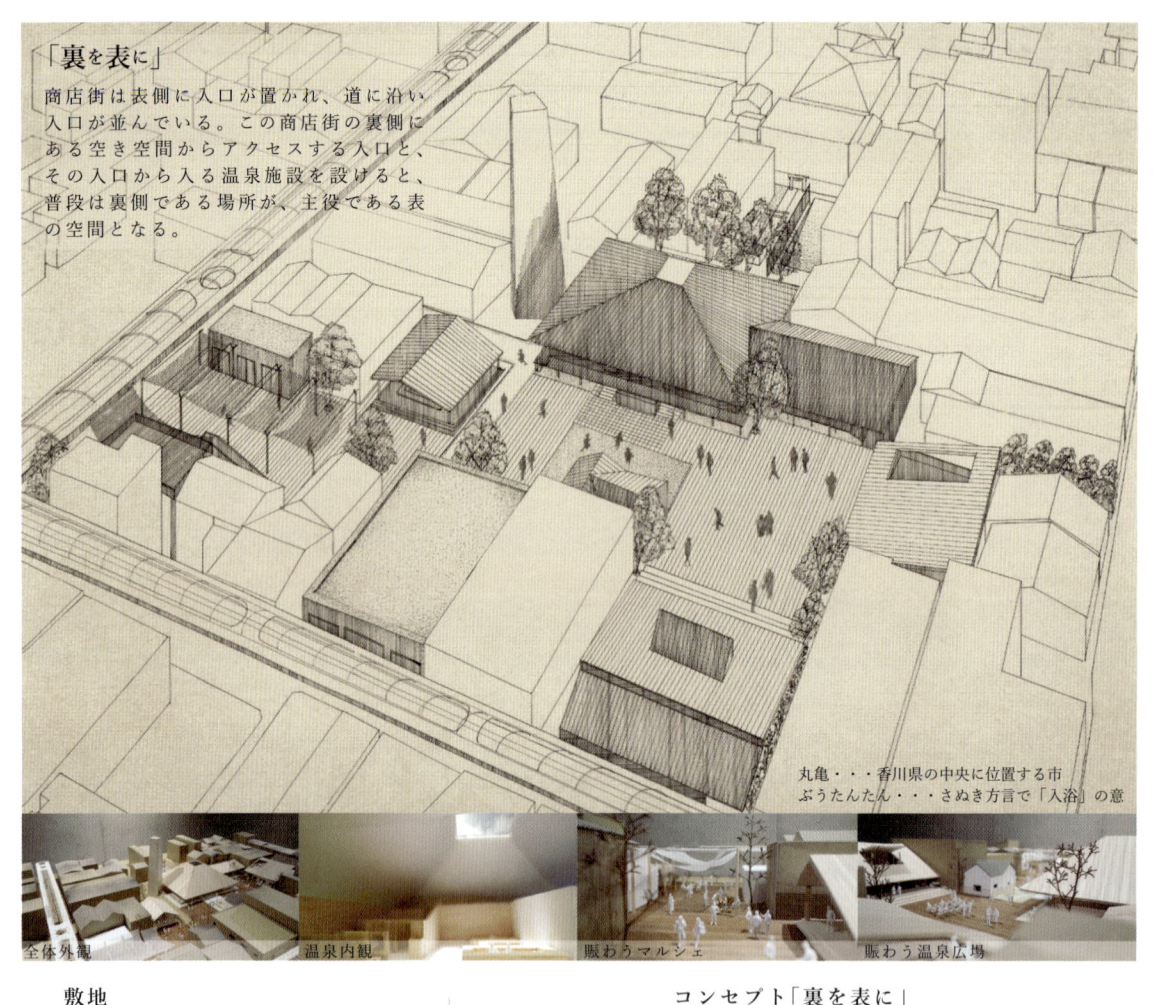

丸亀・・・香川県の中央に位置する市
ぶうたんたん・・・さぬき方言で「入浴」の意

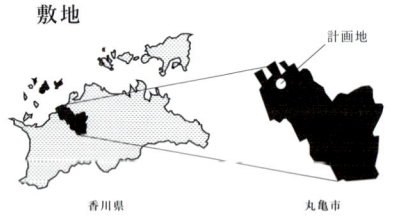

全体外観　　　　温泉内観　　　　賑わうマルシェ　　　賑わう温泉広場

敷地

計画地

香川県　　　丸亀市

コンセプト「裏を表に」

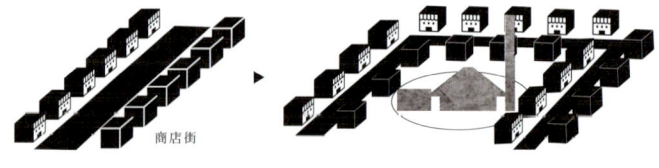

商店街

　香川県丸亀市の中心市街地にある商店街は現在シャッター街化しており、少し寂しい印象を受ける。私は商店街の静かでゆっくりとした落ち着いた雰囲気を良いものとして捉え、建物の高層化や土地の空き地化から、商店街の雰囲気を残していこうと考えた。
　空き地や空き家が多く存在する商店街の裏側空間に、癒しの空間である温泉を計画することによって、商店街の雰囲気を残しつつ、その場所が人々から愛される場となるような計画を提案した。

敷地：香川県丸亀市の商店街
用途：温泉
面積：2,000㎡
構造：RC、木造
階層：地上2階

青木 希
Nozomi Aoki

工学院大学
建築学部 建築デザイン学科

studio	澤岡研究室
software	Vector works, illustrator, Photoshop
planning/making	4ヶ月/1ヶ月
next	京都工芸繊維大学大学院
dream	世界一周

ペデ × ライブラリー
－都心部における滞在型図書館の提案－

地方の滞在型図書館

都心部の滞在型図書館

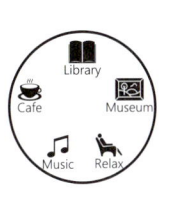

Library
Cafe　Museum
Music　Relax

Train
Cafe　Library　Museum
Office　shop

多機能化
＝
自己完結的

接続化
＝
地域完結的

文化エリア
GL＋15m

ペデストリアン

市街地エリア
±0m

敷地：JR 上野駅ペデストリアンデッキ

駅コンコースとデッキを接続しコンコース内ショップと図書館を繋ぐ

デッキの通路性を継承する平面構成

情報化社会において図書館はどうあるべきか。

　誰もが気軽に情報にアクセスしやすくなった現在、公共図書館はかつての「知の拠点」から「知の広場」として見直される傾向にある。TSUTAYA図書館をはじめとする複合型図書館は居心地や滞在性が重視され、利用無料の原則も相まり、地方都市を中心に建築化された広場のような賑わいを生んでいる。一方、都心部ではそのようなノイズを許容する滞在型図書館はほとんどない。本提案では滞在の形に着目し、都心部における滞在型図書館の可能性を提示する。

敷地：東京都台東区
用途：図書館
面積：4,000㎡
構造：鉄骨造
階層：2階

高久　和弥
Kazuya Takaku

工学院大学
建築学部 建築デザイン学科

studio	木下研究室
software	vectorworks, sketchup, illustrator
planning/making	3ヶ月/1ヶ月
next	京都造形芸術大学大学院
dream	デザイナー

記憶の継承
ー産業遺産の再利用と死への寄り添いー

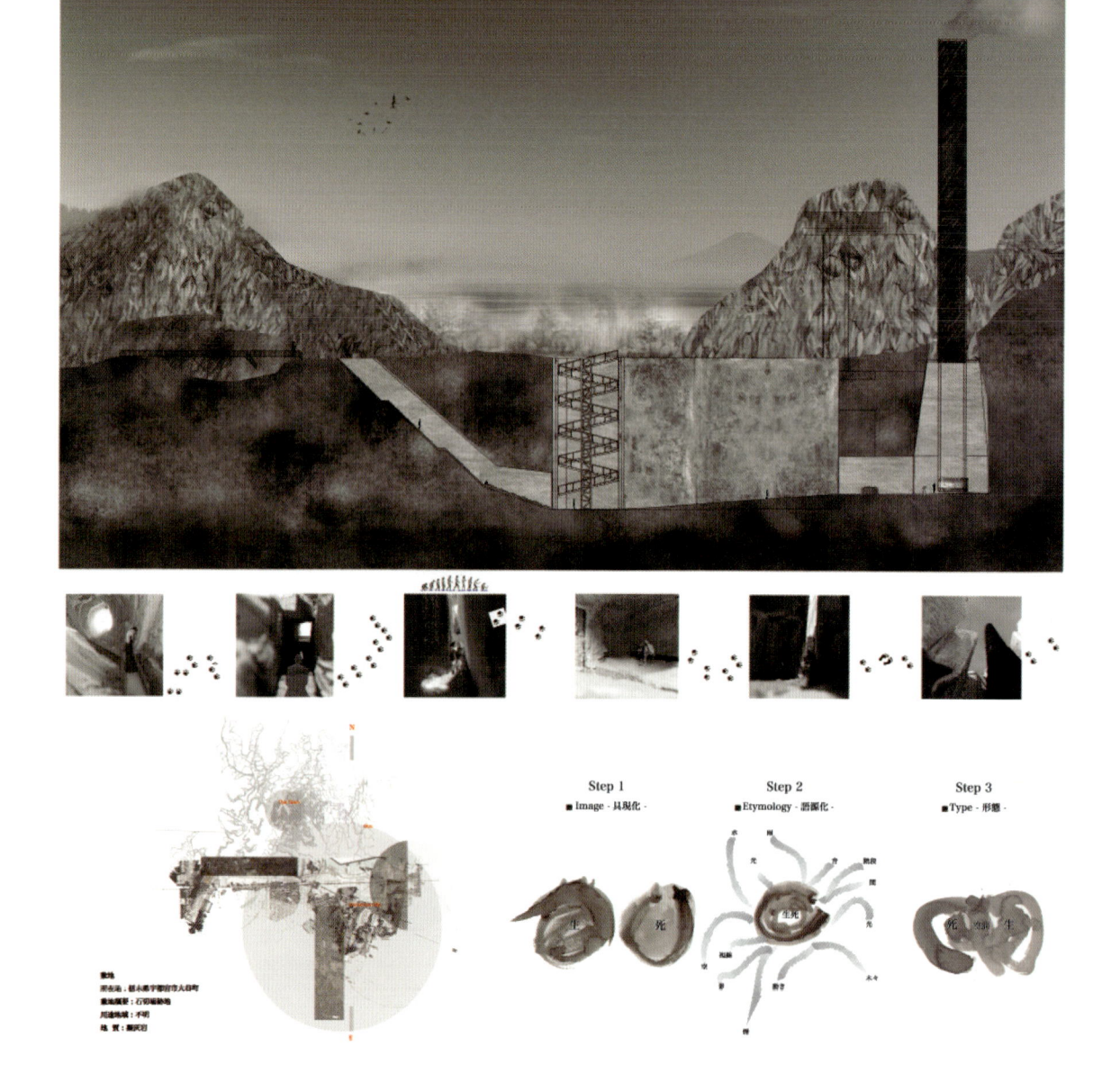

Step 1
■ Image ·具現化·

Step 2
■ Etymology ·語源化·

Step 3
■ Type ·形態·

大谷町の産業が死に絶えた。死に対して生を入れ込む。
火葬場は死を送る場であり死に寄り添う場である。採掘所は洞窟、自然、機械と様々な素材が存在している。それらには「生」「死」の関係性があり空間を構成している。私は「死の軸」「生の軸」のシークエンスを設計した。
ここは死の再構築化をして死に対する想いの場である。

敷地	栃木県宇都宮大谷町
用途	火葬場
面積	ー
構造	地下、RC
階層	地下2階、地上2階

池田　匠
Takumi Ikeda

工学院大学
建築学部 建築デザイン学科

studio	木下研究室
software	CAD
planning/making	2ヶ月／1週間
next	工学院大学
dream	建築家

消えた海と町。

―ある町で起こる無意識的な現象を建築をきっかけとして気づく少女の物語―

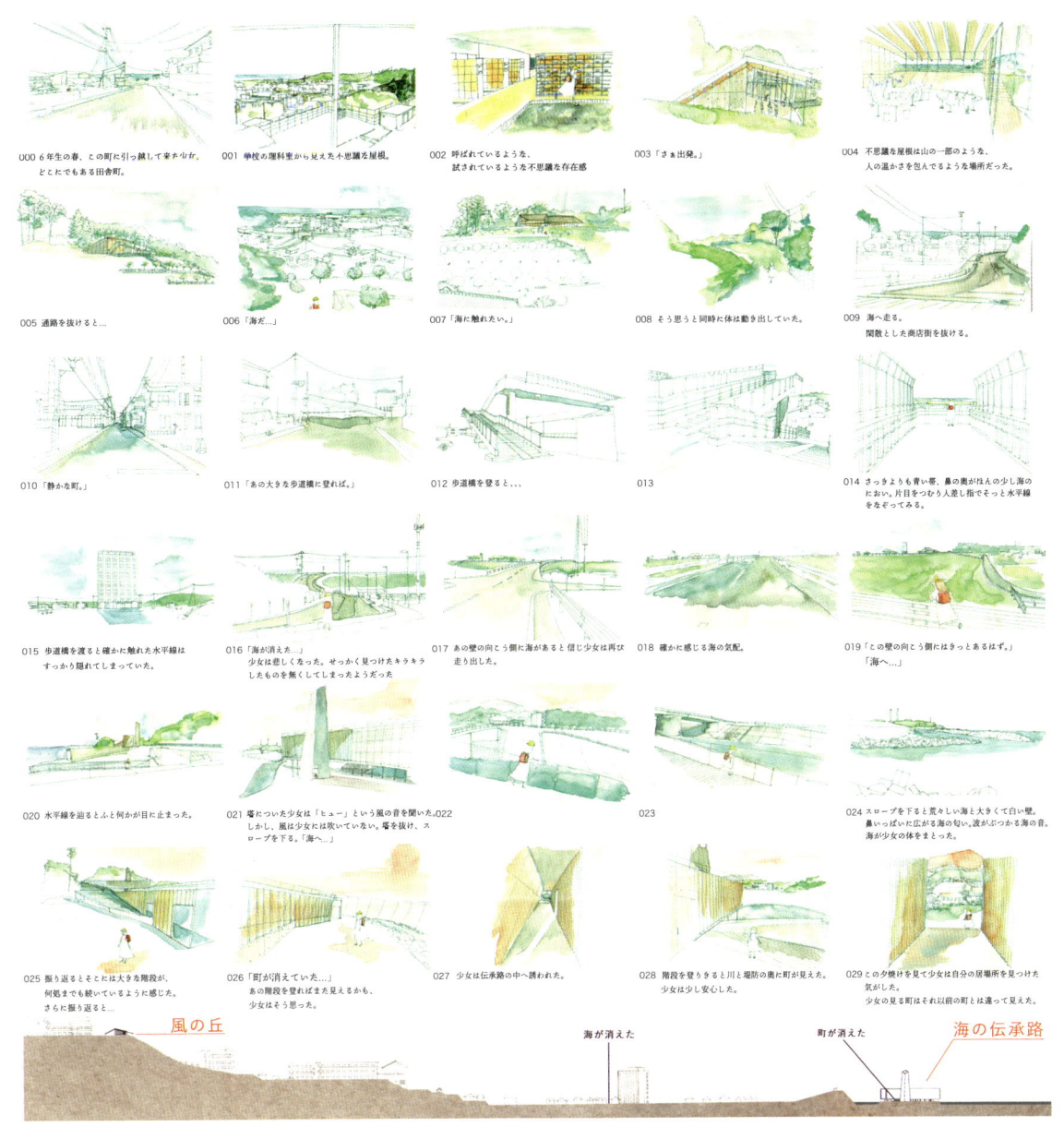

000 6年生の春、この町に引っ越して来た少女、どこにでもある田舎町。

001 学校の理科室から見えた不思議な屋根。

002 呼ばれているような、試されているような不思議な存在感

003 「さぁ出発。」

004 不思議な屋根は山の一部のような、人の温かさを包んでるような場所だった。

005 通路を抜けると…

006 「海だ…」

007 「海に触れたい。」

008 そう思うと同時に体は動き出していた。

009 海へ走る。閑散とした商店街を抜ける。

010 「静かな町。」

011 「あの大きな歩道橋に登れば。」

012 歩道橋を登ると…

013

014 さっきよりも青い番、鼻の奥がほんの少し海のにおい。片目をつむり人差し指でそっと水平線をなぞってみる。

015 歩道橋を渡ると確かに触れた水平線はすっかり隠れてしまっていた。

016 「海が消えた…」少女は悲しくなった。せっかく見つけたキラキラしたものを無くしてしまったようだった。

017 あの壁の向こう側に海があると信じ少女は再び走り出した。

018 確かに感じる海の気配。

019 「この壁の向こう側にはきっとあるはず。」「海へ…」

020 水平線を辿るとふと何かが目に止まった。

021 膝についた少女は「ヒュー」という風の音を聞いた。022 しかし、風は少女には吹いていない。膝を抜け、スロープを下る。「海へ…」

023

024 スロープを下ると荒々しい海と大きくて白い壁。鼻いっぱいに広がる海の匂い、波がぶつかる海の音。海が少女の体をまとった。

025 振り返るとそこには大きな階段が、何処までも続いているように感じた。さらに振り返ると…

026 「町が消えていた…」あの階段を登ればまた見えるかも、少女はそう思った。

027 少女は伝承路の中へ誘われた。

028 階段を登りきると川と堤防の奥に町が見えた。少女は少し安心した。

029 この夕焼けを見て少女は自分の居場所を見つけた気がした。少女の見る町はそれ以前の町とは違って見えた。

風の丘　海が消えた　町が消えた　海の伝承路

3.11の復興計画に伴い町に造られた10.8mの壁(防潮堤)はどこからでも海が見えた福島県広野町にドラマを生み出した。防潮堤によって「海と町が消える」現象は、町が豊かな自然に抱かれていることを教えてくれる。普段無意識的な海と町の関係に気づいてもらうために2つの建築は存在し、2つを結ぶことで浮かび上がる海と山とを繋ぐ軸は、復興が進み大きく移ろうこの町に今必要な体験である。丘の建築は庇と床の操作で遠くに見える水平線を強調し、町に海があることを意識的にする。岬では距離と高さを意識的にすることで、町の外から町を見る視点を創り出す。建築が創る1つの物語が町の良さを日常的に感じさせ、人々の心に根付くことで継承されていくことを期待する。

敷地：福島県双葉郡広野町
用途：町のラウンジと伝承路
面積：―
構造：鉄筋コンクリート造
階層：1階/2階

日下　あすか
Asuka Kusaka

工学院大学
建築学部 建築デザイン学科

studio ——— 澤岡研究室
software ——— Illustrator, Photoshop, Rhinoceros, 手書き
planning/making — 6ヶ月/1ヶ月
next ——— 東京藝術大学大学院中山研究室
dream ——— 毎日笑顔で暮らせる素敵な人になる

つくり続けられるまちと技をつなぐ職人学校

学生の学びの場 『やまの学校』

敷地　愛媛県内子町の山間部

職人学校と学生たちの寮を提案する。土木遺産である田丸橋を軸とした配置計画。また、『兼業職人

素材のルール
素材のルールを決め、建物を構成させる。

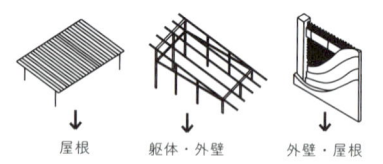

屋根　　躯体・外壁　　外壁・屋根

空間のバリエーション
基本的に 900×900 のグリッドで空間を構成し、空間にバリエーションを与える。

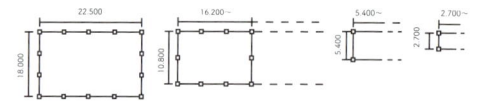

実習の拠点 『まちの工場』

愛媛県内子町の重要伝統的建造物群保存地区

学生職人の実習によって『作り続けられるまち』を可能にするための拠点となる。日常の実習ではまちでの実習の拠点となるような資材・道具置き場、休憩所がメインに、授業後は、交流の場所になる。

形態を踏襲する
町屋の平面形態を踏襲することで町に馴染んだ空間構成になる。

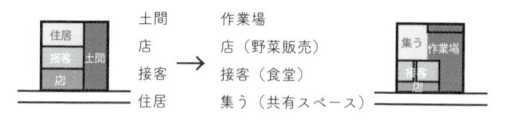

	土間	作業場
住居	店	店（野菜販売）
接客 店 土間	接客	接客（食堂）
	住居	集う（共有スペース）

→　集う 作業場

顔を合わせる
重伝建の建築的特徴をピックアップして、顔を合わせる。

(1)黄味を帯びた漆喰壁　(3)隣家との境に設けた　(4)格子と床几
(2)大壁の外壁

愛媛県内子町の山間部と重要伝統建造物群保存地区の2つの敷地に大工と左官の職人学校を提案する。幼い頃から共に生活してきた建築職人さん。現在、職人人口は減少し、高齢化が進行している。これからの職人の在り方、職人学校の在り方を提案することで、職人の技をつないでいくきっかけを作る。学生職人の実習を人通りが多い重伝建をメインにし、実習風景をあえて外部に見せることで、職人の魅力を感じてもらう。

敷地：愛媛県内子町
用途：職人育成施設
面積：8,800㎡＋840㎡
構造：木造
階層：1・2階

関　彩香
Ayaka Seki

工学院大学
建築学部 建築デザイン学科

studio ——— 冨永研究室
software ——— CAD, Illustrator
planning/making ——— 5ヶ月／3週間
next ——— 工学院大学大学院
dream ——— 地域に根ざす建築家

[C-1]

Floating Block
ー自動運転化以後の駐車場のかたちー

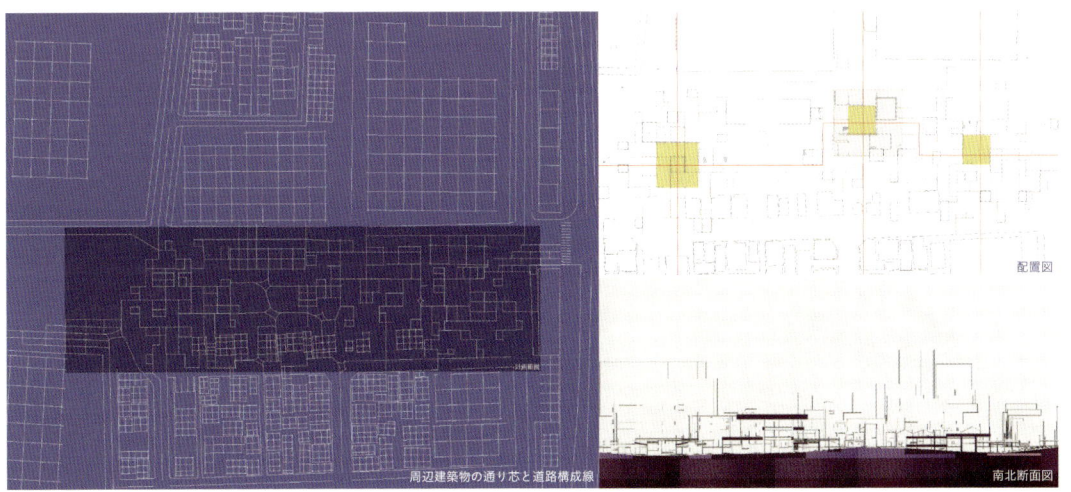

周辺建築物の通り芯と道路構成線

配置図

南北断面図

自動運転車の普及は都市を低密でのびやかな人々のアクセシビリティが高いものにしてゆくチャンスである。道路と建物が明確に分かれた状態から両者が混ざり合っていく場所、道路の波打ち際のような場所が必要なのではないか。自動車のためにあった道路を人が歩き回れる場所へ変えていくために都市における駐車場を考える。動線と建築両方の基準線になる駐車場と自動車とともに場をつくる島で構成された自動運転車と都市生活のための拠点機能を設計する。

敷地：東京都江東区
用途：道路 、駐車場 、商業
面積：8,000㎡
構造：鉄骨造
階層：3 階

伊神　空
Ao Ikami

横浜国立大学
理工学部 建築都市環境系学科建築 EP

studio ——————— 建築デザインスタジオ
software ——————— Rhinoceros, AutoCAD
planning/making　5ヵ月 / 3週間
next ——————— Y-GSA
dream ——————— 育てられるものを設計する。

街を紡ぐマーケット
ーその街らしさを継ぐ都市での新しい暮らしー

今までの都市の中にあるバラバラで関わりがないものや人々を、街に元ある大きなvoidと通りを引き込みながら新しい中心を作っていき、そして将来市場がなくなったとしても街の新しいアイデンティーとなり周囲へとこの街の道に生活が溢れ出していく暮らしが広がっていく場を作り出す。
職住一体の市場の暮らしを支える強いストラクチャーと人々の活動を支える柔らかなストラクチャーが絡み、現象的なスケールから土木的なスケールが繋がっていく。

敷地：東京都世田谷区
用途：コンプレックス
面積：4,000㎡
構造：鉄骨鉄筋コンクリート　木造
階層：12階

服部　絵里佳
Frika Hattori

横浜国立大学
理工学部 建築都市環境系学科建築 EP

studio ——————— 建築デザインスタジオ
software ——————— Vector works
planning/making —— 5ヶ月/3週間
next ——————— Y-GSA
dream ——————— Architect

URBAN INTERSECTION
ー経済空間の再編を目指してー

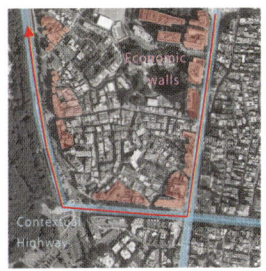

通りの人を取り込むように雁行する。

スポーツをしている人たちの様子が外部から見える。

建築内のアクティビティがヴォイドを侵食する。

表参道の体験を連続させる線状の空間。

内部空間が透けて見える。

道に対して傾斜することでウィンドウを大きく見せる。

エレベーターコアが垂直方向の動線をまとめる。

テナントのウィンドウがヴォイドに多く面する。

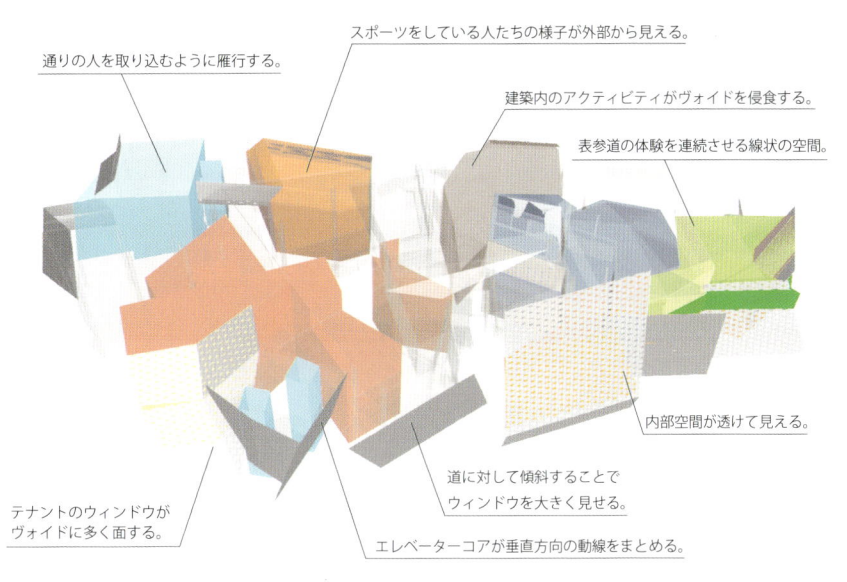

原宿駅、明治神宮駅前の交差点に町にとって新たな空間の単位となるヴォイドを組み込んだ商業建築を計画する。原宿・表参道地区は大通りに対して大きな商業建築が壁のように並んでおり、道を歩くことがそのまま町の体験となっている。

しかし大通りから一本外れると住宅やお寺などの小さなスケールの連続が街を構成している。しかし、経済成長によって都市の構成が激変されたためこの地区一帯ではお金を使わずに過ごすことのできる空間がない。地域住民だけでなく観光客も共存できる規模の公園性を持った空間が今、この都市に必要とされている。

敷地：原宿駅前
用途：商業建築
面積：20,000㎡
構造：鉄骨鉄筋コンクリート
階層：7階

梅原　徹
Tetsu Umehara

横浜国立大学
理工学部 建築都市環境系学科建築 EP

studio	建築デザインスタジオ
software	Rhinoceros, Sketch Up
planning/making	5ヶ月／3週間
next	東京藝術大学中山英之研究室
dream	空間と生命について考えることをやめない

まちをつなぐ抜け道広場
―都市の中のこどもの居場所を再構築する―

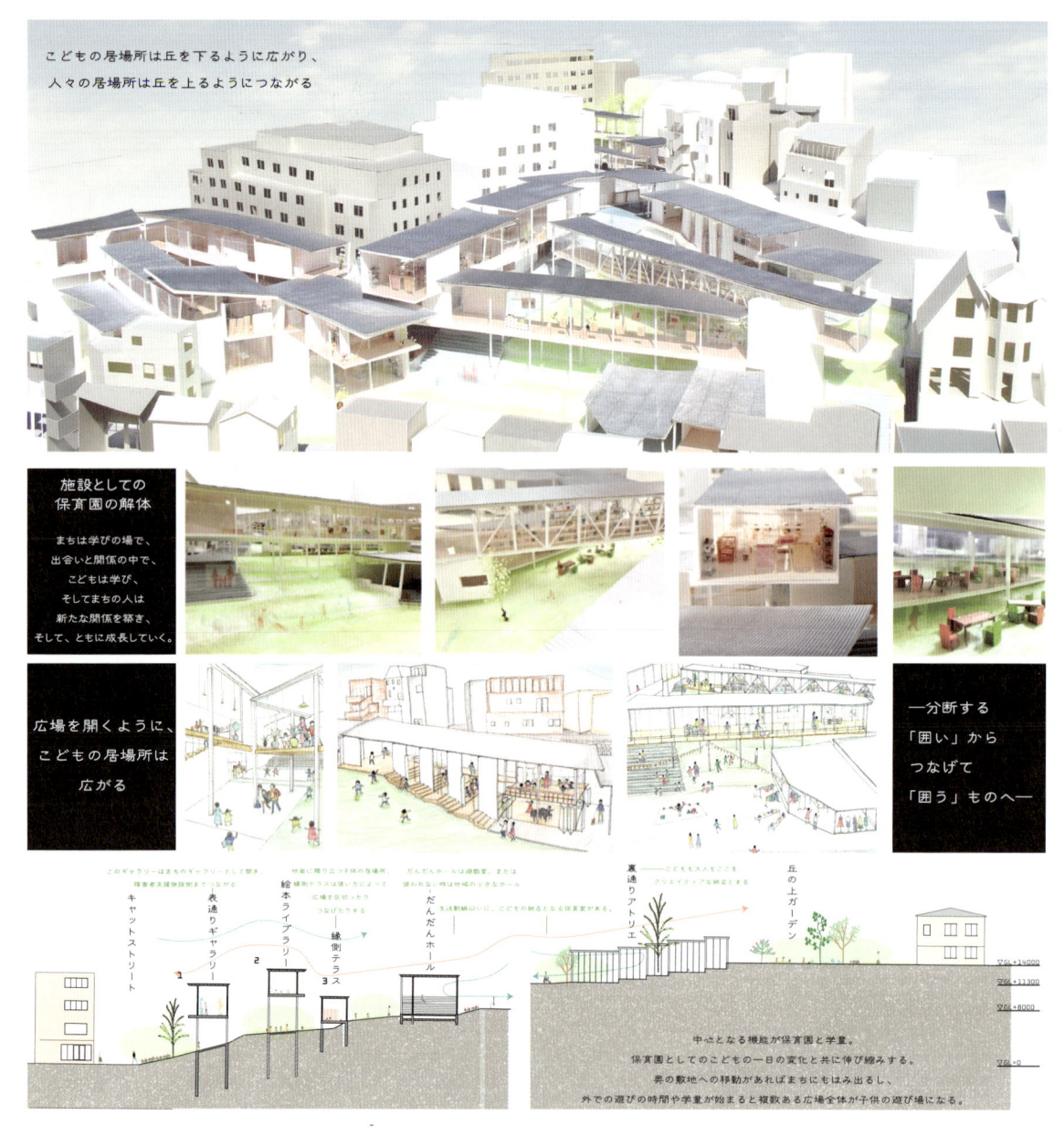

こどもの居場所は丘を下るように広がり、
人々の居場所は丘を上るようにつながる

施設としての
保育園の解体

まちは学びの場で、
出会いと関係の中で、
こどもは学び、
そしてまちの人は
新たな関係を築き、
そして、ともに成長していく。

広場を開くように、
こどもの居場所は
広がる

―分断する
「囲い」から
つなげて
「囲う」ものへ―

こどもは未来である。彼らには生き生きと多くの人や物事に出会い、多くの可能性を持てる場所で育ってほしいと考えている。保育園という建築を分断する「囲い」から、こどもや大人、働く人から地域住人までが共に「囲い」、関係を作り出すものへ。地形と応答して開かれた広場は開き、キャットストリートにとっては「広がる」広場、地域にとっては「つながる」広場、こどもにとっては「広げる」広場となる。地域受任商業に関わる人にもこどもの居場所を開かれることの新しい可能性を提案する。

敷地：東京都渋谷区
用途：保育園・公園など
面積：5,000㎡
構造：鉄骨造
階層：4階

若森　真菜
Mana Wakamori

横浜国立大学
理工学部 建築都市・環境系学科

studio	江口研究室
software	CAD
planning/making	1ヶ月/3週間
next	未定
dream	まちをつくる建築家

[D-1] 東京斜景
－現代都市における斜面地空間への提案－

フィールドワーク
都内の斜面地と建築について散策しながらスケッチとして記録した。

Diagram

擁壁を軽量な足場にしながらスラブを離散配置する。
その中にプログラムを挿入し、アクティビティを緩やかにつないでいく。

Hall
Gallery
Conductor

現代都市の斜面地は、明治維新以降の宅地化によりマンションが多く立ち並ぶようになった。その多くは、平地におけるそれとなんら変わりのないマンションである。

今回、東京におけるフィールドワークから得られたキーワードを元に現代都市の斜面地空間における新たな集合住宅の在り方を考えた。街に対する擁壁のあり方を解体しながら、街と住居が連続し連鎖するような集合住宅の在り方を目指す。

敷地：東京都大田区
用途：集合住宅＋公共施設
面積：28,000㎡
構造：鉄骨鉄筋コンクリート
階層：4階

遠西　裕也
Yuya Tonishi

東京都市大学
工学部 工建築学科

studio	福島研究室
software	Vector, Illustrator, Photoshop, Rhinoceros
planning/making	4ヶ月／2週間
next	同大学大学院
dream	友達100人

pando

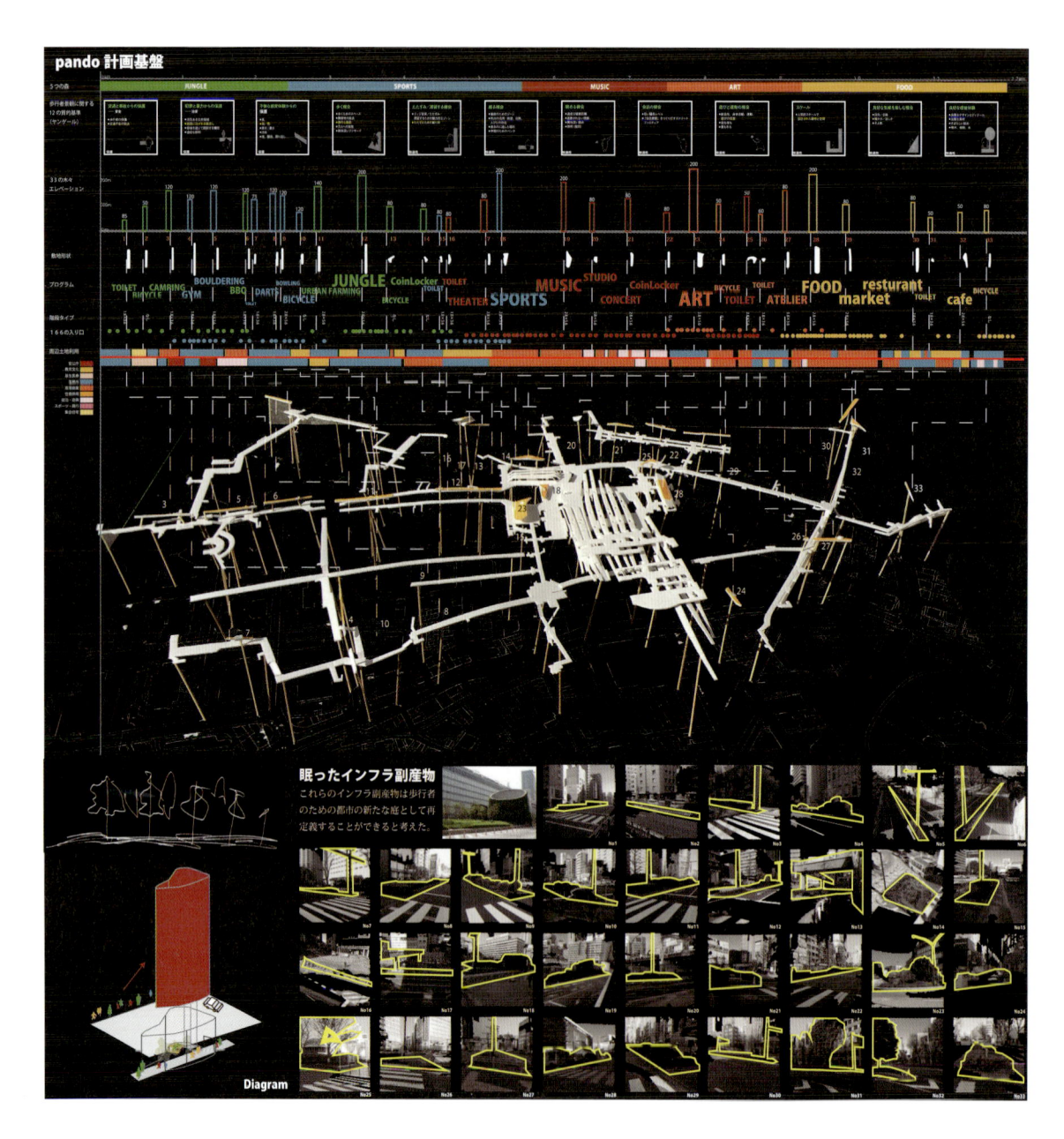

pandoとは8万年生きる一つの根をもつ単一の生物としての森である。都心にはインフラ機能の余白である地下空間のための換気口や中央分離帯、高架下などの無人の風景が存在する。これらの都市の中に眠る風景に本質的な価値を見出しこれらを新たなアクティビティの場としての機能を加えてやることで新たな建築として迎え入れる。

新宿の地下通路、その上の中央分離帯を新しいインフラ、アクティビティと捉え、各エリアに対応する居場所を計画する。都市が呼吸する建築。

敷地：東京都新宿区
用途：公共建築
面積：100,000㎡
構造：鉄骨鉄筋コンクリート
階層：3〜10階

岸田　淳之介
Junnosuke Kishida

東京都市大学
工学部 建築学科

studio	手塚研究室
software	Vectorworks
planning/making	6ヶ月/3週間
next	東京都市大学
dream	かっこいい建築家

重層都市
ー都市資源の循環を可視化する実験都市のコアー

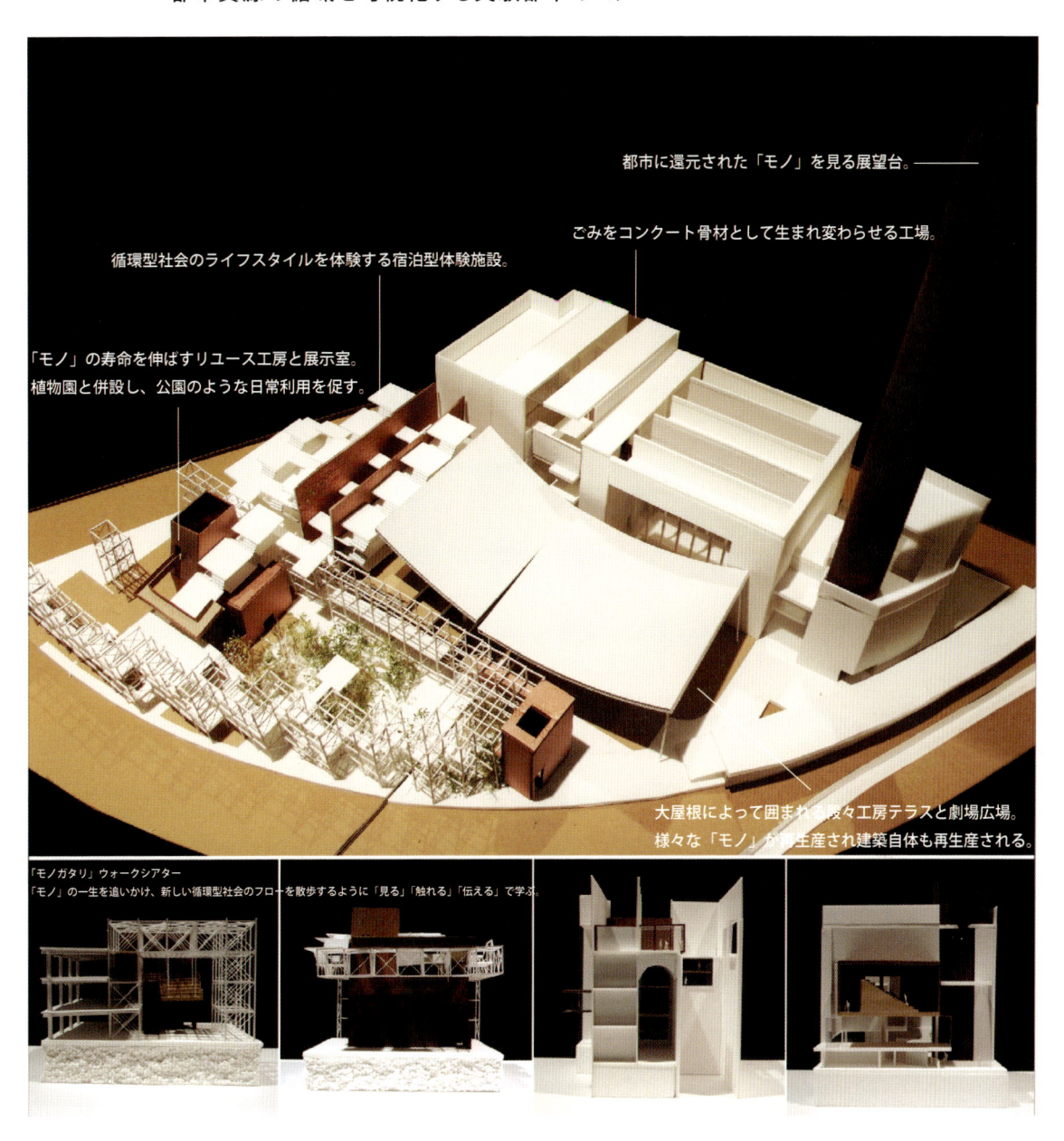

都市に還元された「モノ」を見る展望台。

ごみをコンクート骨材として生まれ変わらせる工場。

循環型社会のライフスタイルを体験する宿泊型体験施設。

「モノ」の寿命を伸ばすリユース工房と展示室。
植物園と併設し、公園のような日常利用を促す。

大屋根によって囲まれる陵々工房テラスと劇場広場。
様々な「モノ」が再生産され建築自体も再生産される。

「モノガタリ」ウォークシアター
「モノ」の一生を追いかけ、新しい循環型社会のフローを散歩するように「見る」「触れる」「伝える」で学ぶ。

　「モノ」が作られて、「モノ」が壊される。そして再び作られる。その循環の流れが体験可能な実験都市のコアの提案。現代社会にとって「ごみ問題」は顕在化している。問題の深刻さを再認識する場。生活インフラであるごみ処理場と日常生活との関係性が乖離していることが、生活の中から「ごみ問題」が潜在化している原因だと考える。その認識のズレの原因を建築空間と言う言語を用いて再編集し体験可能なものとすることで循環型社会を考えるきっかけを生み出す。

敷地：東京都渋谷区
用途：資源循環施設
面積：50,000㎡
構造：S造、RC造、一部SRC
階層：9階

吉川　瑞樹
Mizuki Kikkawa

東京都市大学
工学部 建築学科

studio ——————— 福島研究室
software ——————— CAD
planning/making —— 4ヶ月/2週間
next ——————— 東京都市大学大学院
dream ——————— 多くの人のつながる建築空間を提案する

暮らしを填めて馴染ませて
―多国籍団地の新しい住まい方―

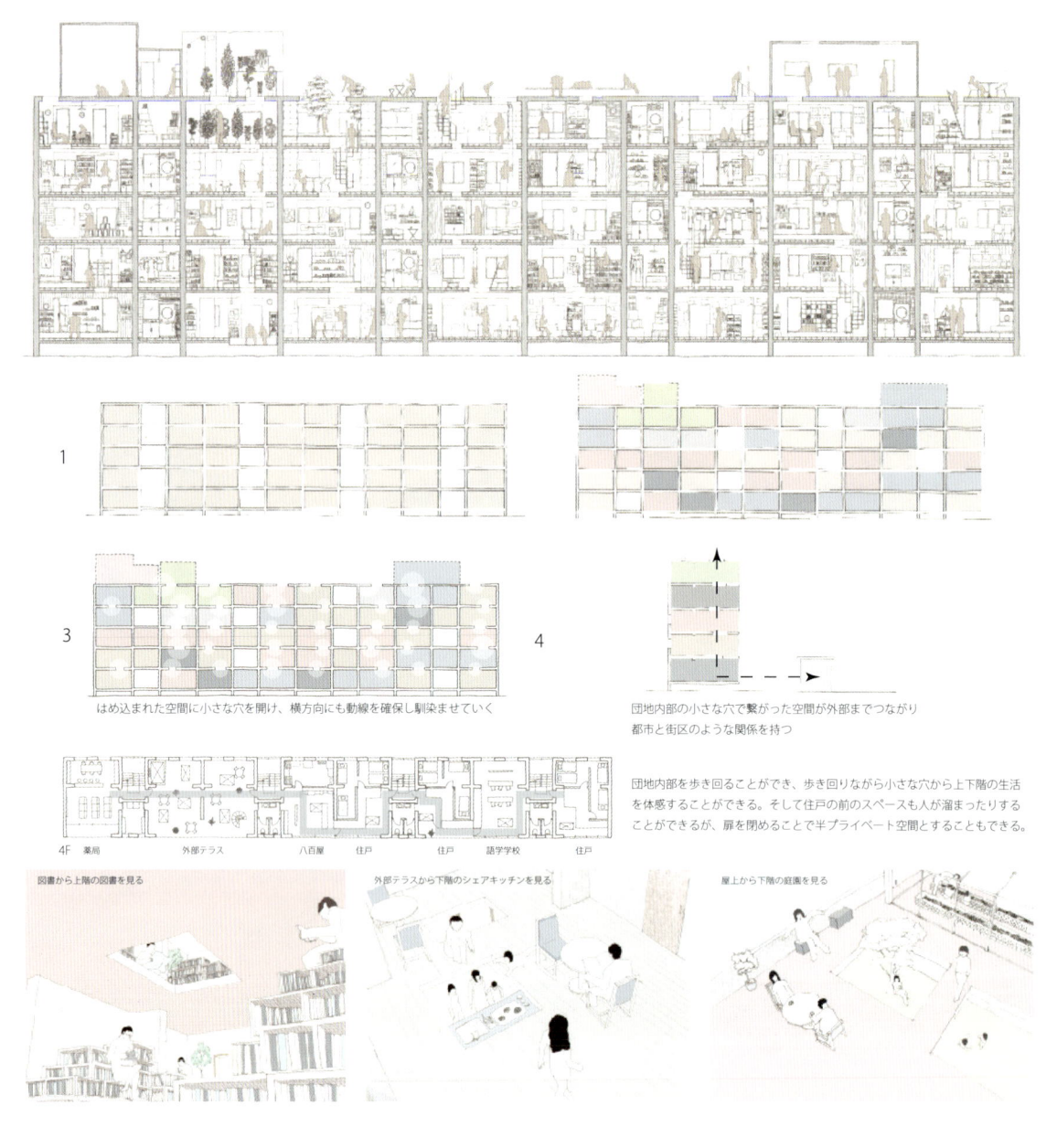

1

3 はめ込まれた空間に小さな穴を開け、横方向にも動線を確保し馴染ませていく

4 団地内部の小さな穴で繋がった空間が外部までつながり
都市と街区のような関係を持つ

4F 薬局　　外部テラス　　八百屋　住戸　　住戸　語学学校　　住戸

団地内部を歩き回ることができ、歩き回りながら小さな穴から上下階の生活
を体感することができる。そして住戸の前のスペースも人が溜まったりする
ことができるが、扉を閉めることで半プライベート空間とすることもできる。

図書から上階の図書を見る　　　外部テラスから下階のシェアキッチンを見る　　　屋上から下階の庭園を見る

旧来からある団地の新しい住まい方を提案します。現在、団地内部には立体的な繋がりがなく都市に対しても大きなボリュームがあるだけで都市と関わりがなく、団地と団地の間の空間もただ広いだけとなっている。そこで団地に小さな穴を空けていき、団地内部に立体的な繋がりを持たせ、その空間の繋がりを団地外部に飛び出させ、都市と街区のような関係を持たせる。

敷地：神奈川県横浜市
用途：複合施設
面積：33,000㎡
構造：壁構造
階層：5階

松浦　航大
Kodai Matsuura

東京都市大学
工学部 建築学科

studio	手塚研究室
software	手書き
planning/making	4ヶ月 / 2週間
next	東京都市大学大学院
dream	地域に馴染む建物を建てる建築家

境界の町
－ 居住環境を持続させるための集落構造の顕在化 －

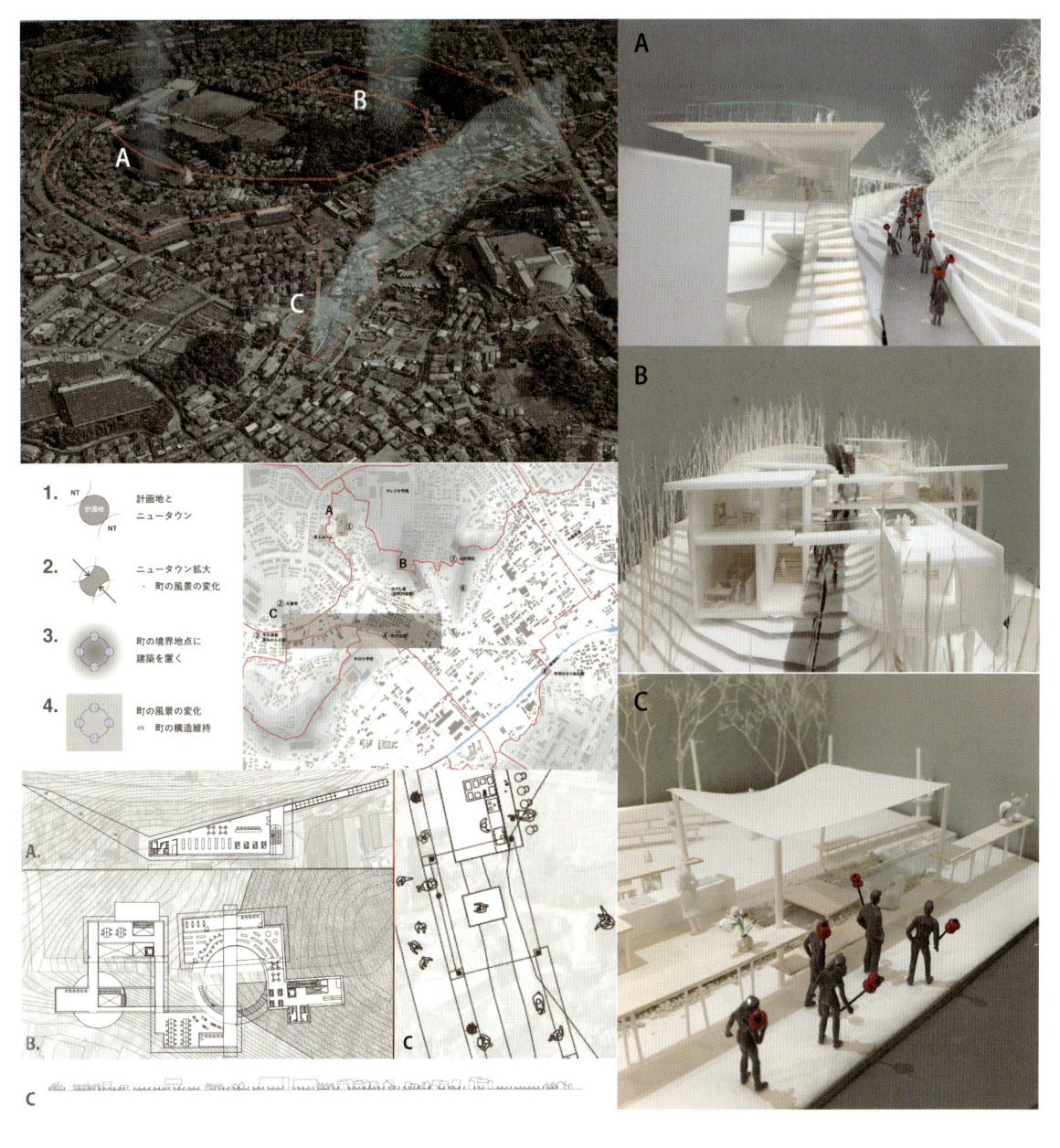

A

B

C

私が設計の対象の地として選んだ南山田町は神奈川県横浜市都筑区に位置する港北ニュータウンにほど近い町である。この町には古くから町を練り歩いて邪悪なものを外に追い出す虫送りというお祭り行事があるが、この行事のルートが時代ごとに柔軟に対応しながらも、町の境界地点を巡ることは変わらないということが判明した。つまり町の境界地点を意識づけることは町の住民の交流を持続させるために必要であると考え、その地点に建築を作ることとする。

敷地：神奈川県横浜市
用途：公共施設
面積：約1,500㎡
構造：鉄骨鉄筋コンクリート
階層：1階、2階

宮崎　彩那
Ayana Miyazaki

東京都市大学
工学部 建築学科

studio ——— 福島研究室
software ——— Vectorworks
planning/making ——— 5ヶ月／2週間
next ——— 東京工業大学大学院
dream ——— 建築を通じて物知りになること

「おかあさんみたいなところ」
どこにでも建てられる子どもの居場所

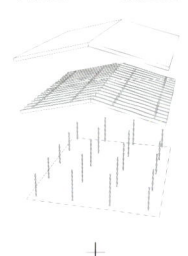

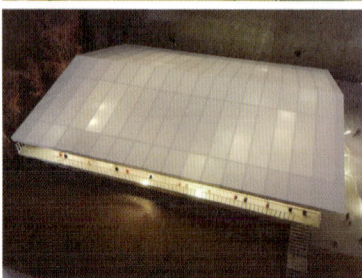

　かつての日本では、仕事と子育てが家の中で完結していた。しかし現代においては仕事、子育て、教育が家の外に出たことにより、解決すべき様々な問題が、子育て世代や子どもたち自身に降りかかっている。このような問題は今後、発展途上国においても発生すると考えられる。

　そこで今回は「どこにでも建てられる子どもの居場所」を提案する。母体のように、卵の殻のように、明るくて大きな膜屋根のかかった空間の中で、積み木という名の小さな建築が子どもたちと共に自由に動き回る。構造、構法の単純さと積み木による空間構成の自由度で実現する。

敷地：東京都小金井市本町
用途：保育園・児童館
面積：1,800㎡
構造：鉄骨造
階層：2階

須藤　希
Nozomi Sudo

東京都市大学
工学部 建築学科

studio ———————— 堀場研究室
software ———————— CAD
planning/making —— 5ヶ月/2週間
next ———————— 就職
dream ———————— 建築家

継承山道
－谷戸地域における住戸とインフラの共存－

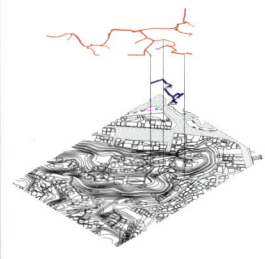

周辺の町から近くて遠い山頂付近の地域をインフラでつなぐ敷地内だけでなく周辺にも影響を与える。

infrastructure+archutecture

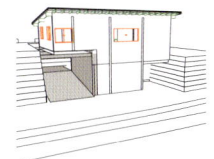 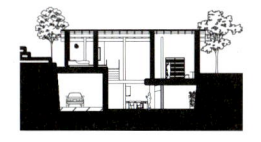

道路の構造体と傾斜によって作られた空間は建築に影響を与え、共存体としての意識を感じさせる。既存の地形、擁壁などは残しながら利用していく。

既存の道の空間化

既存動線の一部を空間化し、利用価値を与え、継承していく。
今まで通りに通り向けはできるようにし、道としての機能を失わせない。
既存の道と新しい道の交点に設けられ、交流の要所となる。

　　かつて軍港で栄えたこの地は山間部に建てられた住宅が存在し、それらが風景を作っている。社会の変化に取り残されたこの地には更新が必要であり、それはこの地ならではのやり方である。無作為に建てられた住戸の跡、主要な生活動線である一本の道は残され、新たな動線と住戸とともに存在する。
　　既存動線は空間となり、新たなインフラを持つこの地域は周囲とつながる。

敷地	神奈川県横須賀市
用途	住宅
面積	1,000㎡
構造	混構造
階層	2階

草野　良平
Ryohei Kusano

東京都市大学
工学部 建築学科

studio	——	堀場研究室
software	——	CAD
planning/making	——	5ヶ月/2週間
next	——	東京都市大学大学院
dream	——	地域が主役のまちづくりをする建築家

前途の走馬灯
ー葬儀所・火葬場・墓地を都市とつなぐプロムナードー

都市における墓地空間は現在、都市と乖離しているようにみえる。現状、私たち日本人は普段死を認識する空間を持たない。現代の墓地問題の根元はここにあるのではないかと考える。そこで、公共性の高い青山霊園を公園として一般利用できるように都市とつなぐ役割を持つ建築を提案する。この建築は公園への通路として普段使いされる空間をもち、そこで市民は死を認識するシークエンスと出会う。そして彼らは余生や死についての思慮を深める。

敷地	青山霊園
用途	葬祭式場・墓地
面積	12,000㎡
構造	RC 造・木造在来工法
階層	5階

住司　崚
Ryo Sumishi

東京都市大学
工学部 建築学科

studio	——	堀場研究室
software	——	vectorworks, sketchUP, adobe 全般
planning/making	——	4ヶ月/2週間
next	——	東京都市大学大学院
dream	——	好きな事で稼ぐ

p r a y
- 都市に潜む教会 -

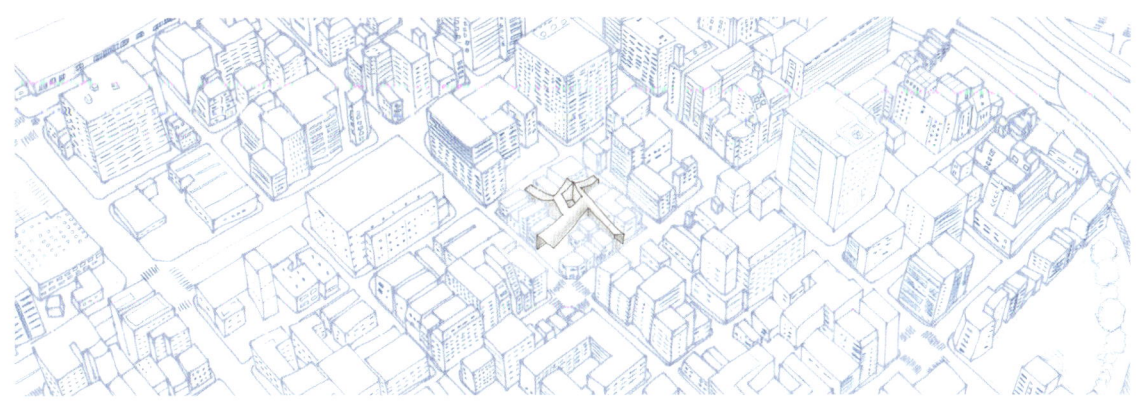

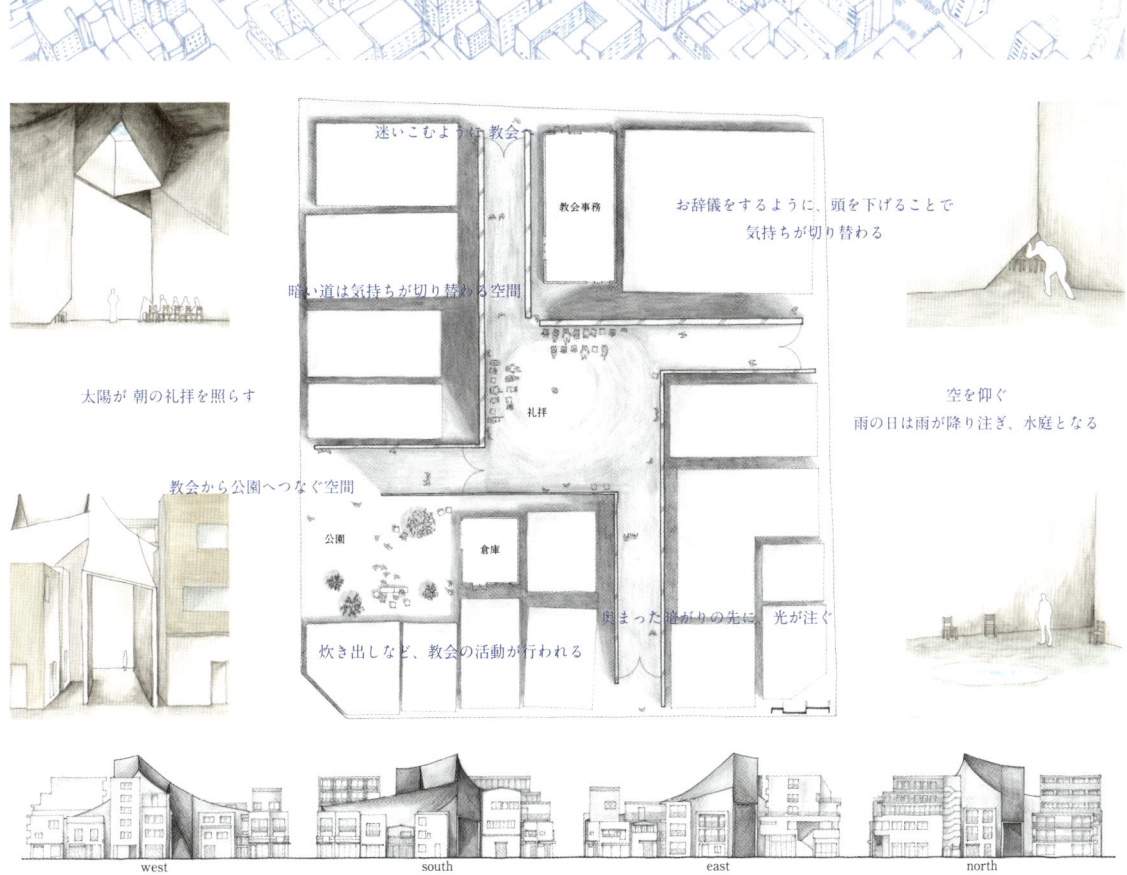

迷いこむように教会

教会事務

お辞儀をするように、頭を下げることで
気持ちが切り替わる

暗い道は気持ちが切り替わる空間

礼拝

太陽が 朝の礼拝を照らす

空を仰ぐ
雨の日は雨が降り注ぎ、水庭となる

教会から公園へつなぐ空間

公園

倉庫

囲まった暗がりの先に、光が注ぐ

炊き出しなど、教会の活動が行われる

| west | south | east | north |

「生きることは、祈ることだ。」気がつくと私は、生活のあらゆる瞬間に美しいことを探していた。偶然見つける情景、トタン屋根の隙間から差す一筋の光に喜びを感じる。無の時間、心が安らぐ瞬間である。そうした空気のように生活に溶け込む時間を、建築として設計したい。

多くの人が無宗教であろう。しかし、未来に向けて生きる私たちにとって、ありとあらゆる瞬間が祈りだ。人が出会い、集うところに宗教は生まれ、そこは気持ちの変換の場である。

地域から浮いた寿町に光が注ぐ。まちは呼吸し、人々の生活は豊かになる 教会の在り方。

敷地：神奈川県横浜市中区
用途：**教会**
面積：**600㎡**
構造：**鉄骨鉄筋コンクリート**
階層：**1階**

東瀬　由佳
Yuka Tose

東京都市大学
工学部 建築学科

studio	堀場研究室
software	えんぴつ
planning/making	4ヶ月/2週間
next	東京工業大学大学院
dream	心に響くような建築の作り手

[E-1]

Triangle Grid Bace
ーツクルことからの新たな都市の住まいー

食のエリアで行われる週一の市民マルシェ

団地の中心にあるみんなで育てる植物園

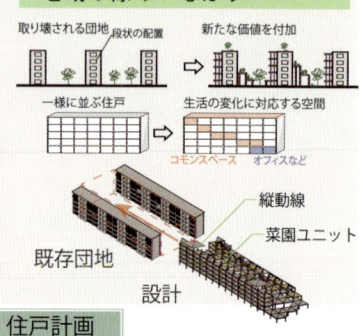

住民が集う広場では様々な活動が誘発される

都市生活の見直し

都市
↓
住民
一方的にサービスやモノ享受する都市

都市
都市の一部として住民が生活をつくる仕組み

地域の緑のつながり

敷地は世田谷区砧。農地や生産緑地が散在しており、農業大学や砧公園などの緑地などを活用しつつ、住民のよるどころとなる核としての存在を目指した。

農家・生産緑地
地域の核
公園や大学

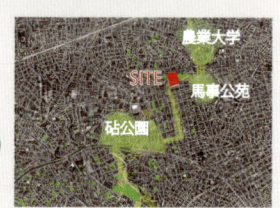

農業大学
SITE
馬事公苑
砧公園

地域の緑のつながり

取り壊される団地　段状の配置　新たな価値を付加

一様に並ぶ住戸　生活の変化に対応する空間
コモンスペース　オフィスなど

既存団地
設計

縦動線
菜園ユニット

全体計画

農業大学
工作エリア
食エリア　公園
植物エリア
病院
運動エリア
馬事公苑
図書　子育てエリア
小学校

建物計画

住戸　共用図書室　オフィス
共用自習室

野菜収穫のための土間キッチン
解放可能な建具

住戸計画

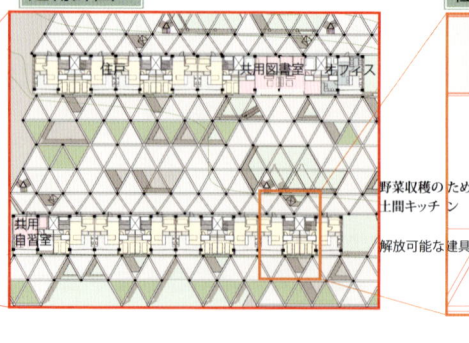

エレベーター
共用廊下
物干しテラス
菜園テラス

既存　　増・改築

都市生活において人々は一方的にサービスを利用し、モノを消費する。生活の中でもともとあったモノをツクル行為は失われ、その重要性を見失っている。この要因の1つは都市には十分すぎるモノが溢れていることだろう。そこでもう一度視線を足元に向け、身近なところに生産場所をもち、周辺住民とそれを共有できる生活を試みた。自ら選択し、作りあげる生活である。敷地周辺には農地がまばらに残り、農業大学などもあることから菜園を中心に都市の中の住まいを構築した。個人の活動を受け入れる器としての網目状の三角グリットを団地に装備することにより、現代都市生活に対して今までの建築に足りないものを補った。この地区が多くの住民によっての生活の拠り所となることを考えた。

敷地：東京都世田谷区
用途：団地 (集合住宅)
面積：30,000㎡
構造：鉄筋コンクリート
階層：5階

江藤　耀一
Yoichi Eto

東京工業大学
工学部 建築学科

studio ——— 奥山研究室
software ——— Vectorworks, SketchUp, illastrator, Photoshop
planning/making ——— 3ヶ月／2週間
next ——— 東京工業大学大学院
dream ——— 建築家

Market Innovation
ー繋がりを生む新たな中継点の提案ー

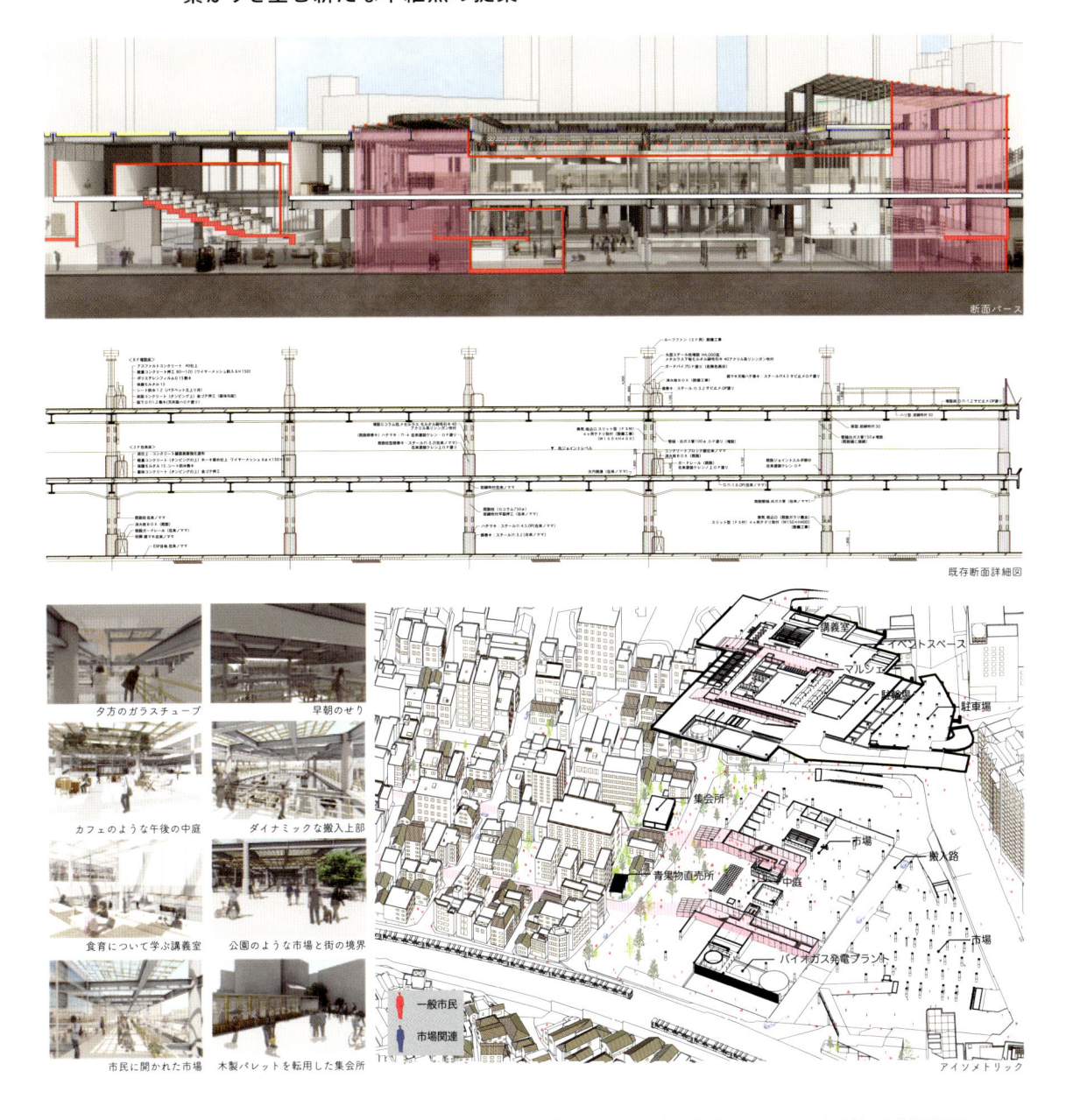

断面パース

既存断面詳細図

夕方のガラスチューブ

早朝のせり

カフェのような午後の中庭

ダイナミックな搬入上部

食育について学ぶ講義室

公園のような市場と街の境界

市民に開かれた市場

木製パレットを転用した集会所

講義室
イベントスペース
マルシェ
駐車場
体験学習
集会所
市場
青果物直売所
中庭
搬入路
バイオガス発電プラント
市場

一般市民
市場関連

アイソメトリック

テクノロジーの発達に伴う通販やネットマーケットの普及により価値が失われている市場を改修し、街と一体となった市場を少ない手数で設計した。搬入に伴う交通渋滞や騒音問題。東京北新宿の住宅密集地にとって青果市場は厄介物であり街と市場は乖離している。敷地として選定した淀橋市場は、取扱量あたりの敷地面積が小さいことから仲卸業者や包装業者が街中に散らばり、独特な街並みを作り出している。近年の経済性を重視した再開発に対して、小さなスケールのふるまいやエレメントを拾い上げ設計に昇華することで建築を介した街の更新手法を示した。

敷地：**東京都新宿区**
用途：**青果市場**
面積：**23,583㎡**
構造：**鉄骨鉄筋コンクリート**
階層：**一部4階**

西村　陽太郎
Youtarou Nishimura

東京工業大学
工学部 建築学科

studio	———	安田研究室
software	———	Vectorworks, Sketchup, Photoshop
planning/making	———	3ヶ月/2ヶ月
next	———	東京工業大学大学院
dream	———	家族のためのお父さん / 社会のための建築家

池袋 Unconscious City

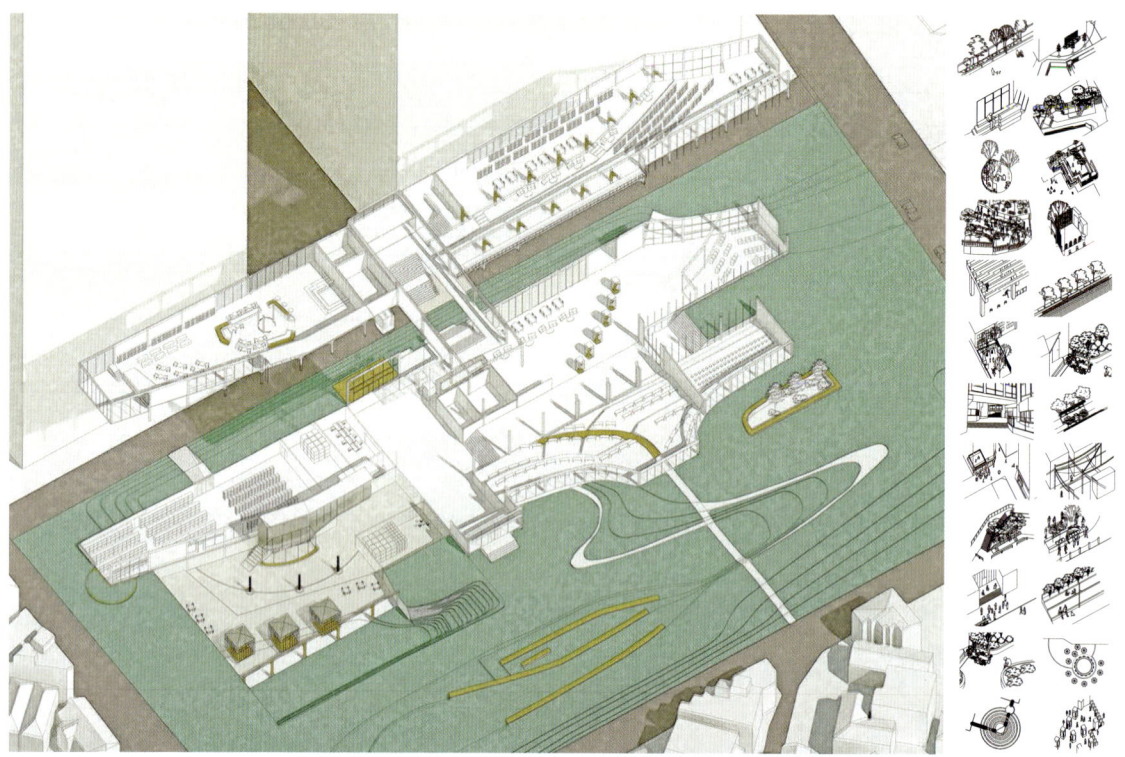

いつも決まったふるまいのある場所や、生活の中で馴染んだ形が街の中にはある。そうした居場所は、例えば日本人が庇の下で落ち着き、小上がりでくつろぐように、地域の人にとってあるふるまいをアフォードするような意味を持ち得るのではないかと考えた。そうした意味を建築に応用できたなら、建築そのものがプログラムの域を超えてある一定の機能をもったと言えるだろう。それは東京のような雑多な街においても、共有されうる地域固有の資源である。東京の現代建築に見出される新たな地域性と、これからのまちづくりの提案。

敷地：東京都豊島区
用途：コミュニティ施設
面積：900,195㎡
構造：鉄骨鉄筋コンクリート
階層：2階

東松　眞
Sana Toumatsu

東京工業大学
環境・社会理工学院建築学系

studio	塚本研究室
software	Vectorworks, SketchUp, Photoshop, Indesign
planning/making	2ヶ月／2週間
next	東京工業大学大学院
dream	コミュニティデザイナー

旅する小樽モール
―脱再帰的都市の提案―

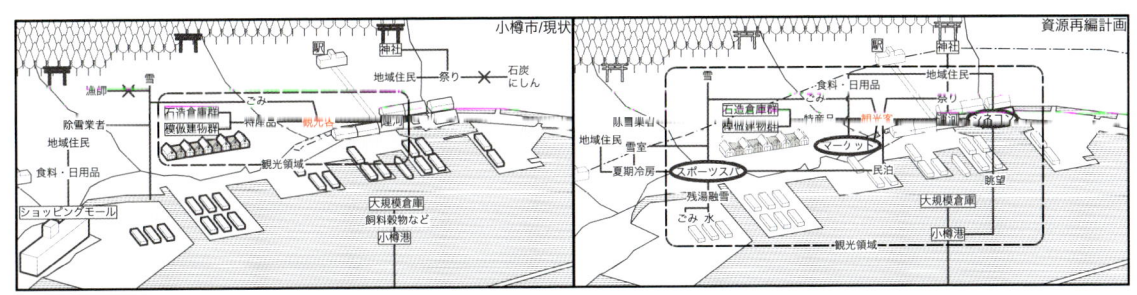

北海道小樽市はかつて炭鉱業とにしん漁で栄えた港街であり、石造倉庫群と運河が観光名所となっている。しかし、産業が衰退し遺産となった今、テーマパーク化、陳腐化を免れずにいる。そこで、切断された自然資源、文化資源を持続可能なかたちに再編集することを計画の目的とした。

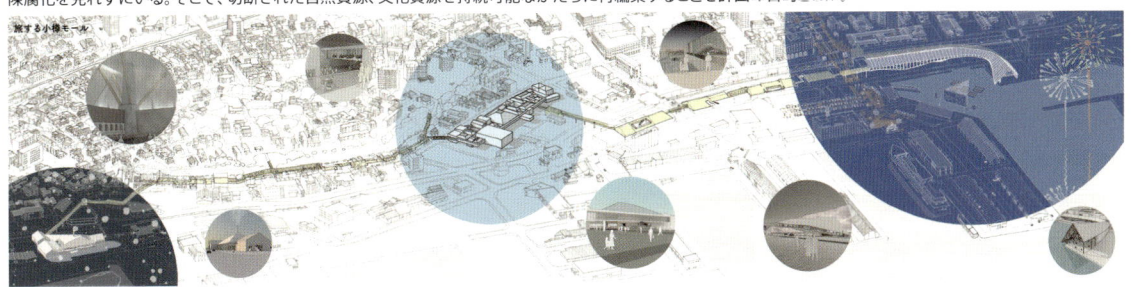

観光ルート上の土産屋である石造倉庫群とそれを模倣した建物群の未利用な2階を貫くモールを計画した。主に小樽市民が利用する、スポーツスパ、フードマーケット、シネマ・コンプレックスを核機能とし、観光客と市民の間で、雪や熱、風景、祝祭といった資源の有効で公平な利用を可能にする空間構成と循環システムを配した。

スポーツスパ 市の除雪ターミナルに建ち、残湯熱利用で雪に混ざったゴミを回収する。雪を集める大屋根は既存倉庫をスポーツ施設と雪室へ用途転用させ、夏季には冷房として雪を利用する。

フードマーケット 石造倉庫群の2階レベルに床を追加し、屋根をかけることで、回遊性のあるフードコートにする。1階に大きなバックヤードを設けることで観光地の雰囲気をそのままに、サービスを向上させる。

シネコン 上映室下の空間はすべての人に対し開かれ、運河や港を切りとるように波打つ。石造倉庫群に連続する屋根をもつホワイエは埠頭エリアへ越境し、海の眺望を提供する。祝祭時には観覧席として機能する。

近年、地方都市では社会の流動化の影響を受け、観光地化と均質化が抗争している。歴史遺産の模倣の繰り返しによる観光地の陳腐化、公共性を内側に閉じ込めた巨大なショッピングモール。別々に見える問題は表裏一体であり、ゾーニング法による都市計画では扱えない。そこで、観光ルートに小樽市民の公共性を挿入するべく、土産屋として利用されている石造倉庫群及び模倣建物群の2階を貫くモールを計画した。埋没している資源を、観光客と結びつけ新たな循環を生むことで、グローバルとローカルの二項対立を乗り越える成熟都市を目指す。

敷地：北海道小樽市
用途：ショッピングモール
面積：―
構造：木・RC 混構造
階層：2層

千葉　大喜
Daiki Chiba

東京工業大学
工学部 建築学科

studio	塚本研究室
software	VectorWorks, Illustrator, Photoshop, Sketchup
planning/making	2ヶ月／2週間
next	東京工業大学大学院
dream	地元で独立

「赤レンガ卒業設計展 2018」出展作品

[F-1] 湯元に架かる拠 (よりどころ)

ーヘルスツーリズムを具現化する建築の提案ー

・形態コンセプト

医療施設　温泉街
傾斜地による隔たり

医療施設　温泉街
周うように囲う

医療施設　温泉街
囲われた空間から望む

療養施設と街の接点がないことに注目し、2つの機能の架け橋となる建築を設計する。高低差による遮断を還元するため、建築を動線としても活用し、繋ぐ。完全に囲いきらずに街の方角にひらいた形とし、囲われた空間から街を望み、自分の未来と街の再興の始まりを望む拠の建築とする。

・RC と切妻

RC造　　　　RC造　木架構

RC造と木架構の切妻建築とRC造のみの建築を織り交ぜた。上部は、切妻屋根を用い、背景と同化するようにし、下部は、RCの陸屋根とし、人々を迎え入れるような設計とした。今後始まる活性化に向けて歴史の少ない街でのデザインコンセプトとなっていく建築を目指した。

・ゾーニング

商業ゾーン
温泉街に近い機能を持ち、一般観光客のための入口となる場である。

ストレッチゾーン
ツーリズムだけでなく、地元住民も交えて、交流出来る場である。

コミュニティゾーン
地元住民の空間や、ツーリズムの講演等、多様な使い方を持つ場である。

ヘルスゾーン
ヘルスツーリズムで使う要素が中心となる場である。

　温泉街における集客力は、大型旅館による娯楽の完結等により、街に赴く機会が少なくなり、一部を除き減少している。寂れていく温泉街を再興させるためには、住民が主体性を持ち、活動することが必要だ。新たな顧客の呼び込みや、若年層の住民を増やし、将来的な活性化を狙う。
　そこで、ヘルスツーリズム及びそれを具現化する建築の提案をする。体験者に対し、住民と共にツアーを行い、街の魅力を体感し、反応を街にフィードバックすることで価値観を共有する。その永続的なサイクルが活性化へと繋がっていき、それを遂行する建築が、街が変わる兆しとなるものとする。

敷地：福島県会津若松市
用途：療養 / コミュニティ
面積：5,582㎡
構造：RC 造　一部木造
階層：平屋、2階及び3階

吉武　昂毅
Kouki Yoshitake

神奈川大学
工学部 建築学科

studio	山家・上野研究室
software	Jw_CAD, ARCHICAD, Illustrator, Photoshop
planning/making	4ヶ月 / 1ヶ月
next	スターツ CAM ㈱
dream	お世話になった人に恩返ししたい

縮みながらも多様化する都市
ー都市縮小時代における街のキャラクター形成ー

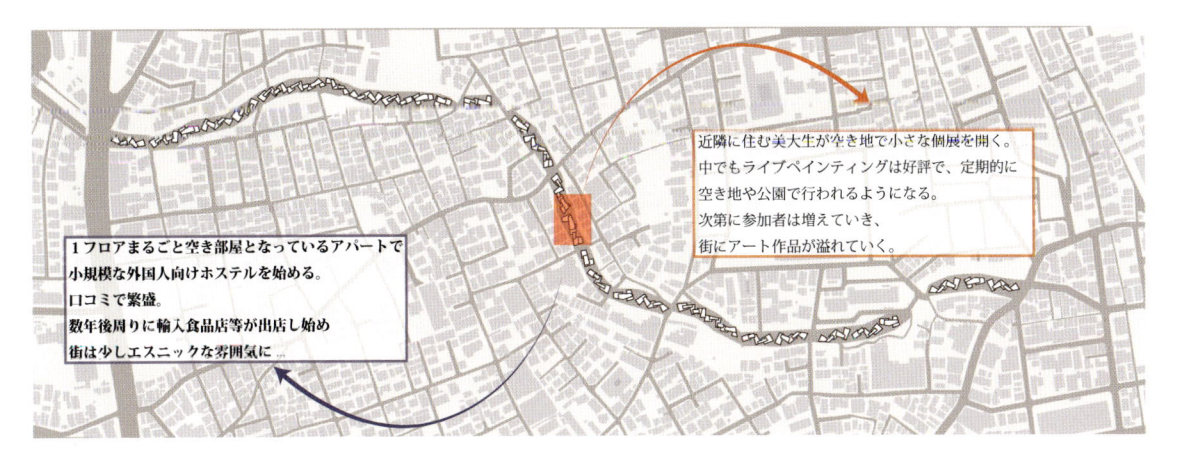

近隣に住む美大生が空き地で小さな個展を開く。
中でもライブペインティングは好評で、定期的に
空き地や公園で行われるようになる。
次第に参加者は増えていき、
街にアート作品が溢れていく。

1フロアまるごと空き部屋となっているアパートで
小規模な外国人向けホステルを始める。
口コミで繁盛。
数年後周りに輸入食品店等が出店し始め
街は少しエスニックな雰囲気に。

- 街が切り替わる境界として認識させるための形態 -

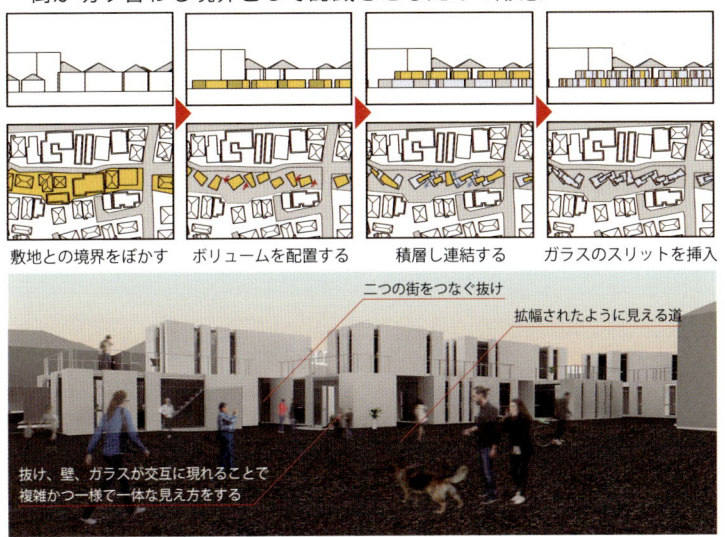

敷地との境界をぼかす　ボリュームを配置する　積層し連結する　ガラスのスリットを挿入

二つの街をつなぐ抜け
拡幅されたように見える道

抜け、壁、ガラスが交互に現れることで
複雑かつ一様で一体な見え方をする

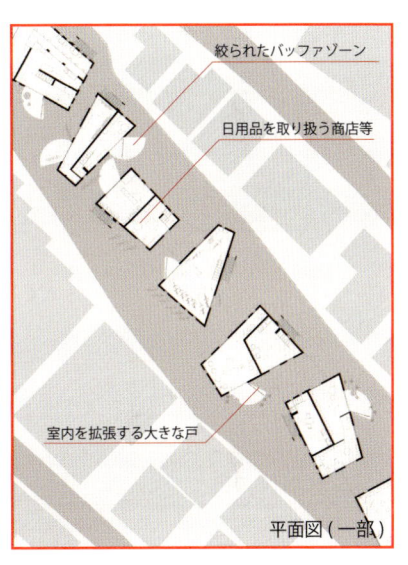

絞られたバッファゾーン
日用品を取り扱う商店等
室内を拡張する大きな戸

平面図（一部）

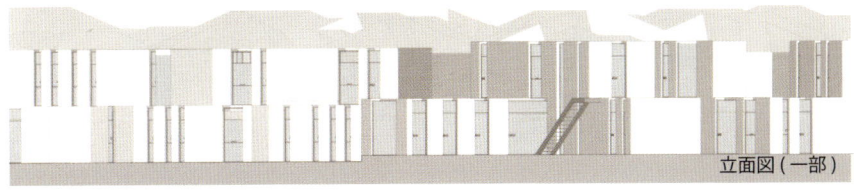

立面図（一部）

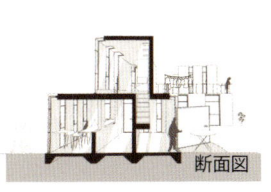

断面図

「古本の街」、「ポップカルチャーの発信地」等、街はそれぞれに異なる雰囲気や性格を持ち、その形状も様々である。「街のキャラクター」とも呼べるこれらは、街同士が互いに距離を置くことによってその独自性を保ち、自らをよりキャラクタライズしてきた。きたる人口減少時代、都市の縮小が目論まれ、これまで都市が内包していた「距離」を失ったときに「距離」に変わり、街のキャラクターを形成する新たな手段を提案する。

敷地：東京都杉並区
用途：店舗兼住宅
面積：13,395㎡
構造：鉄骨鉄筋コンクリート
階層：2階

米山　昂佑
Kosuke Yoneyama

神奈川大学
工学部 建築学科

studio	石田研究室
software	VW, Sketchup, Podium, Ps, Ai
planning/making	5ヶ月/3週間
next	神奈川大学大学院
dream	各地にたくさんのホームタウンをつくること

住人個色
ー暮らしをひらくことで人と地域と繋がる集合住宅ー

□ diagram.

増えつつある高密化された集合住宅

視線がすれ違うことがなく、住民と地域と遮断された暮らし

1つの住戸を3つにわけると

住戸をとりだす

視界が広がる

視線が混ざり合うことで、繋がりが生まれるきっかけとなる

そこで、住居と地域の中間領域となる場として「テラコヤ」を持つ暮らしを提案する。

住居と地域に中間領域を持たない暮らし

状況に応じて変化する中間領域を持つことで、暮らしが街に開かれてゆく

□ テラコヤとは？

【住人の個性を表し、暮らしを街にひらく場所】

時には、自分だけの趣味の場。
時には、住人と地域住民の学びの場。
人と人とを繋ぐ中間領域となる。

色とりどりの個性に出会い、
引き寄せあうことで繋がってゆく。

普段は音楽教室、

あるときはライブ会場に。

自分だけの書斎も、

週末には街の小さな図書館に。

横浜市南区にある人情深くあたたかい街、弘明寺。この街には商店街があり、お店の人々は人とのコミュニケーションを大切にしている。しかし、他の街にない魅力を持つ街であるのにも関わらず、近年、マンション、大型スーパー、チェーン店、コンビニ等が増え、コミュニケーションの簡略化とともに弘明寺の持つ良さが失われつつある。

暮らしをひらくことで住人の個性が街にひらかれ、住居と地域の中間領域が生まれることにより、人と人が繋がるきっかけとなる場を持つ集合住宅を提案する。

敷地：横浜市弘明寺
用途：集合住宅
面積：1,400㎡
構造：S造
階層：4階

千代田　彩華
Ayaka Chiyoda

神奈川大学
工学部 建築学科

studio ──────── 山家・上野研究室
software ──────── Vectorworks
planning/making ── 6ヶ月/2週間
next ──────── アトリエ設計事務所
dream ──────── やりたいことを全力でやる人生を送ること！

INTERMEDIARY SPACE
ー現実空間と仮想空間を繋ぐ媒介空間の提案ー

Section A Scale 1:250

　二つのアプローチから構成されていく。一つは、二つの種類の空間の混在。近年、テクノロジーの進化により"現実空間"（物質を素材として作られている空間）"仮想空間"（物質を素材とせずに作られている空間）が溶解してきている。そこに着目し、その二つの空間をつなぎ合わせる媒介空間を墓地から考える。二つ目は墓地問題の解消。日本は少子高齢化からも読み取れるように、死者数が年々増加してきている。それに伴い、都心では墓不足が非常に深刻な問題となっている。この点について解決する提案を考える。

敷地：東京都新宿区
用途：納骨堂
面積：698,56㎡
構造：鉄骨フレーム
階層：4階

矢吹　拓也
Takuya Yabuki

神奈川大学
工学部 建築学科

studio	石田研究室
software	Illustrator, Photoshop, GoogleSketchUp
planning/making	5ヶ月／2週間
next	グラフィックデザイン事務所デザイナー
dream	デザインで世界を笑顔にする

遺伝子組換え郊外都市
ー郊外が生き抜く為の最新モデルの提案ー

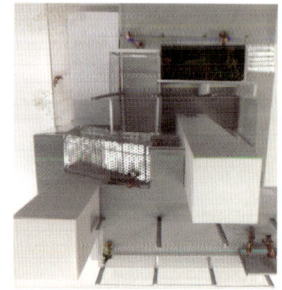

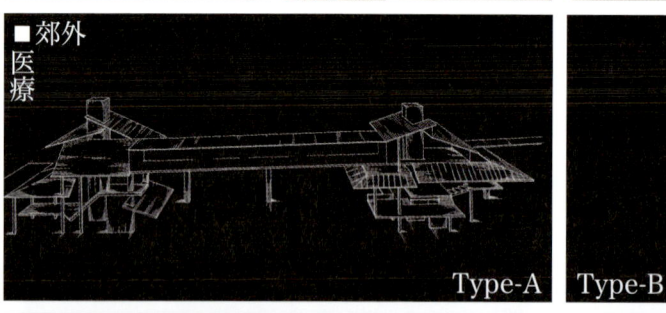

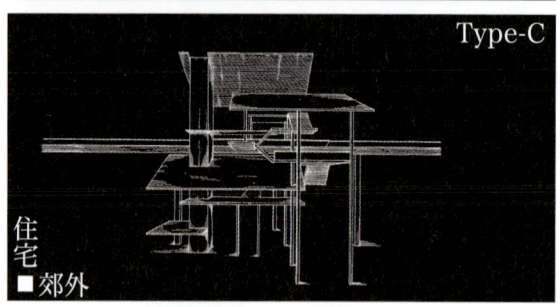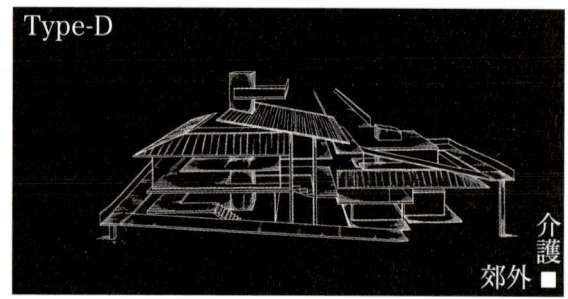

「郊外を都市化」していく。郊外は消えていく街と言われている。超高齢化社会、コミュニティの希薄など問題は多岐に亘る。そこで、私は郊外を都市化させ、高密化を図る。前提条件として、郊外の街が「病気」であるという事。街の病気を治し、予防する事で、今後の在り方が変化するのではないかと考えた。そして、街を遺伝子組換えをし、街は徐々に強く、良い街へと変化していく。それは現在のライフスタイルを変え、更新する街のモデルになる。その過程をシステム化し、街のモデルを作り上げることで、どの郊外にも適応できるプロトタイプを提案する。

敷地：埼玉県さいたま市
用途：住宅・コミュニティ
面積：4,000㎡
構造：鉄骨構造
階層：1〜4階

水上　翔太
Shouta Mizukami

神奈川大学
工学部 建築学科

studio ——————— 石田研究室
software ——————— Vectorwoks, Illustrator, Photoshop
planning/making —— 5ヶ月/3週間
next ——————— 神奈川大学大学院
dream ——————— 思いやりのあるゲームが上手い設計者

土地を繋ぎ、土地にかえる
ー相模総合補給廠返還地の活用方法の提案ー

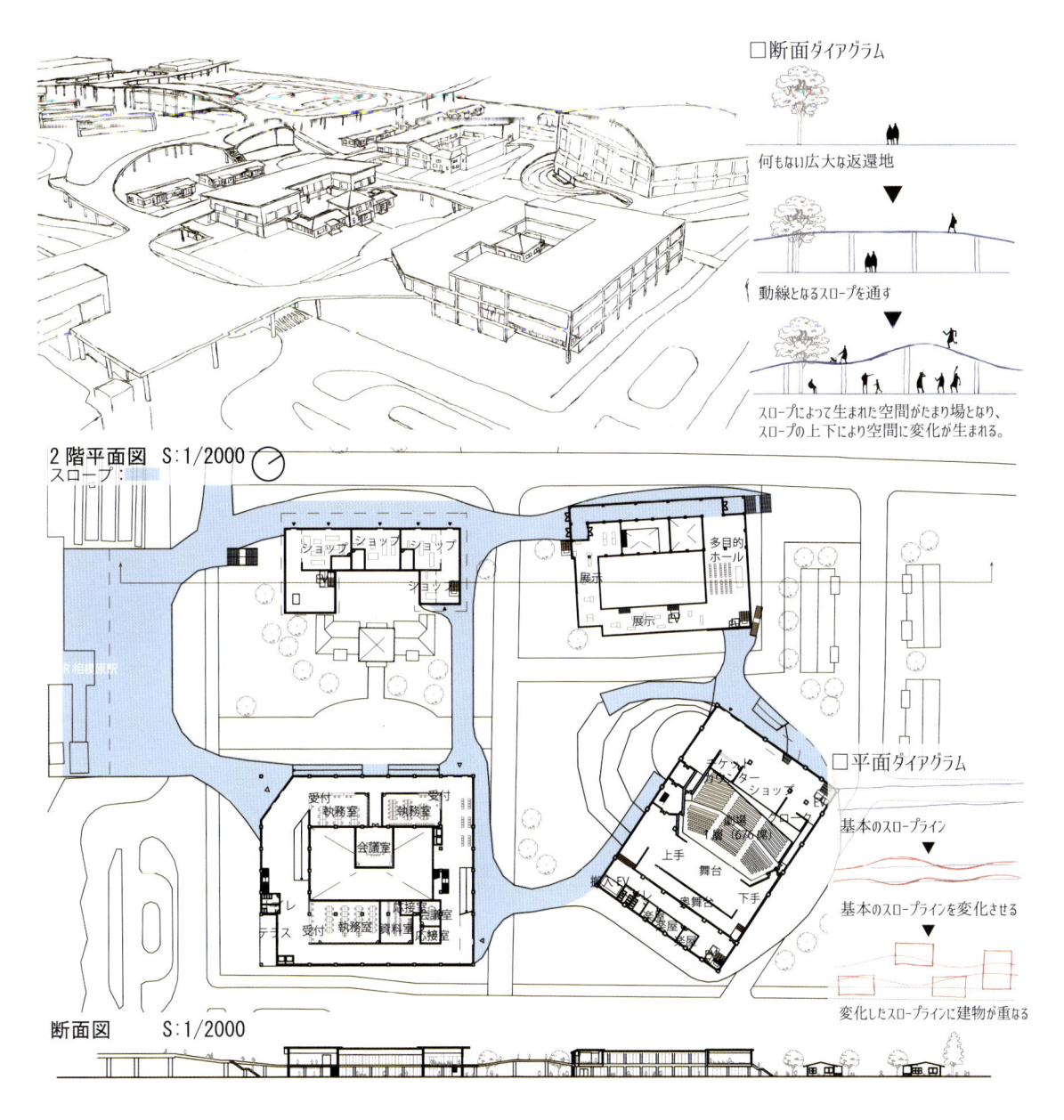

□断面ダイアグラム

何もない広大な返還地

▼

動線となるスロープを通す

▼

スロープによって生まれた空間がたまり場となり、
スロープの上下により空間に変化が生まれる。

2階平面図　S:1/2000

□平面ダイアグラム

基本のスロープライン

▼

基本のスロープラインを変化させる

変化したスロープラインに建物が重なる

断面図　　S:1/2000

現在、日本には約130ヶ所の米軍基地・施設が存在し、それらの返還・縮小の計画や交渉が多く進められている。実際に返還された土地は、その地域にありながら繋がりは無く、完全に異質なものとして存在している。
現代における返還地の在り方を考え、返還地が地域に馴染み、繋がり、還る過程を考える。
相模総合補給廠が返還されたことによって、この地域を大きく分断していた隔たりがなくなった。
そして、この地域を繋ぎ、地域の交流が生まれる新たな活動拠点になる。

敷地：神奈川県相模原市
用途：地域活動拠点
面積：19,700㎡
構造：RC造＋木造
階層：3層

太田　朗人
Akito Ota

神奈川大学
工学部 建築学科

studio	曽我部・吉岡研究室
software	CAD
planning/making	5ヶ月/2週間
next	神奈川大学大学院
dream	模索中

[G-1] こどもたちの場

■構成

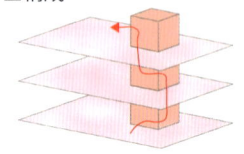
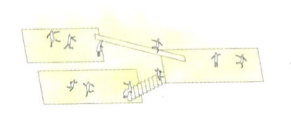
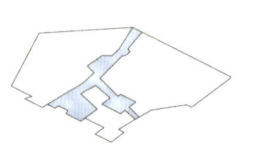
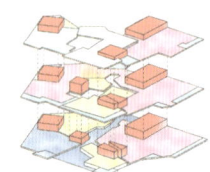

こどもホスピスは縦動線をコアでつなげ、スタッフの迅速な動線計画を考える。

こども図書館は子供達が自由に動き回れるようにスキップフロアにする。

等々力緑地、小学校、住宅街と異なる要素を持つ敷地から道を引き込むことで、公共的な場も生まれる。

コアは構造の役割も果たしており、異なるプログラム同士が立体的に構成される。

医学の進歩によりたくさんの命が救われる一方で、退院後も日常生活に医療器具の助けが必要な子供が急増している。そして、そういった子供とその家族は街の中から孤立していってしまうのだ。そこで難病児が子供らしく過ごせて、家族が一息ついて笑顔を取り戻せるような場「こどもホスピス」を提案する。そこに地域の子供達が利用できる「こども図書館」を融合させることで、社会から孤立しがちな子供と家族の繋がりを創る。異なるプログラム同士が「見えるけど行けない、時にはつながる」関係性をつくり、建物全体に子供達が自由に振舞う風景が広がる。

敷地：神奈川県川崎市中原区
用途：福祉＋公共施設
面積：5,200㎡
構造：鉄骨鉄筋コンクリート
階層：3階

福永　有花
Yuka Fukunaga

東京理科大学
理工学部 建築学科

studio	安原研究室
software	Vectorworks,Photoshop,Illustrator
planning/making	3 ヶ月 / 2 週間
next	東京理科大学大学院
dream	幸せを提供できる人

創作の街に住まう

仕事や趣味で繋がるコミュニティー

都内住宅地に仕事や趣味で繋がるコミュニティの核となる場所として計画する。

それぞれの入居者の発信、創作、生活の場が道に対して開かれるように縦に積む

3階の住戸と2階の工房は繋がっており、入居者は住みながら、自分の創作活動に没頭できる。

1階では店やギャラリーを開き、作品や活動を街に発信する。2階は工房となっており、興味を持ったお客さんが見学にきたりワークショップが開かれる。

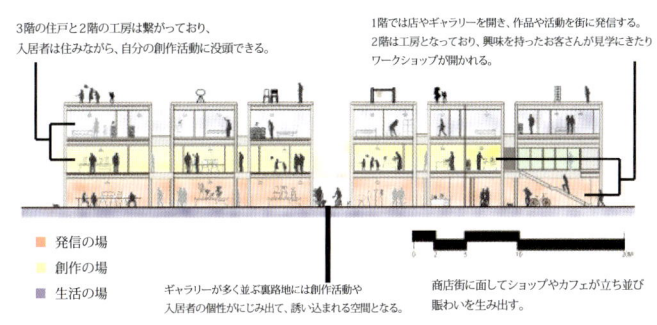

■ 発信の場
■ 創作の場
■ 生活の場

ギャラリーが多く並ぶ裏路地には創作活動や入居者の個性がにじみ出て、誘い込まれる空間となる。

商店街に面してショップやカフェが立ち並び賑わいを生み出す。

一階裏路地も静かなギャラリーが並ぶ魅力的な空間となる。

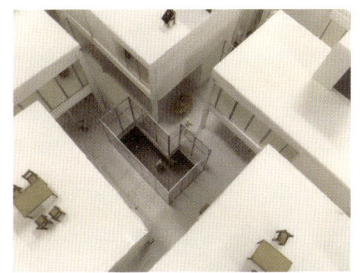

個人の店舗と生活の場間に共用の創作の場が挟み込まれる。

個人の工房と共用の創作の場はガラス戸を開けて、一体となって使える。

　情報化社会になるのに伴い、家族の住まい方や仕事の仕方に大きな変化がみられる。ここで職住一体となる住宅を見直し、クリエーターを対象とした集合住宅を、都内の密集した住宅街に計画する。発信の場である店舗と生活の場となる住まいの間に公共性のある創作の場を設けることで入居者は自分の活動をすると同時に、創作や自身の生活や趣味を地域住民や観光客と共有できる。周辺地域のみならず、仕事や趣味で繋がるコミュニティが生まれ、昼間、閑散としがちな街に賑わいが生まれる。

敷地：東京都台東区
用途：集合住宅、店舗
面積：4,000㎡
構造：鉄骨造
階層：3階

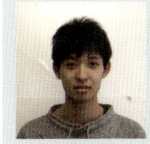

川村　修平
Shuhei Kawamura

東京理科大学
理工学部 建築学科

studio ——————— 安原研究室
software ——————— ｊwCAD
planning/making —— 3ヶ月/1週間
next ——————— 東京理科大学大学院
dream ——————— 楽しい人生をおくる

呼応する逆旅

　既存の旅館の形態は、昔ながらの伝統ある木造旅館から大規模のRC造の旅館まで幅広いものが建てられている。そこで、旅館に求める本当の価値と何なのだろうか。

　伝統木造の風情ある旅館や温泉施設や娯楽施設などが充実した大規模旅館も良い。

　しかし、それ以外に本来旅館の持つ価値を高めた空間や構成を持った旅館建築があっても良いと考えた。私は、この自然豊かで伝統旅館が軒を連ねた歴史息づく箱根・塔ノ沢の地に自然と建築が呼応し、それによって建築と人が呼応する。そんな旅館建築を提案する。

敷地：神奈川県足柄下郡
用途：旅館
面積：3,250㎡
構造：鉄骨造 +CLT
階層：4階

髙橋　遼平
Ryohei Takahashi

東京理科大学
理工学部 建築学科

studio ——————— 岩岡研究室
software ——————— AutoCAD, Photoshop, Illustrator
planning/making —— 3ヶ月／2週間
next ——————— 東京理科大学大学院
dream ——————— 既存の形式に縛られない建築家

水と共に生きる

　ふたつの大きな川が流れる茨城県常総市。かつては水運の拠点として栄えたが、幾度となく洪水に見舞われてきた。しかし人々はいつしかそこが「水害常襲地域」であることを忘れてしまった。3年前の洪水では市庁舎が水没、街全体が孤立し甚大な被害を受けた。

　いつ再び起こるか分からない洪水のために、「水害常襲地域」における「孤立しない」新たな市庁舎を提供する。

敷地：茨城県常総市
用途：庁舎
面積：15,000㎡
構造：鉄筋コンクリート
階層：5階

細野　拓哉
Takuya Hosono

東京理科大学
理工学部 建築学科

studio ——————— 岩岡研究室
software ————— AutoCAD,Rhinoceros
planning/making —— 3ヶ月／2週間
next ——————— 東京理科大学大学院
dream —————— 建築家

重なりゆく空間
ー Hamamatsu Music Innovation Platform ー

一つの大空間を、複数の均質でない小さい空間へと分割しつつ連関させていくことで多様なリズムや空間を生じさせ、いろいろな人々が関わる余地を含みつつ全体性を確保した緩やかな空間群となる。

ワークプレイスとショールームが混ざり合い様々なアクティビティが起こる。　　多職業の人々が集まる工房はさまざまな出会いの場となりいろいろなコラボレーションがうまれる。

　情報化社会に伴い、人々のライフスタイルは変化してきた。それに合わせて様々な建築のあり方も変化してきたが、オフィス空間のあり方はこの数十年間変化せずに一義的な閉ざされたハコとして存在してきた。閉ざされたハコとしてのオフィスにショールームを取り込みながら境界を空間化していくことで多義的な解釈可能な空間群としての建築を提案する。

　すると人々は好きなように空間を解釈していき、他者との空間解釈のズレが生じ、人々が場を使いこなしながら主体性のある行為を振舞っていく創造のプラットフォームとなっていく。

敷地：静岡県浜松市
用途：ワークプレイス
面積：3,000㎡
構造：鉄骨鉄筋コンクリート
階層：6 階

有吉　泰洋
Yasuhiro Ariyoshi

東京理科大学
理工学部 建築学科

studio	安原研究室
software	CAD
planning/making	3ヶ月 /1週間
next	東京理科大学大学院
dream	いろんな国や文化に触れながら暮らす

小さくて大きい

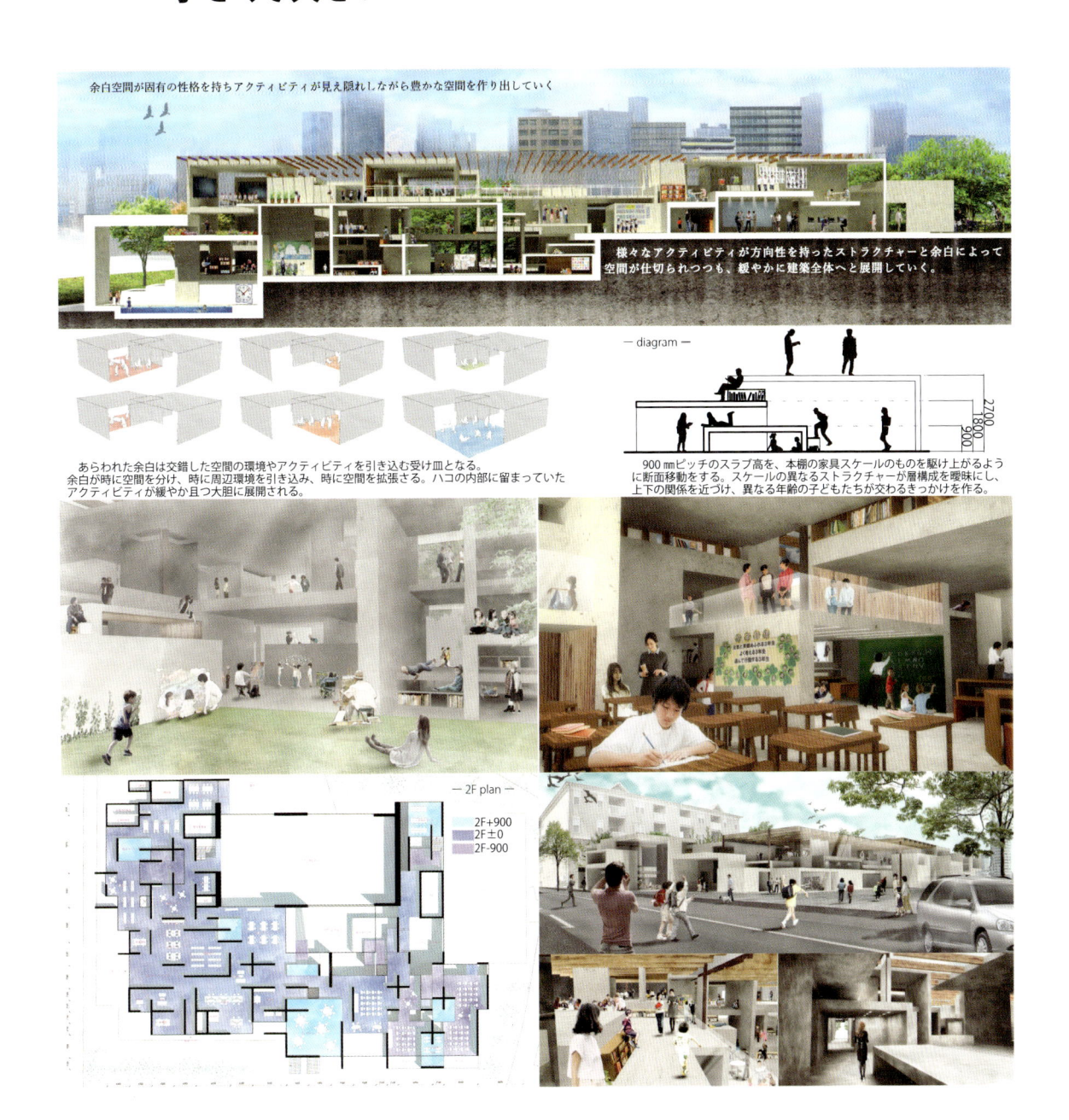

余白空間が固有の性格を持ちアクティビティが見え隠れしながら豊かな空間を作り出していく

様々なアクティビティが方向性を持ったストラクチャーと余白によって空間が仕切られつつも、緩やかに建築全体へと展開していく。

— diagram —

あらわれた余白は交錯した空間の環境やアクティビティを引き込む受け皿となる。余白が時に空間を分け、時に周辺環境を引き込み、時に空間を拡張さる。ハコの内部に留まっていたアクティビティが緩やか且つ大胆に展開される。

900mmピッチのスラブ高を、本棚の家具スケールのものを駆け上がるように断面移動をする。スケールの異なるストラクチャーが層構成を曖昧にし、上下の関係を近づけ、異なる年齢の子どもたちが交わるきっかけを作る。

— 2F plan —

2F+900
2F±0
2F-900

　ひとまわり小さな空間は、余白としてそこに存在する。余白はそれ自体意味を持たない空間であるが、それ故に様々な活動が起こりうる可能性に満ちた空間である。

　それは時に空間を分け、時に周辺環境を引き込み、時に空間を拡張させる。ひとまわり小さな空間を形成しつつ、閉じられた教室の形態を崩すことで、活動のすべてが教室だけに留まらない豊かな小空間に囲まれた小中学校を提案する。

　小さな空間が空間の可能性を広げ、小さいことが生み出す関係性は大きくなる。小さくて大きい。

敷地：東京都新宿区
用途：小中学校
面積：3,500㎡
構造：RC造／一部S造
階層：3階

姫野　滉一朗
Koichiro Himeno

東京理科大学
理工学部 建築学科

studio	——	安原研究室
software	——	Rhinoceros, V-Ray, Photoshop, Illustrator
planning/making	——	3ヶ月／1週間
next	——	東京理科大学大学院
dream	——	建築家

まちの〇〇寺　〜白金台の子供・犬寺〜

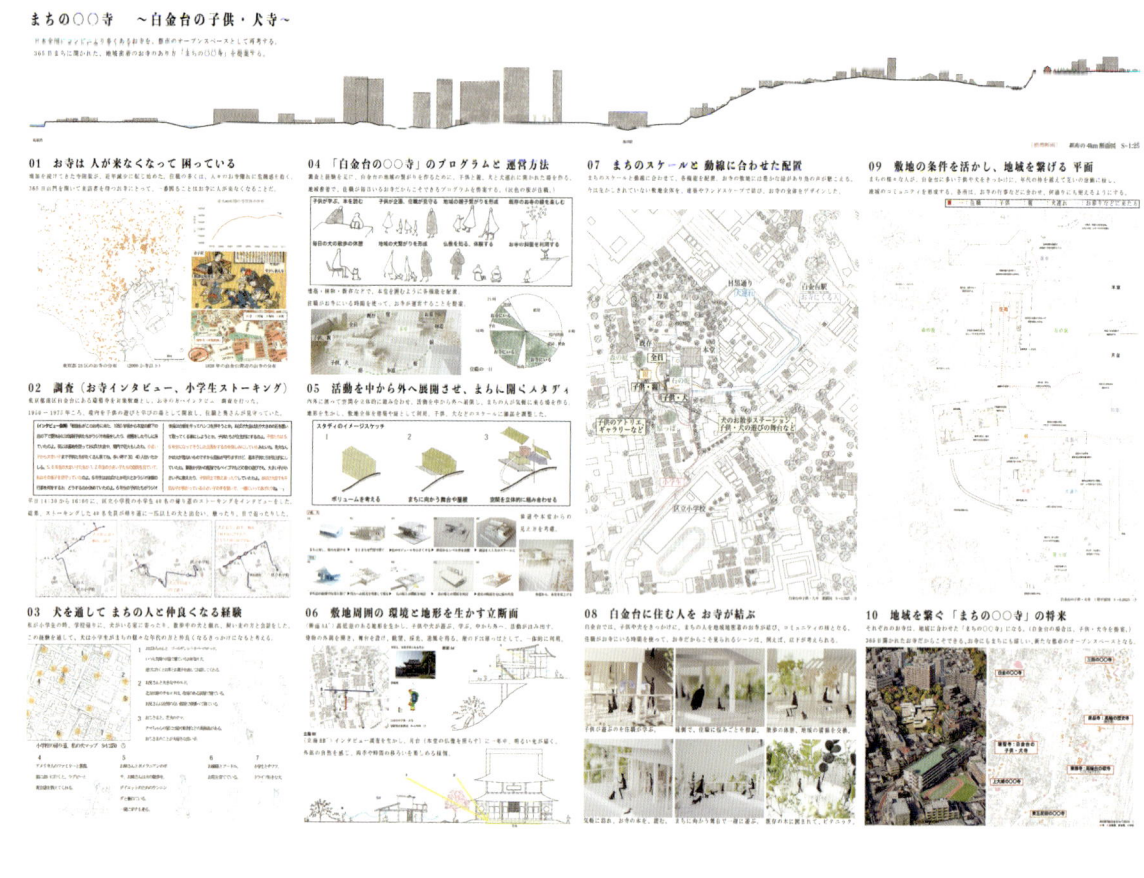

01　お寺は 人が来なくなって 困っている

02　調査（お寺インタビュー、小学生ストーキング）

03　犬を通して まちの人と仲良くなる経験

04　「白金台の〇〇寺」のプログラムと 運営方法

05　活動を中から外へ展開させ、まちに開くスタディ

06　敷地周囲の 環境と地形を生かす立断面

07　まちのスケールと 動線に合わせた配置

08　白金台に住む人を お寺が結ぶ

09　敷地の条件を活かし、地域を繋げる 平面

10　地域を繋ぐ「まちの〇〇寺」の将来

　日本全国にコンビニより多くあるお寺を都市のオープンスペースとして再考する。近年、世間のお寺離れにより、お寺を訪れる人が減り、住職は困っている。そこで、そのまちに合った新しいお寺のあり方「まちの〇〇寺」を提案する。東京都港区の瑞聖寺を一例「白金台の子供・犬寺」として、子供や犬をきっかけに、まちの様々な方が繋がる場をデザインした。

　将来、其々のお寺は、365日住職がいてまちに開かれたお寺だからこそできる「まちの〇〇寺」となり、地域コミュニティのネットワークを形成する核になる。

敷地：東京都港区白金台
用途：お寺、公共施設
面積：1,000㎡
構造：鉄骨造、木造
階層：1〜3階

鈴木　由貴
Yuki Suzuki

東京理科大学
理工学部 建築学科

studio ——— 伊藤研究室
software ——— Vectorworks, Photoshop, Illustrator
planning/making —— 4ヶ月／3週間
next ——— 未定
dream ——— 旅行にいく

時を編む巨塔
―建築の終焉と新たな神話―

　資本主義の神話の元、発展の象徴として崇められて来た高層建築は、不滅な屍のように都市に林立している。「箱」だけの生産に過ぎない建築は終焉を迎える。香港の亡き九龍城塞の記憶をたどり、新たな建築の神話を模索する。かつて巨大なスラム街として知られていた九龍城塞、しかし長年住民たち自らの手で増築が繰り返され、絶えず変化している城塞は一つの地域社会があって、住民たちのユートピアであった。城塞が持つ建築的要素を現代社会の中で再解釈を行い、時間と共に変化する建築を提案。

敷地：	香港廟街
用途：	集合住宅
面積：	400,000㎡
構造：	鉄骨
階層：	45階

楊　翌呈
Yokutei Yo

東京理科大学
理工学部 建築学科

studio	山名研究室
software	CAD, RHINO, PS, AI, SU
planning/making	2ヶ月／1週間
next	未定
dream	不動産王

都市の牧道、学び育つ場
ーランドスケープと建築の融合ー

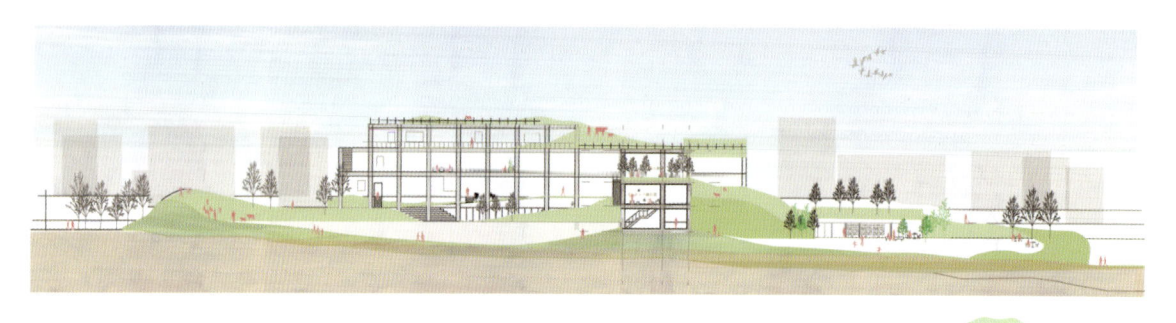

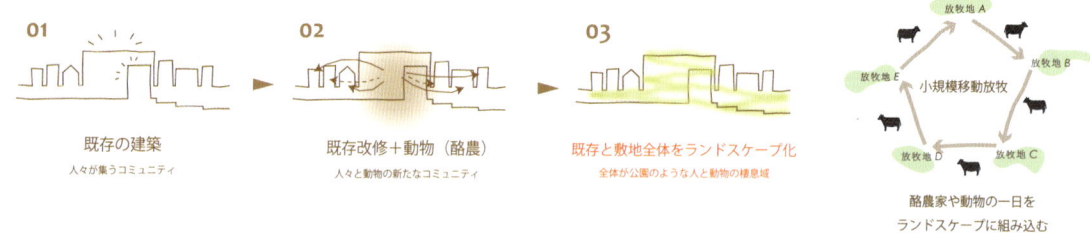

01	02	03	
既存の建築	既存改修＋動物（酪農）	既存と敷地全体をランドスケープ化	小規模移動放牧
人々が集うコミュニティ	人々と動物の新たなコミュニティ	全体が公園のような人と動物の棲息域	酪農家や動物の一日をランドスケープに組み込む

■既存の校舎とランドスケープの融合

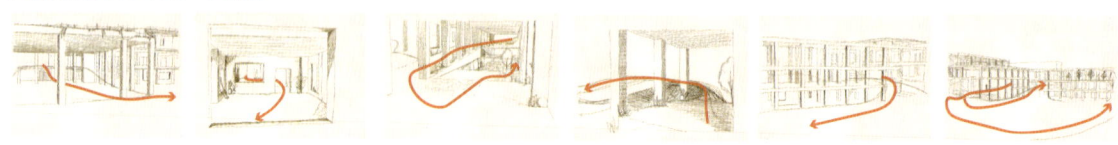

建築と緑が混ざり合う学びのある「人と動物の棲息域」になっていく

■一日の放牧の流れ・人々との関わり

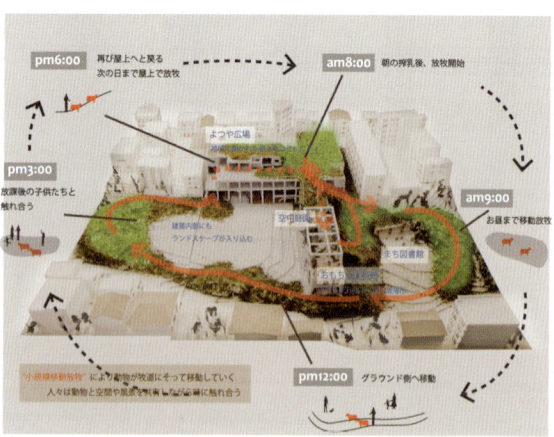

　日本の抱える深刻な問題の一つとして食料自給率の低下があげられる。中でも私達の食生活に欠かせない酪農は従事者及び飼養規模は急激に縮小し続けている。一方、生産と消費が乖離した現在の都市部において、それらに対する危機感や興味は薄くどこか他人事だ。この危機的状況な社会に対して、いま建築が何か応えることはできないだろうか。

　人々のコミュニティとなる建築と牧道とをランドスケープによって一体化し人と動物とが交わることで、そこでの空間体験や風景を通して人々が学び、育つ場を提案する。

敷地：東京都新宿区四谷
用途：地域コミュニティ施設
面積：3,000㎡
構造：鉄骨鉄筋コンクリート
階層：3階

中村　諒
Ryo Nakamura

東京理科大学
理工学部 建築学科

studio	垣野研究室
software	CAD
planning/making	3ヶ月/3週間
next	東京理科大学理工学部大学院
dream	人々の繋がりや暮らしが主役の空間づくり

躯体の杜

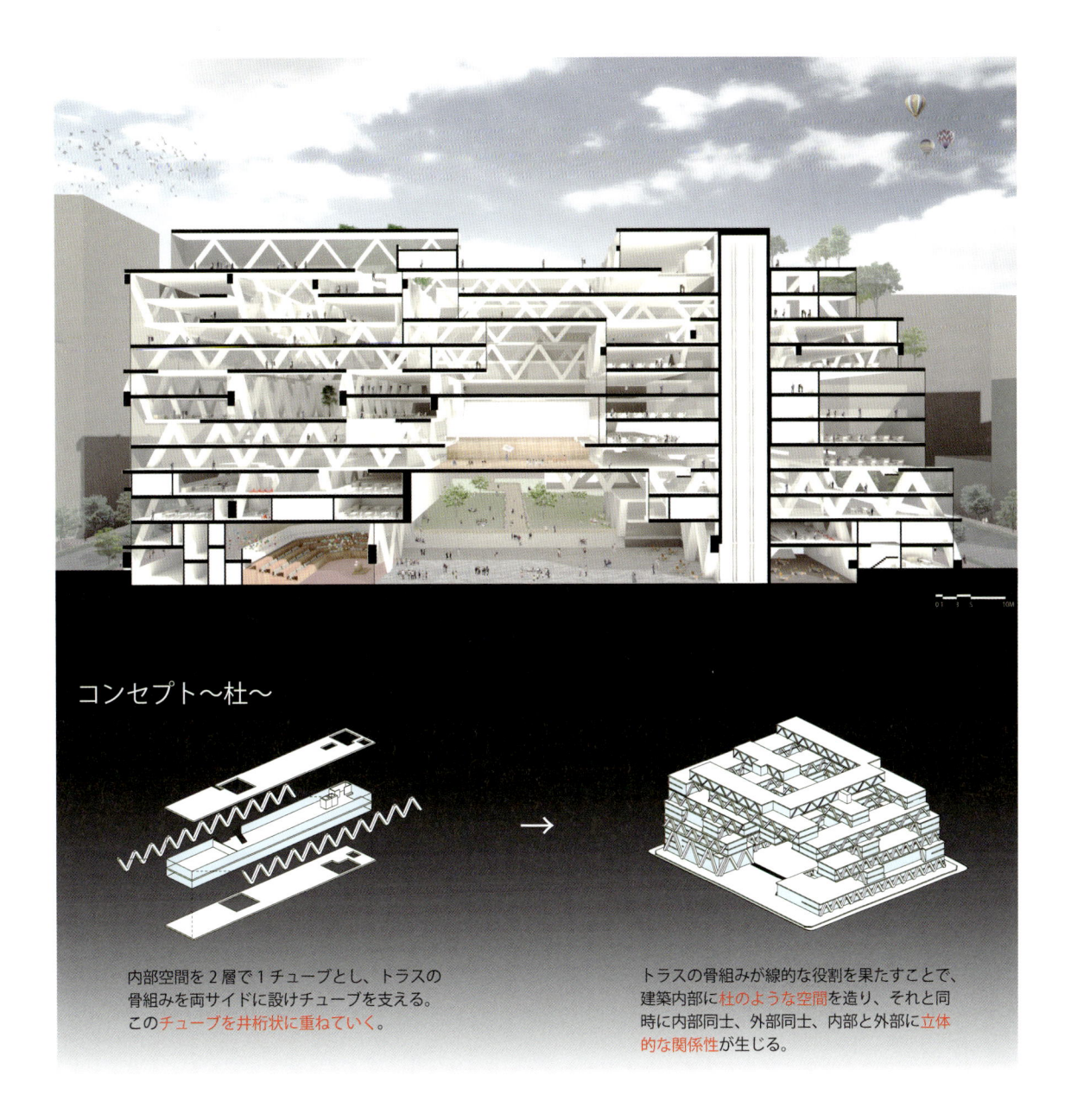

コンセプト〜杜〜

内部空間を2層で1チューブとし、トラスの骨組みを両サイドに設けチューブを支える。このチューブを井桁状に重ねていく。

トラスの骨組みが線的な役割を果たすことで、建築内部に杜のような空間を造り、それと同時に内部同士、外部同士、内部と外部に立体的な関係性が生じる。

　現福岡市役所は資本主義社会でよく見る箱のような建築と隣接した広場から成り立つ。この組み合わせの庁舎は多いが、このゾーニングでは建物と広場でのアクティビティが交わりあうことはない。また箱のような建築にはどうしても断面的に画一化した空間が付きまとう。
　本提案では空間や視線の立体的なつながりや、広場と建物の一体化、アクティビティの多様化、それらを建築外に染み出させることを意識し、分離している建築と広場を撹拌させ、井桁の組み方に整理し読み解いていく。

敷地：福岡県福岡市
用途：市庁舎
面積：14,400㎡
構造：鉄骨鉄筋コンクリート
階層：13階

加藤　慶一朗
Keiichiro Kato

東京理科大学
理工学部 建築学科

studio ———— 安原研究室
software ———— Rhinoceros, Adobe Illustrator
planning/making ——— 3ヶ月 / 1週間
next ———— 東京理科大学大学院
dream ———— 刺激のある日常

hospital=complex
ー複合建築化する病院建築ー

d 小学校棟(4床室病棟)　c ホテル棟(個室病棟)　b 工場棟(診療、管理、供給棟)　a 空港棟(外来棟)

c ホテル棟(個室病棟)内部パース

d 小学校棟(4床室病棟)内部パース

a 空港棟(外来棟)内部パース

今、病院建築は変わらなければならない。5つの機能(部門)が複雑に絡み合った病院を複合建築と捉え、4つの棟を設計する。その4つの棟はそれぞれ違うビルディングタイプをレファレンスとすることで個性をつけた。それは各ビルディングタイプが蓄積してきたヒト、モノの捌き方や空間の作られ方を病院の各部門に適用するということである。つまり機能のアナロジーを用いたタイプコンプレックス建築だ。それらをきっかけとして時が経つとそれらは病院の機能から脱皮し、時代に合った複合施設となる。

敷地：東京都千代田区
用途：総合病院
面積：25,000㎡
構造：鉄骨鉄筋コンクリート
階層：7 F

伊藤　昌志
Masashi Ito

東京理科大学
理工学部 建築学科

studio ——————— 岩岡研究室
software ——————— Vector works,Rhinoceros
planning/making ——— 3ヶ月／2週間
next ——————— 東京理科大学大学院
dream ——————— "建築家"

[H-1]

水無き水辺を拓く

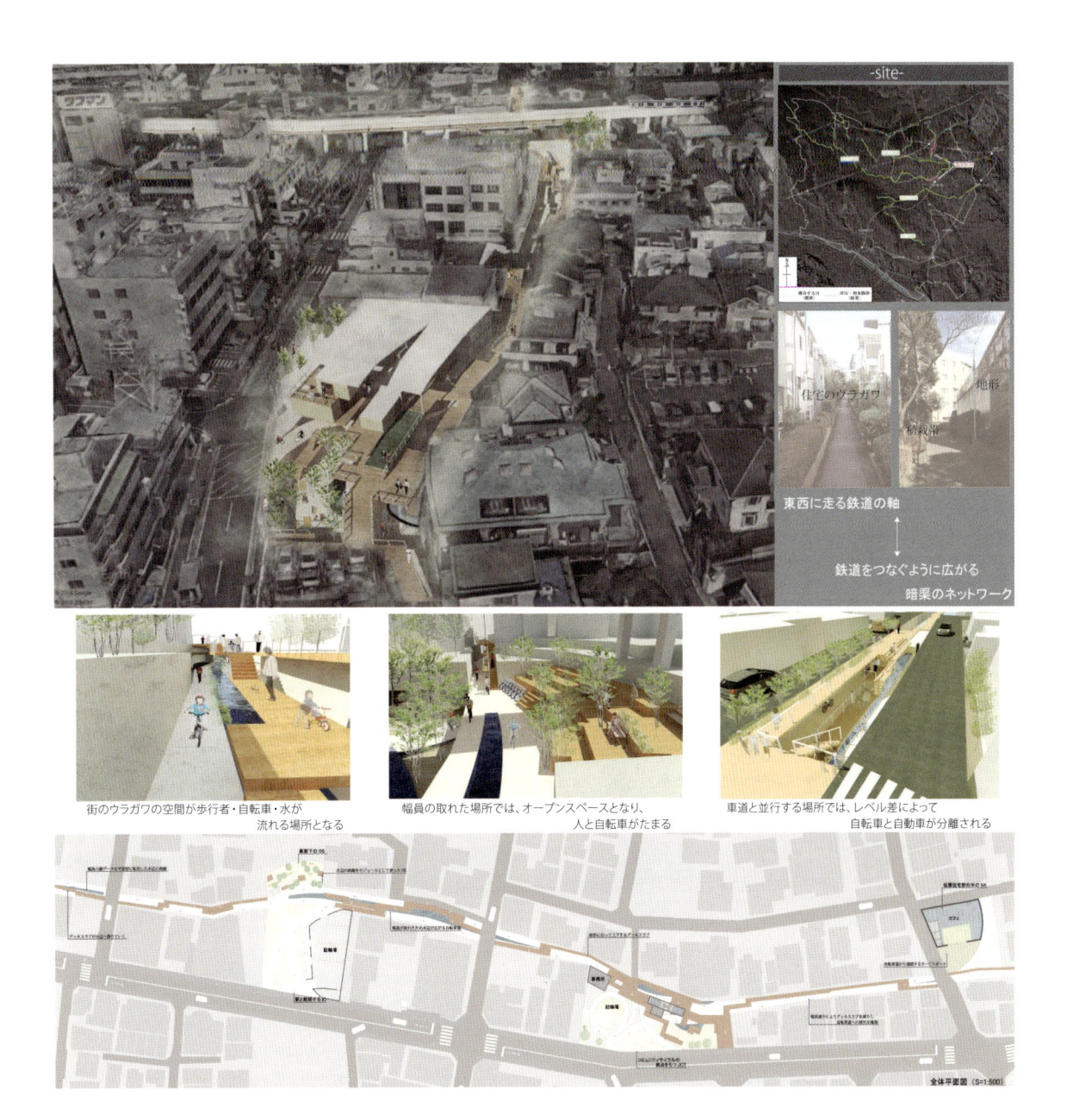

-site-

住宅のウラガワ

地形

樹木植生

東西に走る鉄道の軸

鉄道をつなぐように広がる

暗渠のネットワーク

街のウラガワの空間が歩行者・自転車・水が
流れる場所となる

幅員の取れた場所では、オープンスペースとなり、
人と自転車がたまる

車道と並行する場所では、レベル差によって
自転車と自動車が分離される

全体平面図（S=1:500）

　高密化された東京には、線状に残された空地が存在している。そこは「暗渠」と呼ばれるかつて河川・用水路が流れていた場所だ。その暗渠に新たに「小さな高速道路」としてのサイクリングロードを提案する。

「小さな高速道路」は、交通インフラとして人や物を運び、降雨時には、地形的に集まる雨水を流す下水インフラとして機能する。

河川→下水道→緑道→「小さな高速道路」

敷地：東京都世田谷区
用途：サイクリングロード
面積：1,600㎡
構造：都市設計
階層：3層

河岡　拓志
Hiroshi Kawaoka

東京理科大学
工学部 建築学科

studio	——	郷田研究室
software	——	Archicad
planning/making	——	1.5 ヶ月／2 週間
next	——	東京理科大学大学院
dream	——	友達の家を設計する

時をきざむ海のえき

□ ダイアグラム　―商店街からの視線の抜け―

現在

提案

海通り沿いの建物や道路によって商店街と海が分離されている

海を引き込み、港町として栄えた商店街と海との繋がりを取り戻す

商店街から海への視線の抜けを通し、尾道水道やその対岸まで見えるようにする

雁木に見立てた段差により、住民や観光客、地域の人のための海の憩いの場をつくる

□ シーン

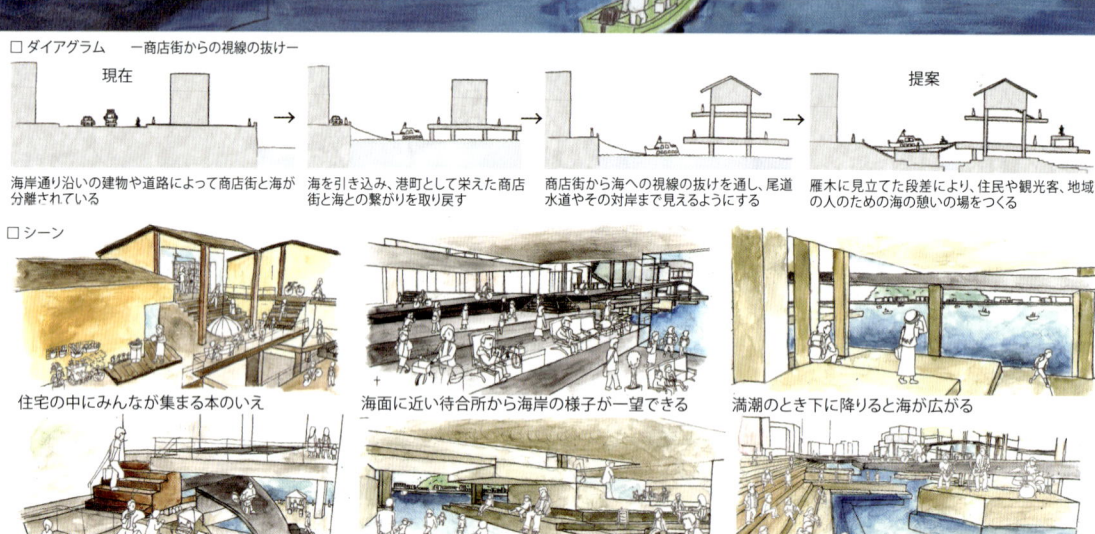

住宅の中にみんなが集まる本のいえ

海面に近い待合所から海岸の様子が一望できる

満潮のとき下に降りると海が広がる

ホテルの廊下から下の市場の様子が伺える

干潮のときに向島が見える小さな浜ができる

潮が満ちてきて水上舞台になる

　戦前の尾道は、潮が引いたら雁木を下りて船に乗り込めるという生活の知恵により、干満差が大きいことに対応する階段状の船着場である雁木が海岸一帯に広がっていた。また、向島と尾道の間では12もの渡し船が行き交い、そこには家族で磯遊びをする姿があった。しかし、現在ではその姿も消え、安全性の問題により防波堤が整備されてしまい、かつての港町にあった親水性のある海岸の情景がなくなってしまった。そこで、干満の差で生れる空間変化により、尾道に海の拠点を設け、港町として栄えた商店街との繋がりを取り戻すための集合住宅とホテルを提案する。

敷地：広島県尾道市
用途：集合住宅・ホテル
面積：6,400㎡
構造：鉄骨鉄筋コンクリート
階層：3階

井手　希
Nozomi Ide

東京理科大学
工学部 建築学科

studio ——— 伊藤研究室
software ——— CAD
planning/making ——— 1ヶ月
next ——— 東京理科大学大学院
dream ——— 楽しいものをつくりたい

0.1 里の長城

1：塀を公共化する。地形に沿って塀を立てる。2：中央に大きな踊り場と坂らしいモビリティの挿入。大きな踊り場には人も郵便もゴミも給食も流れてくる。3：塀の上に建築を建てる。塀によってさまざまな形態になる。4：塀が周辺につながっていく。
坂の入り口に地域センター、斜面を上るように小学校、既存の住宅につながる畑と動線になる図書館と食堂を計画する。まず塀を地形に沿って建てることによって、新しい斜面の発展の道筋をつくる。

敷地	**長崎市天神町**
用途	**さかセンター**
面積	−
構造	**コンクリート・木**
階層	−

亀滝　侑里
Yuri Kametaki

東京理科大学
工学部 建築学科

studio	——	宇野研究室
software	——	Rhinoceros
planning/making	——	2ヶ月/2週間
next	——	東京理科大学大学院
dream	——	長生き

La Vita
ー市場を中心とした生活の芽出ー

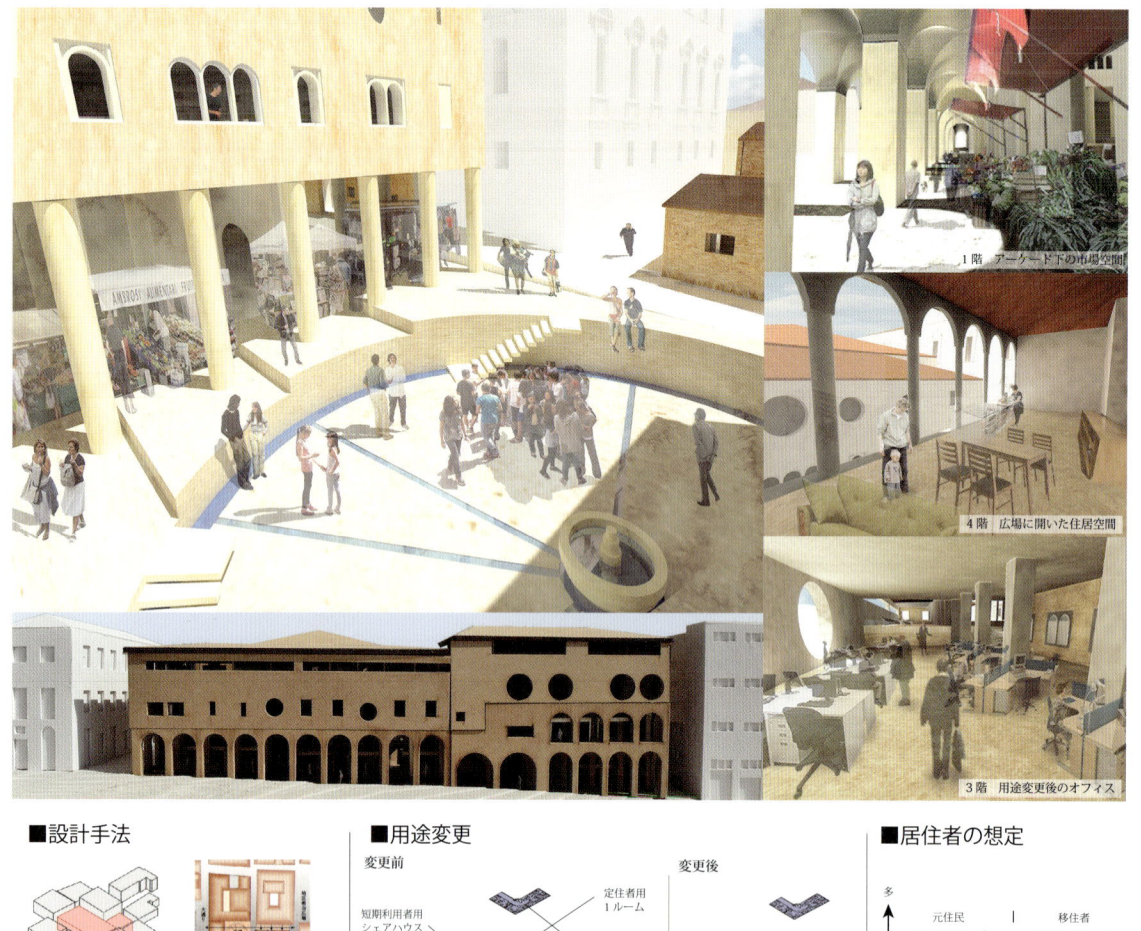

1階 アーケード下の市場空間

4階 広場に開いた住居空間

3階 用途変更後のオフィス

■設計手法

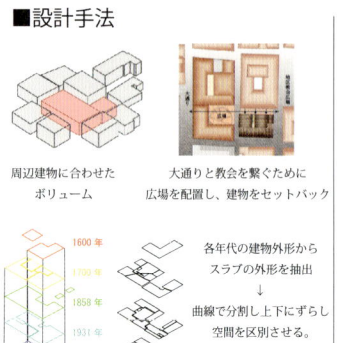

周辺建物に合わせた
ボリューム

大通りと教会を繋ぐために
広場を配置し、建物をセットバック

1600年
1700年
1858年
1931年
現在

各年代の建物外形から
スラブの外形を抽出

曲線で分割し上下にずらし
空間を区別させる。

■用途変更

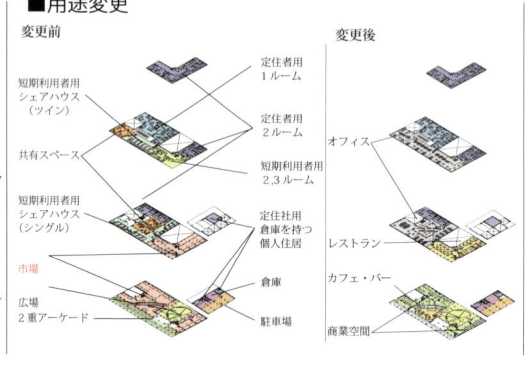

変更前

短期利用者用
シェアハウス
（ツイン）

共有スペース

短期利用者用
シェアハウス
（シングル）

市場

広場
2重アーケード

定住者用
1ルーム

定住者用
2ルーム

短期利用者用
2,3ルーム

定住社用
倉庫を持つ
個人住居

倉庫

駐車場

変更後

オフィス

レストラン

カフェ・バー

商業空間

■居住者の想定

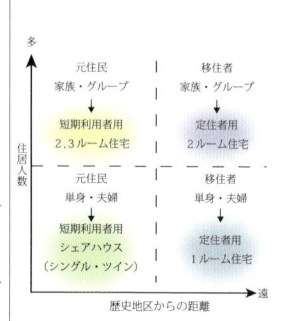

多

住居人数

少

元住民
家族・グループ
短期利用者用
2,3ルーム住宅

元住民
単身・夫婦
短期利用者用
シェアハウス
（シングル・ツイン）

移住者
家族・グループ
定住者用
2ルーム住宅

移住者
単身・夫婦
定住者用
1ルーム住宅

歴史地区からの距離 遠

大地震によって空白の時間が続いた被災地は、人々が戻り始めても大事なものが再開するまで時間がかかる。2009年の地震で受けたイタリア・ラクイラの歴史地区は、中心にあった住民にとって最も大切なマーケットを失っている。住民の台所を支え人々が顔を合わせるマーケットを開催できる場所、経済性が乏しい中で商人を支え人々が顔を合わせるマーケットを開催できる場所、経済性が乏しい中で商人を支援するために複数の住居、修復後の用途変更を提案する。

敷地：**イタリア、ラクイラ**
用途：**市場兼住居**
面積：**2,000㎡**
構造：**組積造、一部鉄骨造**
階層：**4階**

橋本　欽央
Yoshio Hashimoto

東京理科大学
工学部 建築学科

studio ——— 伊藤裕久研究室
software ——— Rhinoceros, V-ray for Rhino, Photoshop
planning/making ——— 1.5ヶ月／2週間
next ——— イタリア大学院留学予定
dream ——— イタリアンのシェフ

交錯する視線

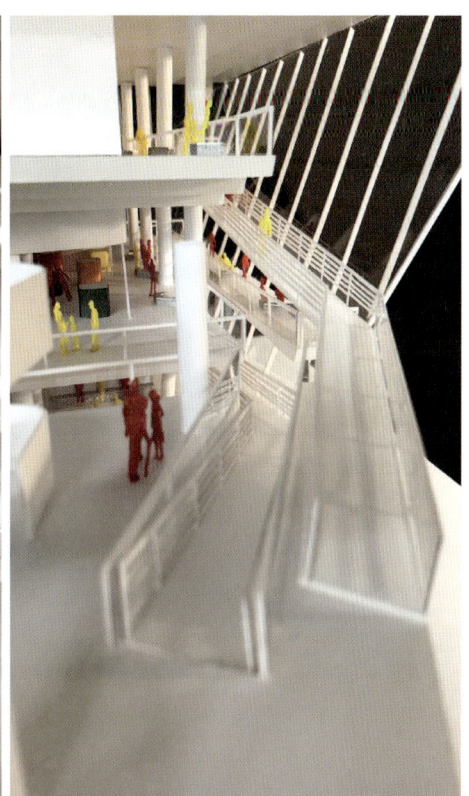

　観光客はインフラによって運ばれてくる。ショッピングはローカル、グローバルな視線にかかわらず誰もが必ず行う行為であり、生きていく知恵でもある。消費行動がフラット化し、内向的な性格が増えていく施設の中で、観光とショッピングを見つめ直すあらたな視線で見つめてみたい。

　これは新しいショッピングセンターの計画である。今のショッピングセンターは周囲の環境と切断され、社会との関係を断つ壁のようにそそり立っているように見える。

　私は東京湾の交易の場として栄えた日の出埠頭を敷地として選定し、海や列車、倉庫群との関係をより良く保つためのショッピングセンターを考えた。

敷地：東京都港区
用途：SC
面積：約10,000㎡
構造：SRC
階層：4階

金井　基
Hajime Kanai

東京理科大学
工学部 建築学科

studio ——————— 坂牛研究室
software ——————— VectorWorks,illusutator,photoshop
planning/making —— 1ヶ月/2週間
next ——————— 社会
dream ——————— アートディレクター

小さな大動脈
ーマルチ・モーダルなまちへー

1960年以降、日本では多摩ニュータウンの開発が始まったが、それらは自然を破壊し、モータリゼーションを加速させた。かつての動物の生息地は失われ、さらに少子高齢化が進み、車社会であるこの土地ではまちの活気が失われつつある。そこで、ニュータウンにおいて small mobility を発展させることで、マルチ・モーダルなまちへと転換する。車とモノレールの間に small mobility のレイヤーを挿入し、2つの団地をつなぐ。この建築は large/medium mobility から small mobility の乗り換え地点となり、2つの団地の地域拠点となる。車が消えた団地内には small mobility や小型バスがめぐり、団地の形態も同時に変化し、再びニュータウンが活気を取り戻し始める。

敷地：東京都八王子市
用途：駅 / 複合施設
面積：約11,000㎡
構造：鉄骨鉄筋コンクリート
階層：7階

田中　彩英子
Saeko Tanaka

東京理科大学
工学部 建築学科

studio ——————— 宇野研究室
software ——————— Rhinoceros, V-ray, Illustrator, Photoshop
planning/making —— 2ヶ月／2週間
next ——————— 東京理科大学大学院
dream ——————— できた人になること

"人と水の間に"

街に広がる調節池と流路

周辺建物から屋根や樋を伝い調節池に集水

公園のような広場は貯水し動線を変える

減勢化殿池：普段はOSとして

雨が降ると水の勢いを殺しゴミを沈殿させる場として

流路は傾斜地で交わり水と共生する集住となる

共有庭に貫入する側溝

住宅地の外部空間の改変

　都市は雨に弱く、危険となる水は潜在化されている。本提案では、谷によって低地に水が集まる浸水危険地域を対象とし、身近な所から水との関係を再考し、減災する手法を提案。地形を下る水を導く流路と水を貯水する調節池を街に展開し、土木に埋もれていた水を顕在化する。日頃の空間体験から地形やリスクは可視化される。都市スケールのマスタープランから、ランドスケープ・建築へスケールを横断した提案。小さな河川と共存していた時のような水との共生を立体的に展開、僅かな自然的空間を取り戻し、減災によって人々は自然と向き合うだろう。

敷地：東京都中野区
用途：防災インフラ・集住
面積：1,200㎡
構造：RC造
階層：3階

勝山　滉太
Kota Katsuyama

東京理科大学
工学部 建築学科

studio ——— 郷田研究室
software ——— Rhinoceros, Illustrator, Photoshop, Archicad
planning/making ——— 5週間/3週間
next ——— 東京理科大学大学院
dream ——— 建築家

超克の櫓
―未見との出会い、それは町の新しい風景―

001：背景

都市や街ではなく、もっとローカルとしての町に目を向けたいと僕は思った。この町は僕や私たちにとって特別だ。町はそこに土着してきた私たちに特別な思いを持たせる。また自己形成に大なり小なり関わってくる。つまり "私と町の関係性" というものがそこにある。このことを認識することはこの町で暮らす上での営為を、あるいはその心構えといったものを豊かにするのではないだろうか。郷見櫓はそのための装置である。

002：敷地

敷地は僕を含めた私たちの生まれ育った町である。本質を逃さないよう今回これ以上のコンテクストには言及しないものとする。

003：形態化

町に目を向けたとき、僕は違和感やもどかしさといった具体的には捉えられないものを感じた。具体的に捉えられないということは、直接的アプローチをもってその払拭は図れない。見方を変えてみることにした。新しい視点を手に入れる。それが郷見櫓である。つまり、郷見櫓はこの町から生まれる自己の思いの形態化であり、この町にくらす私たちへの還元としての前述のような装置である。

004：空間

町の見え方を変える空間をつくる。あるべき最良の姿をしている郷見櫓というフィルターを通して感じるものは、僕と私たちとでは一人ひとり違っているはずだ。つまり、つくられる空間は多様であり、僕が用意する機能はなく、"機能なき多様な空間" と定義される。

005：パーススケッチ

自己のインスピレーションに従い、パーススケッチを幾つか描いてみる。テーマを決めず僕が良いなと思える空間を描いているつもりだが、それは無意識に町から影響を受けているだろう。なぜならスケッチ上に表れているのは自己であり、それを形成する上で町は重要なファクターであるかだ。

006：超越

スケッチの外側に着目してみる。そこには僕の限りある想像を超越し、僕自身に想像し得ない空間・視野がある。それは町にない見え方であり、町の新しい見え方である。そうしたものでこそ郷見櫓は真にその役割を果たす。

007：建築化（割愛）

008：時間

自己形成される上で町は重要なファクターであると言った。そこに長い時間関わる上で無意識のうちに多くの何かを感じたはずだが、当たり前になったとき、それでもまだ町に目を向けているだろうか。あらためて目を向けようとした時、感じようとしたとき、それは同様に時間をかけて無意識のうちに達せられる。機能なき多様な空間はそれを実現してくれる。そののちに意識して考えることができる。

009

：純粋な建築

純粋な形態をつくろうとするとき、それは自己のインスピレーションに従って行われる。さらにそれは自己の経験や見てきたもの、感じたものから生まれ、自己形成する上で多くの時間を過ごした 牛まれ育った町というのは重要なファクターと言える。であるならば、そうしてそこにつくられる建築というのは最も純粋な存在になれるのではないだろうか。

町という軸をもって形態化された自己の思いは、それ自体が、或いはこの町にない未見との出会いを果たした上での私たちのふるまいが町の新しい風景となることで、捉えられなかった自己の思いはいつしか払拭され、郷見櫓は僕にとっての超克の櫓となる。
※僕にとっての困難とは卒業設計であり、建築そのもの。まず町に目を向けていなければそれを乗り越えることは成し得なかった。(ただしそれは条件次第でもある)

敷地：私たちの町
用途：展望空間他
面積：町の規模による
構造：RC
階層：9階

石原　拓人
Takuto Isihara

東京理科大学
工学部 建築学科

studio	——	坂牛研究室
software	——	紙と鉛筆, AutoCAD, Ai, Ph
planning/making	——	2ヶ月／3週間
next	——	東京理科大学大学院
dream	——	些細なことにも幸せを感じたい

bit wall city
ー広告の舞台と消費者が出会うときー

〈diagram〉

通行者の視線に合わせて広告を貼る。接道する4面のGLとSLから八方向に切り抜く。

〈wall〉

大きい壁を借りることでシアターができたり、複数借りることでプロジェクションマッピングにも利用できる

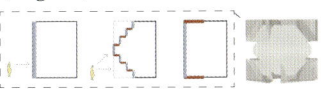

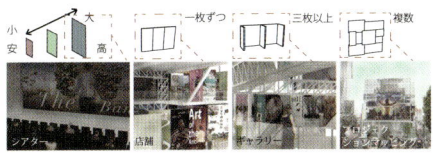

〈transform〉

渋谷駅前の再開発事業が終わり、眺望の良い屋上付きビルが建つ。数方向の壁の配列が急になる。

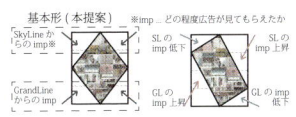

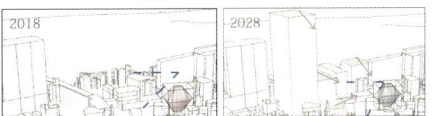

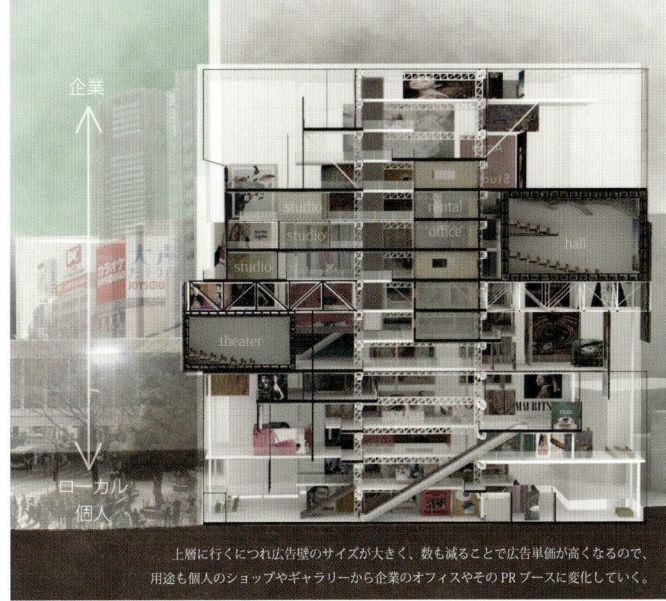

企業 ↑
ローカル 個人 ↓

上層に行くにつれ広告壁のサイズが大きく、数も減ることで広告単価が高くなるので、用途も個人のショップやギャラリーから企業のオフィスやそのPRブースに変化していく。

　流行や文化を企業以外の個人から発信できるオフィス商業複合施設。広告単価の変化で建築の広告壁はギャラリーやシアターになる。建築内の用途やスラブの位置は周囲からのインプレッションに反映する。配置や大きさによっては現在、街のどこに人々の興味が集中しているのかという都市的需要と広告の内容からは消費者の文化的需要が如実に表れ、まさに渋谷の街とリンクしながら変形し、現在の都市の色を映し出す建築である。

敷地：東京都渋谷区道玄坂
用途：オフィス商業複合施設
面積：4,480㎡ (建築)
構造：S造
階層：14階

前田　佳乃
Kano Maeda

東京理科大学
工学部 建築学科

studio	郷田研究室
software	Rhinoceros, illustrator, photoshop
planning/making	2.5ヶ月/5週間
next	東京工業大学大学院
dream	景色の良いところに住む

長い道と小さな場所

展望台
通常登山の目的地は山頂である。
しかしこの登山道は昔から上高地と島々の行き来が目的であり山頂はない。
現在、この道を通ること自体がこの道の歴史に触れるための神格化された
目的であるがひとつの区切りとして小さな目的地を考える。

登山道は人が歩くことで足跡が道を形成し、その存在が保たれる。

　歴史的価値があるにも関わらず風化しつつある登山道を登山者としてだけではなく設計者として観察する。それによって見えてくる要素と場所にサイトスペシフィックな建築と空間操作を行う。前者では気づくことの出来なかった場所の建築空間と登山者の視点からの情景が重ね合わさることで、この登山道の新たな魅力とストーリーが生まれる。

　そしてまた人々が登山道を巡り、この道が保全される。

敷地：長野県松本市
用途：登山道
面積：合計73.6+α㎡
構造：木造
階層：10階

諏訪　晴貴
Haruki Suwa

東京理科大学
工学部 建築学科

studio	栢木研究室
software	CAD
planning/making	6ヶ月/1ヶ月
next	東京理科大学大学院
dream	地元 ぐのんびり暮らす

移ろうもの / 常なるもの

展示室1（暗闇）

展示室2（予感の光）

展示室3（一筋の光）

展示室4（光の柱）

展示室5（満ちる光）

展示室6（祈りの光）

礼拝堂

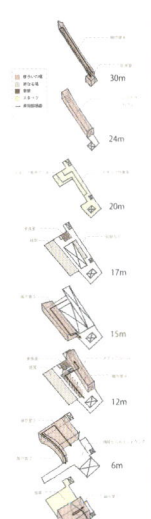

多くの医療施設は閉鎖的で外界から隔離されていると同時に、いつも監視しているようで孤独になることすらできない。空間が変化を拒んでいる。本計画は、死にゆく場所であるかのように隔離されているサナトリウム（長期療養施設）に焦点をあて、現在の多くの医療施設へのアンチテーゼとして、「移ろうもの」と「常なるもの」の共存する新たな建築をつくる試みである。
日「常」の空間の中に、「移ろい」をもたらす展示空間が入り込んでくる。
そこで人々は、大切な人と語り合い、そして祈る。

敷地：神奈川県鎌倉市
用途：新たな医療施設
面積：約 4,000 ㎡
構造：鉄筋コンクリート造
階層：8層

大月　彩未
Ayami Otsuki

東京理科大学
工学部 建築学科

studio ———— 坂牛研究室
software ———— AutoCAD, SketchUp, Illustrator, Photoshop
planning/making ———— 2ヶ月/1ヶ月
next ———— 東京理科大学大学院
dream ———— デザイナー

眠らない水門
―陸と運河の乗り換え口―

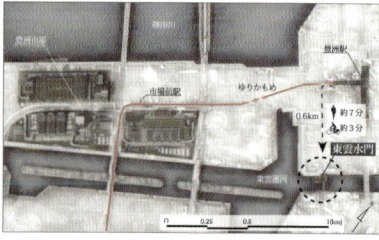

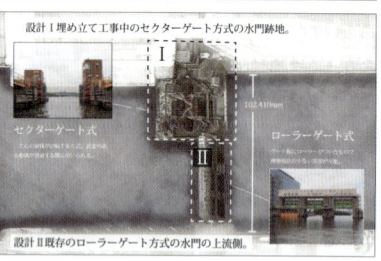

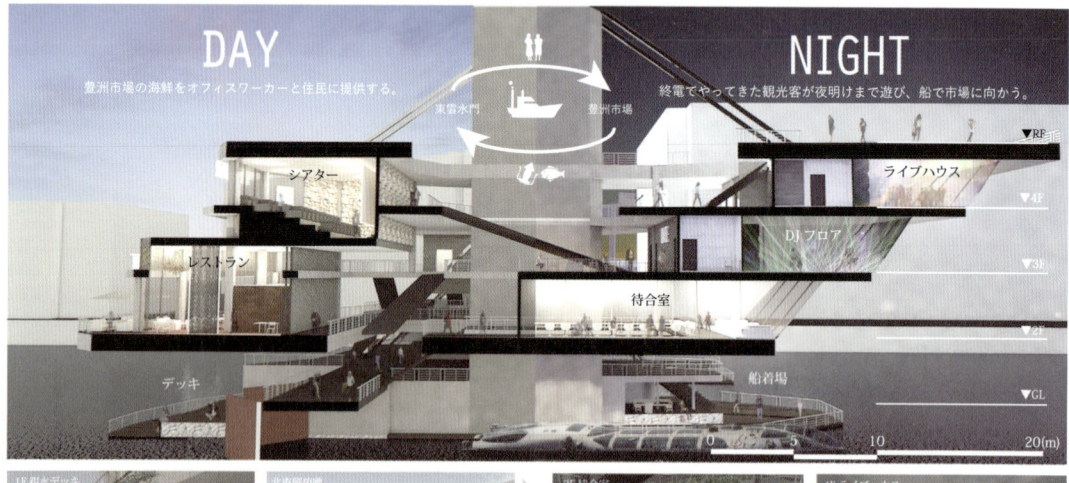

　東雲水門を再構築し、船着場と娯楽施設を併設した水門を計画する。東雲水門と豊洲市場は船のルートで結ばれ、観光客は夜明けまで水門で遊び船で市場の"競り"へ向かう。市場から折り返す船が海鮮を運び、水門でオフィスワーカーと近隣住民に提供する。また、水辺の立地を生かしたアクティビティを誘発し、運河の有効活用を促す。昭和40年の竣工以来、人々の立ち寄ることを拒絶してきた東雲水門は、「眠らない水門」となり豊洲市場と共に解放される。

　「眠らない水門」は、水と陸、豊洲と東雲、街と市場、住民と観光客。これらを繋ぐ中枢となる。

敷地：東京都江東区豊洲
用途：水門、娯楽施設
面積：10,000㎡
構造：RC造、吊り構造
階層：5F

澤田　悠生
Yusei Sawada

東京理科大学
工学部一部 建築学科

studio	栢木研究室
software	ArchiCAD20, illustratorCC, photoshopCC
planning/making	1ヶ月／1ヶ月
next	東京理科大学大学院
dream	有名建築家に自邸を設計してもらう

有形的夢
ー変異配合型実験的設計手法論ー

　都市型人工知能がみる夢を形にするための Grasshopper を用いた実験的設計手法の提案。アナログ-自身の経験-とデジタル-Grasshopperによる論考-をハイブリットさせた設計手法を提案する。古代ギリシアの詩人シモニデスの提唱した記憶宮殿を誤った順序で彷徨することを夢であると定義することで論理的に夢を導き出す。

　現実都市を変異化合することで有形的夢-無秩序記憶宮殿-を形成する。

敷地：	ー
用途：	ー
面積：	ー
構造：	ー
階層：	ー

田野口　貴成
Atsuhiro Tanokuchi

東京理科大学
工学部 第一部建築学科

studio	宇野研究室
software	Rhino, grasshopper etc.
planning/making	2ヶ月／1週間
next	東京理科大学大学院
dream	建築家

再廻の輪

様々な特色を持つ通りが生まれる

　天神・博多という福岡の中心部と、糸島などの田舎部の中間点にある西新地区は福岡市西部の副都心として栄えている。歓楽街、学生街に加え西新商店街があり、商業地区としての一面も持つ。西新は周辺地域も人口が多く、商業的ポテンシャルを持つ地域だが、駐車場が少なく、交通網と商業空間が乖離してしまっている。また生鮮食品を取り扱う店舗が少ないことからも買い物客を取り込めていない。

　そこで、地方都市の車社会に対応しつつ、西新商店街の商業力を高めるために、「店舗・駐車場・住戸・サービス機能をもった複合商業施設」を設計する。

敷地：福岡市早良区
用途：複合施設
面積：―
構造：鉄骨鉄筋コンクリート
階層：3層から10層

橋口　拓
Taku Hashiguchi

東京理科大学
工学部 建築学科

studio	伊藤裕久研究室
software	Rhinoceros
planning/making	6週間／2週間
next	東京理科大学大学院
dream	かっこいい大人

囲郭の奥

日本の伝統的な旅館の廊下を奥へ奥へと進むとき、迷路の中を彷徨うような心の秘めやかさに身をまかす。このことは宇佐見英治の「迷路の奥」によって初めて論評された。迷路とは奥を志向する空間である。こうした「奥性」は日本独特の空間概念であり、私たちを無意識に惹きつける。そこで明解性を重視する商業施設を、「奥性」をつくる壁の操作によって、迷路のように構成してみる。人は想像的な奥の領域に歩を進めながら、偶然の出会いを求め、巡る行為それ自体を楽しむ。

敷地：原宿
用途：商業施設
面積：1,450㎡
構造：RC 造
階層：5階

瀬下　友貴
Yuki Seshimo

東京理科大学
工学部 建築学科

studio	坂牛研究室
software	Rhinoceros, Photoshop
planning/making	1ヶ月半 / 2週間
next	放浪
dream	豊かに暮らす

文交結節点
ー都市の記憶を紡ぐ高架下住居ー

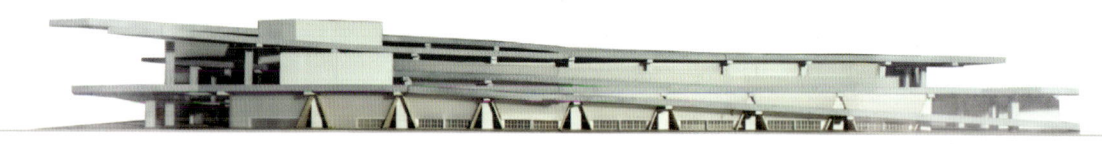

断面構成

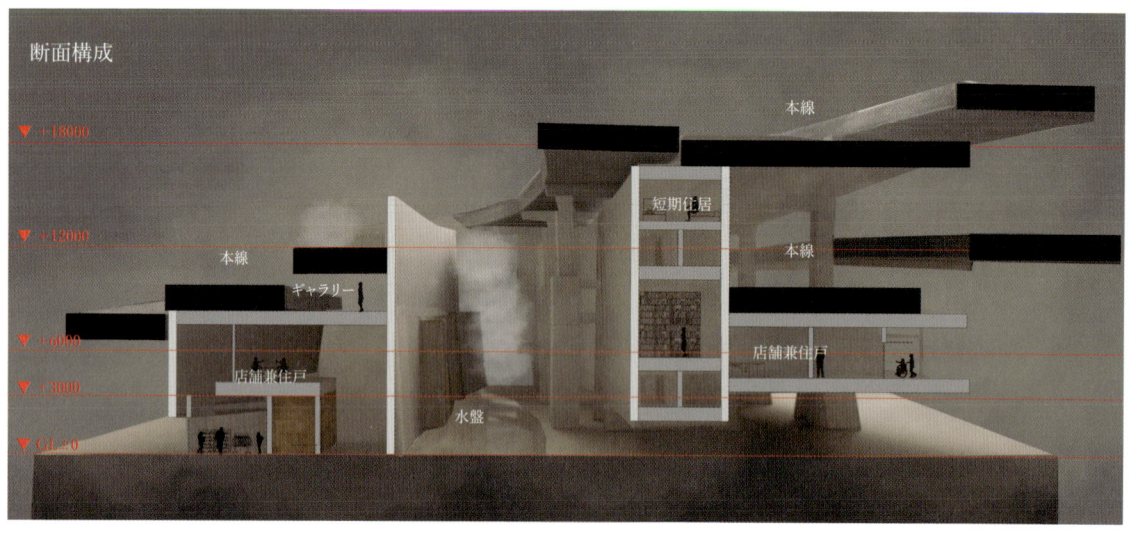

本線

本線

短期住居

ギャラリー

本線

店舗兼住戸

店舗兼住戸

水盤

▼ +18000
▼ +12000
▼ +6000
▼ +3000
▼ GL±0

背景

失われるかもしれない高架の存在

スケール間のズレが作る余剰空間

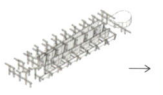

街を遮断してしまっている存在

再開発により、失われる街の名残

建築的操作

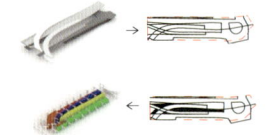

高架の線が生むヴォイドとボリューム

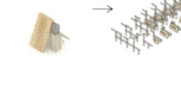

多柱空間を継承する構造体の挿入

暗い印象をかえる材料

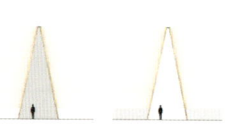

抜けを作る

東京の都心を走る首都高速道路。
その高架の存在は異質なものであるものの独特の景観や風景を作り出している。
そこで敷地とした箱崎 JCT 周辺の高架下空間を継承・保存させる建築的解答を模索した。
敷地周辺の街並みの変化を糸口に土木的スケールに建築的スケールを介入し、店舗兼住
戸と短期滞在用の住戸、ギャラリー空間を提案する。

敷地：東京都中央区
用途：集合住宅
面積：ー
構造：鉄骨鉄筋コンクリート
階層：5階

本多　希
Nozomu Honda

東京理科大学
工学部第一部 建築学科

studio	坂牛研究室
software	AutoCAD, Rhinoceros, Illustrator, Photoshop
planning/making	3週間／3週間
next	東京理科大学大学院
dream	建築家

貧民窟の変態

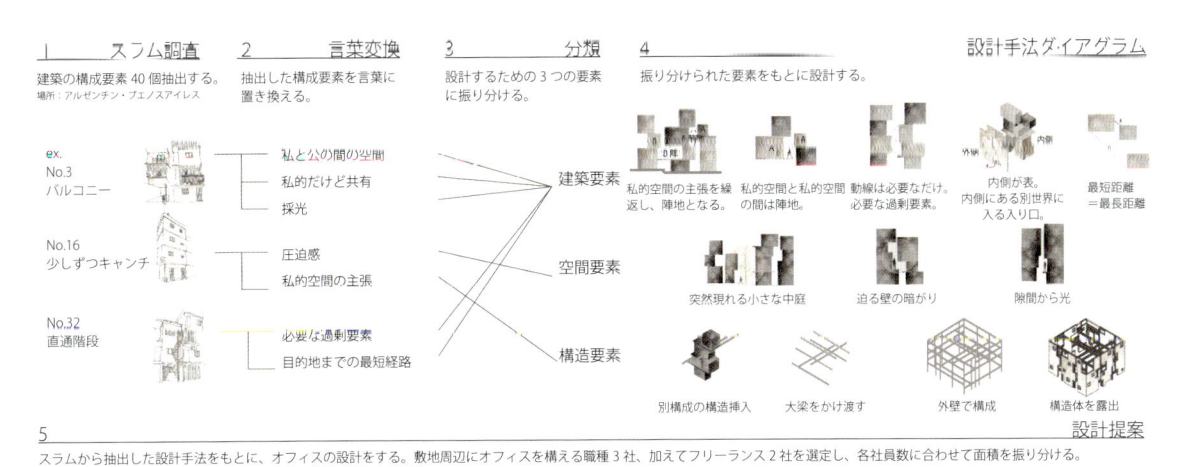

1 スラム調査
建築の構成要素 40 個抽出する。
場所：アルゼンチン・ブエノスアイレス

ex.
No.3
バルコニー

No.16
少しずつキャンチ

No.32
直通階段

私と公の間の空間
私的だけど共有
採光

圧迫感
私的空間の主張

必要な過剰要素
目的地までの最短経路

2 言葉変換
抽出した構成要素を言葉に置き換える。

3 分類
設計するための 3 つの要素に振り分ける。

建築要素
空間要素
構造要素

4
振り分けられた要素をもとに設計する。

私的空間の主張を繰り返し、陣地となる。　私的空間と私的空間の間は陣地。　動線は必要なだけ。必要な過剰要素。　内側が表。内側にある別世界に入る入り口。　最短距離＝最長距離

突然現れる小さな中庭　迫る壁の暗がり　隙間から光

別構成の構造挿入　大梁をかけ渡す　外壁で構成　構造体を露出

設計手法ダイアグラム

5
スラムから抽出した設計手法をもとに、オフィスの設計をする。敷地周辺にオフィスを構える職種 3 社、加えてフリーランス 2 社を選定し、各社員数に合わせて面積を振り分ける。
その他に共有部（カフェ、コンビニ、図書館、給湯室等）を設ける。

設計提案

外部も内部も同様
陣地として所有

A社　陣地

共有陣地

共有陣地

狭い場所から
中庭の光が見える

A社 打合室

A社 スタジオ

図書館

食堂

C社 製図室

C社 打合室

コンビニ

ボリュームの凹凸により外
部空間が連続的に広がる

目的地までの
最短ルートを確保

通路には細い光が差し込み、
奥には中庭の光だまりが見える。

小さな中庭の光だまりはとても
静かで落ち着ける場所となる。

スラブと壁の間から人の気配を感じる。

スラム機能主義から設計手法を導き出し、建築の使用者の本当に必要な、最小限機能の建築を提案する。スラムでは、住民が本当に必要としている最低限のものを、手に入る材料で場当たり的に自分自身で造り上げる。その私たちでは理解不可能なスラム特有の機能主義で成り立つアルゼンチンの或るスラムを調査し、建築の構成要素を取り出し言葉に分解し、建築・空間・構造の 3 つの要素に分類し、設計手法を導き出す。スラム機能主義を用いた建築をつくることができれば、建築の使用者の本当に必要な、最小限機能の建築がみえてくるのではないか。

敷地：東京都渋谷区
用途：オフィス
面積：1,000㎡
構造：鉄骨造
階層：5階

中村　園香
Sonoka Nakamura

東京理科大学
工学部第二部 建築学科

studio ——— 坂牛研究室
software ——— VectorWorks, Photoshop, Illustrator
planning/making ——— 3ヶ月 / 3週間
next ——— 南米に行きたい
dream ——— 建築家

あるもの、なかったもの。
―これからの雑賀崎―

テルマエ

資料館1・2

レセプション

資料館1

資料館2

資料館3

資料館4

テルマエ

資料館5

レセプション

集落全体図
0　10　20　　40 (m)

和歌山県和歌山市に位置する漁村集落、雑賀崎。
昨今、日本遺産に登録された「和歌の浦」一帯の一地域の集落である。歴史は古く、高密度に建ち並ぶ住宅・人がすれ違うことが困難な程の幅員の路地や多数の階段から成り立っており、「先行する建物群から生じる空間と時間」が存在している。そして、空き家・空き地の増加がみられる今、住人により、アルベルゴディフーゾを取り入れるようとする動きが見られる。アルベルゴディフーゾが行われた際に、現在の雑賀崎の特徴的な要素を、「あるもの」とし、「なかったもの」を加え雑賀崎を訪れた人々に、雑賀崎の歴史・文化・景観を感じ取ってもらえるように、「レセプション・テルマエ・資料館」の三つを提案する。

敷地：和歌山市雑賀崎
用途：資料館など、その他
面積：―
構造：RC・S
階層：―

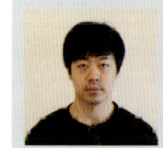

木下　義浩
Yoshihiro Kinoshita

東京理科大学
工学部 建築学科

studio ———————— 坂牛研究室
software ———————— Illustrator, Photoshop, Rhinoceros
planning/making —— 2カ月・2週間
next ———————— 東京大学大学院
dream ———————— 楽しく生きること！！！

棲み処の再誕

ほどかれた大階段室

ほどかれ、発生した専用庭

銭湯

増築棟から保育所を望む

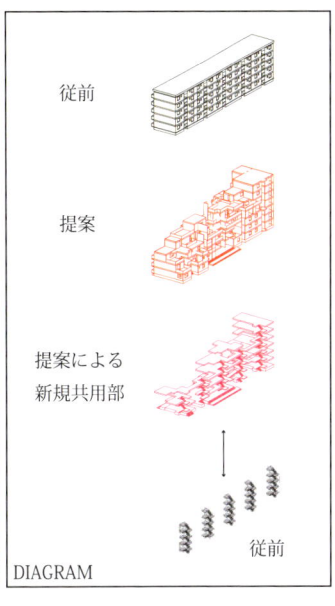

従前

提案

提案による
新規共用部

従前

DIAGRAM

本提案は団地の改修で、板状で強固な階段室型団地の階段室をほどく。

共用部としては非常に狭く、Z軸方向への移動手段でしかない従来の階段室がほどかれた団地は、共用部分が拡充されるとともに、X,Y,Z軸方向に複数の動線が交差するカタチとなる。また、そのほどかれた団地に助産所、小規模保育所、サービス付き高齢者向け住宅、銭湯を付加する。それによって、かつては子育て世代を中心に重宝されたものの、入居者の高齢化とともに活気を失ってしまった団地は様々な世代が交わり、生活する棲み処へと生まれ変わる。

敷地：東京都葛飾区金町
用途：集合住宅等
面積：約14,000㎡
構造：鉄筋コンクリート
階層：9階

吉田　智裕
Tomohiro Yoshida

東京理科大学
工学部第一部 建築学科

studio ——————— 郷田研究室
software ——————— Rhinoceros,Photoshop,Illustrator
planning/making —— 2ヶ月／2週間
next ——————— 東京理科大学大学院
dream ——————— 幸せな家庭を築くこと

クルマが拓く、径のえき
ークルマの建築化とそれに呼応する建築の在り方ー

01. 技術が拓く、都市と建築

2030年にモビリティ革命がおこる。モビリティ革命を契機にクルマと建築の在り方を再考する。

自動運転技術に、建築や都市はどう呼応するか。

クルマが安全になれば人とクルマの距離が近くなる。

クルマは移動する空間、移動する建築ともなりえる。
クルマが展開し、建築の躯体の一部となる。
クルマが道具や家電や家具の一部となる。

地方に自動運転技術を導入し、人とクルマが融和する道の駅を提案する。

02. まちに広がるクルマと拠点

大多喜町限定の自動運転のクルマを導入する。クルマはまちや建築で展開する。

まちの拠点として2箇所で「径のえき」を提案する。

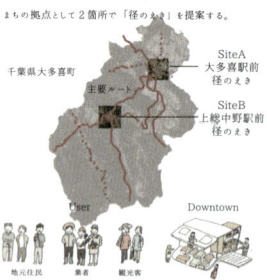

千葉県大多喜町
SiteA 大多喜駅前 径のえき
SiteB 上総中野駅前 径のえき
Downtown

03. クルマ＝移動する空間、そして建築化

自動運転技術を用いると、クルマは自動で動く空間・部屋と捉えられる。
機械であったクルマは空間や部屋として身近なものとなり、クルマを建築化させ、建築を融和させる。

1 サイズと用途

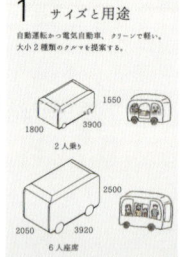

自動運転の電気自動車、クリーンで軽い。
大小2種類のクルマを提案する。

1550 3900 1800
2人乗り

2050 3920 2500
6人座席

2 素材とデザイン

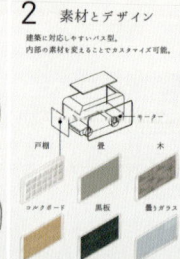

建築に対応しやすいバス型。
内部の素材を変えることでカスタマイズ可能。

3 展開パターンと建築化

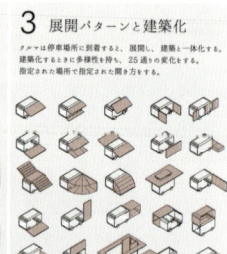

クルマは停車場所に到着すると、展開し、建築と一体化する。
建築化するほど多様性を持ち、25通りの変化をする。
指定された場所で指定された開き方をする。

業者クルマが直売所を作る

クルマが旅館を作る

地域のクルマがギャラリーを作る

2030年にモビリティ革命がおこる。自動運転技術に対して、建築や都市はどう呼応するか。
自動運転技術はクルマは安全であるという前提を作り出し、人とクルマの距離は近くなる。
建築はクルマが自由に移動できるような建築となり、またクルマは、停車すると空間を展開し、建築の躯体や建具の一部となるクルマを提案する。
千葉県大多喜町を敷地とし、自動運転技術を導入することでクルマと建築が融和する道の駅を提案する。本制作が建築の垣根を越えた、クルマと建築の再考に繋がることを期待する。

敷地：千葉県大多喜町
用途：道の駅
面積：2,013㎡
構造：鉄骨
階層：3階

大岡　彩佳
Ayaka Ooka

東京理科大学
工学部 建築学科

studio ——— 郷田研究室
software ——— Rhinoceros, Illustrator, photoshop
planning/making ——— 2ヶ月/4週間
next ——— 東京理科大学大学院
dream ——— 常に新しいものを追求する建築家

回帰の輪と18ホール

一部の動物は生まれながらにして人間社会に属している。しかし、人間の都合が悪くなると殺処分されるのが現状である。そうした動物たちと人間の新しい在り方を建築の視点からデザインする必要があると考えた。敷地は福島県郡山市、私の故郷である。本提案では、動物の習性からなる5つの建築と18のホールを提案する。ゴルフ場の幾何学と動物の習性によって形を決定、不自然な自然ならではの空間が構成される。食べられる動物と愛でられる動物、同じ輪の中で暮らす動物たちを見て人々は違和感に気付き始める。

敷地：福島県郡山市
用途：庁舎
面積：900,000㎡
構造：いろいろ
階層：いろいろ

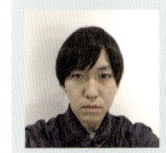

穂積　沙甫
Satoshi Hotsumi

東京理科大学
工学部 建築学科

studio ——— 宇野研究室
software ——— Rhinoceros
planning/making ——— 1ヶ月/2週間
next ——— 東京理科大学院
dream ——— 福島に帰る

都市と人体の Δ-topia

建築と人間の関係を考えたい。人間の動きに呼応して変形する建築を提案する。

　一人用の単位として、人間の身体スケールに合わせた正三角形の面によってできる幾何学多面体を蝶番によるジョイントでつなぐことで、動く機構をもたせる。そして、この単位が拡張していくように、身体スケールからフラクタルに拡大縮小させることで身体スケールから建築スケールまで対応させる。これらにより、人々に積極的に都市をハックさせ、個人の居場所やそれらが集合したあらたな村ができることを期待する。

敷地：ー
用途：テント
面積：ー
構造：木造パネル
階層：1階

石黒　大喜
Daiki Ishiguro

東京理科大学
工学部 建築学科

studio	宇野研究室
software	Rhinoceros, Fusion360
planning/making	1ヶ月/1ヶ月
next	就職
dream	3歳児

[I-1]

かべのまちやど
―木造防火壁による木造密集地域の不燃化―

東京計画の中で取り残された木造密集地域。木造建築を主体とするこれらの地域は取り残されていくべきだ。「まち全体」を「宿」とみたてた都市計画を行う。木造密集地域の多くの問題点の中で重要視されるものとして、①延焼などの防火面②空き家の発生、この二つに焦点をあて、宿泊施設の機能分散と、自立壁の防火壁を既存建築物に対して介入していく計画と手法を絡めていく。都市における防火壁の構成は木造密集地域の現象としてみられる空き家と空地の発生を要素としてとらえ、防火面から対象外とし、宿においては対象とする。また「かべ」を設計するにおいて、壁がもつ概念、生み出す空間性、機能性を分析し、あらたな総合的なデザインを試みる。

敷地：東京都南池袋二丁目
用途：宿泊施設
面積：―
構造：木質パネル構法
階層：2階

内藤　康博
Yasuhiro Naito

明治大学
理工学部 建築学科

studio ———— 建築空間論研究室
software ———— ArchiCAD, Rhinoceros
planning/making ———— 2ヶ月/2週間
next ———— 明治大学大学院
dream ———— リノベーションを主とした建築家

Porous Town
－街へ開かれた混住型集合住宅－

図1　鳥瞰パース

図2　1階平面図兼周辺配置図

図3　公園への通路

図4　porous によりできる交流空間

図5　大通りから見える風景

近年外国人人口が増加して行く中、彼らと日本人とのコミュニティはまだ未熟であり同じ国や同じ文化同士で集まってしまう傾向がある。分離したコミュニティではなく様々な文化が入り混じるコミュニティがこの先必要であると考える。それらを形成するために、私は商業スペースと共有スペースを街に対して開くことで、国や文化を超えたコミュニティを誘発する混住型集合住宅を設計した。商業スペースと共有スペースと住居を密接な関係に配置することで、住民と周辺に住む人々との、コミュニティ形成を誘発しやすい環境を作る。

敷地：東京都新宿区
用途：商業施設、集合住宅
面積：3,232㎡
構造：鉄骨鉄筋コンクリート
階層：4階

島田　里沙
Risa Shimada

明治大学
理工学部 建築学科

studio —————— 建築空間論研究室
software ————— ArchI CAD, illustrator, photoshop
planning/making — 5 ヶ月/1ヶ月半
next —————— 明治大学大学院
dream ————— 誰かの心を揺さぶるものを作りたい

情報過多の時代を生き抜くために
ー現代版最小限住宅を考えるー

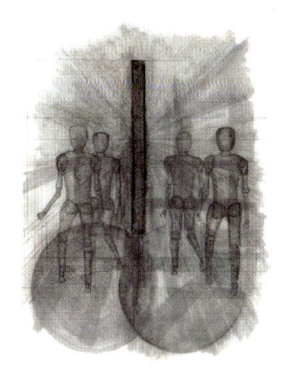

ここではすれ違う同居人に対して、あまりストレスを感じない。
なぜならここでの私的空間と公的空間の境界をコントロールする
ことができるからである

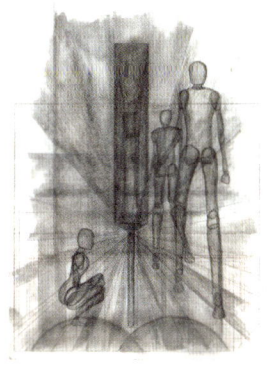

視線を下げると外を見ることができる。これは外部に対して
自ら情報を選び取る行為といえるのではないだろうか。

壁と壁の接点に同居人とのつながりが生じる場所が生まれる。
椅子に座るという行為によって生まれるつながりが家族をつ
なぎとめる接点となる

最小限住宅の生成方法

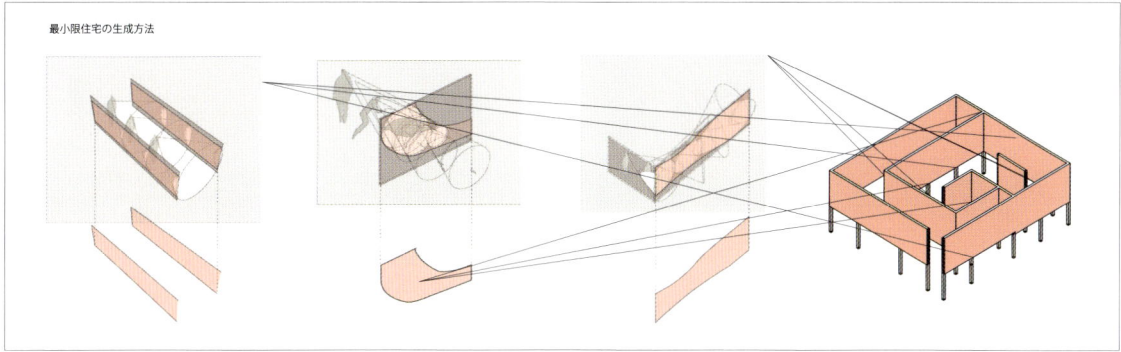

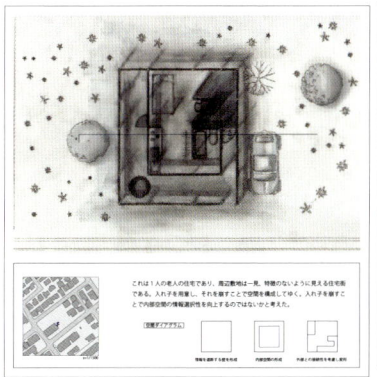

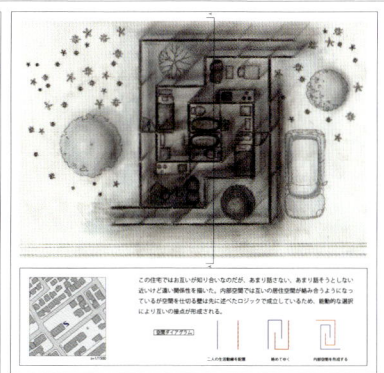

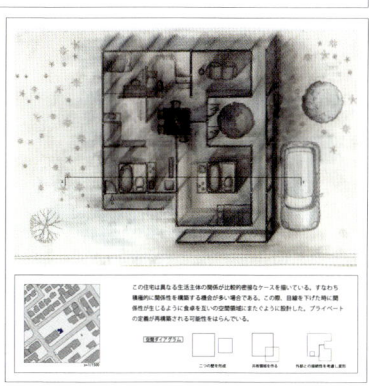

　僕の提案するものは現代社会にあふれる情報を自ら取捨選択ができずに苦しむ現代的弱者が豊かに生活をおくることができる住宅、住み手が暮らすのに必要な最低限の情報のみが入ってくるいわば情報最小限住宅である。(以下引用)そして、翌朝、Aは箱をかぶったまま、そっと通りにしのび出た。そしてそのまま、戻ってこなかった。(中略)Aを笑うことはできない。一度でも匿名の市民、匿名の都市(中略)そんな街のことを、一度でもいいから思い描き、夢見たことのあるものだったら、他人事ではない、つねにAと同じ危険にさらされているはずなのだ(阿部公房「箱男」より)。

敷地	埼玉県入間市
用途	住宅
面積	30 〜 50㎡
構造	木造
階層	1階

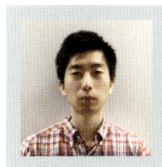

深津　聡
Satoshi Fukatsu

明治大学
理工学部 建築学科

studio	構法計画研究室
software	ArchiCAD, adobe illustrator
planning/making	5ヶ月 / 1週間
next	明治大学大学院
dream	人を喜ばせるものを造る人になる事

[I-5]

「間にある都市」の表現方法について
微細な都市から見えない纏まりを再定義し都市の描く余地を考える

気づかれず住宅地に潜む消化ポンプの倉庫　　　薄まった商店街から集合住宅の連なる住宅街に抜ける裏道

横断歩道に挟まれ人々が長時間見つめる住宅地の隙間　　　江戸まで見渡せた台地にある公開空地の公園と行き止まりの道

　「名もなき都市」の消失を止めることは可能か。「名もなき都市」＝「都心の郊外」＝戦後の住宅需要や急激なインフラ建設に伴う都市開発の副次的産物に過ぎないものの、図らずも獲得した良好な住環境に結びついている場所。この場所が乱暴な再開発などにより消失しかかっている。都市にアイデンティティが求められる今、個性の薄い都市はいかにして「都市」を保つのか。都市の部品を「間」において調合し、消失ではない新たな生成を考える。これらは私たちが再び都市を描く余地となる。

敷地：東急目黒駅周辺
用途：公共施設
面積：60㎡
構造：様々
階層：2〜3階

藤本　佳奈
Kana Fujinmoto

明治大学
理工学部 建築学科

studio ── 門脇研究室
software ── Illustrator, Photoshop
planning/making ── 1年/1ヶ月
next ── 京都大学大学院
dream ── 『住』に関わる

対の搦め手
ー小田原のシークエンスに workation を組み込むー

小田原の課題として、駅を中心とした都市構造になったことによって、堀や門などの要素が失われてしまった搦手から天守閣に向かうことによって、城下町特有のシークエンスを味合うことができないという問題がある。そこで、過去のシークエンスと比べて都市構造を考えた。

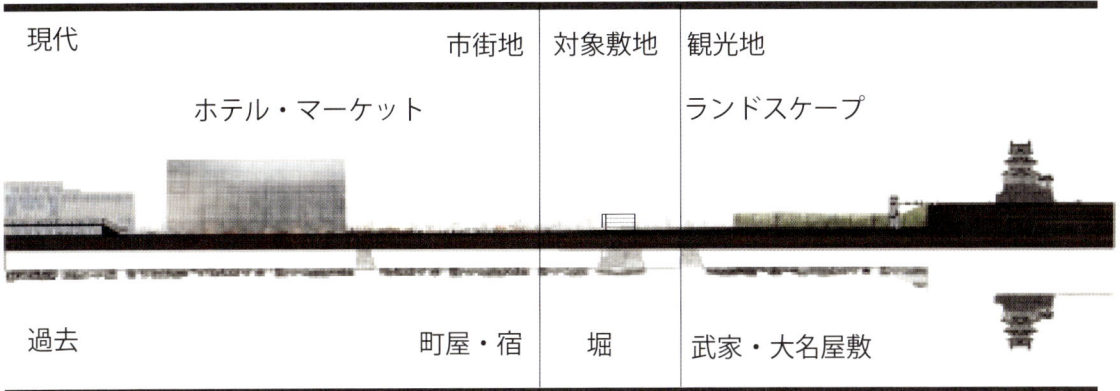

現代		市街地	対象敷地	観光地
	ホテル・マーケット			ランドスケープ
過去		町屋・宿	堀	武家・大名屋敷

かつて堀はヒエラルキーの境界線であり、かつて堀があった場所に観光地と市街地の境界線としての施設を考えた。境界線では分けた2つの要素が含まれた場所だと考える。

内観パース　　外観パース

今回、小田原という観光地にcoworking spaceを設計する。ワークスタイルがオフィスワークからリモートワークというワークスタイルに移行し、さらに休日と平日が混ざり合い、旅行しながら仕事をするという新しいワークスタイルが可能なのではと考え、観光地に働く場を作る。小田原は新幹線が通っていて、4つの鉄道が通っているのでビジネスの拠点となり、小田原、箱根、熱海・伊豆といった観光地の拠点ともなると考え、対象を小田原にした。そして過去と今の小田原を比較しながら設計を進めていった。

敷地：神奈川県小田原
用途：4階
面積：co-working space
構造：S造、ラーメン構造
階層：272 ㎡

吉原　秀直
Hidenao Yoshihara

明治大学
理工学部 建築学科

studio	田中研究室
software	CAD
planning/making	5ヶ月/2週間
next	明治大学大学院
dream	自分の家・街を設計する

[J-1] 足尾塔景

足尾の風景

明治30年の製錬所の風景

塔が環境に応じて偏心

追従

対峙

挟込

内包

低層と塔のヴォリュームを抽出

遺構

ゾーニング

跡地全体がを博物館とし
歩きながら全体を巡る
体験型博物館とする。

研究所

博物館

遺構

遺構

① ② ③

平面図

start

end

荒れた山肌をゆく

遺構と塔の間を歩く

遺構

精鉱庫沿いを
空中回路で練り歩く

遺構の間を歩く

煙突と対面

立面図

産銅業により江戸末期から栄えた足尾町。45年前に閉山され、往時の風景は消え去り、荒れた山肌と産業遺構が残るも、この地における記憶は、今薄れつつある。そこで、近代日本の発展の要となった足尾銅山の製錬所跡地に、ここでの出来事を伝承していくための博物館と、人と科学、発展との関係を考える研究所をつくる。かつて製錬所には、煙突が立ち並んでおり、それらは、足尾の象徴であり、発展の象徴でもあった。煙突のある風景を、これからの足尾の象徴として、未来の科学技術の発展の象徴として、再構築し、この跡地において、新たな塔の立ち並ぶ風景をつくり出す。

敷地：栃木県日光市足尾町
用途：博物館と研究所
面積：6,000㎡
構造：鉄骨鉄筋コンクリート
階層：最高10階

宮川　広大
Kodai Miyagawa

宇都宮大学
工学部 建設学科建築学コース

studio ——— 大嶽研究室
software ——— vectorworks, photoshop, sketchup
planning/making ——— 2ヶ月 / 1ヶ月
next ——— 宇都宮大学大学院
dream ——— 旅人

[K-1]　「観光空間と地元空間」、「自然と人工」が溶け合う温泉施設

敷地兼屋根伏図

自然と人工に溶け込む

　観光客向けの「観光空間」と観光施設の裏側や従業員の住まいなどの「地元空間」が動線や外部空間を通して見え隠れし、予期せず観光の裏側が見えるような新たな観光施設の形態の提案。

　敷地の西側に面する山のコンターを延長させるように、かつ街並みと連続するように建物をつくる。箱根の山(自然)と街(人工)の間で、源泉跡(洞窟)が拡張したような空間を2面角が60°と90°の空間充填三角錐を用いて設計する。マテリアルやユニットの集合体の大きさを山から街へ変化させることで山が延長したような、かつ街並みと連続した建物となり、両者に溶け込む。

敷地：箱根湯本
用途：日帰り温泉施設
面積：1,300㎡
構造：鉄骨造
階層：4階

下田　彩加
Sayaka Shimoda

日本女子大学
家政学部 住居学科

studio	宮研究室
software	Rhinoceros, Vector Works
planning/making	4ヶ月/1ヶ月
next	大学院
dream	建築家

Pray & Play
ー人と街を巻き込むリボンの提案ー

内外をつなぐ連続性

無宗教の祈祷室

たまりとなるピロティ

運動場の様子

SITE PLAN

MEETING ROOM

OFFICE

STUDIO & OPEN LOUNGE

PRAYING ROOM

OPEN LOUNGE

PLAYING GROUND

HOSTEL

0 5 10 20(m)

SECTION PATTERN

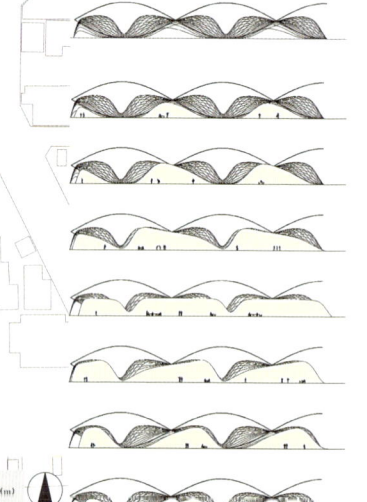

日本における外国人労働者数はとうとう100万人を超え、在留外国人数も230万人を突破し、近年なお増加傾向である。少子高齢化社会を迎えた日本にとって外国人は社会構成の中で不可欠な存在となってきている。多様な文化を持つ人々が相互理解し合うためには、普遍的なものが必要である。多神教宗教をもつ日本は多宗教に対して寛容であるとし、運動公園に祈りの空間を配置することで、祈祷することと運動することを取り上げ、そのための空間と交流空間を生むことで、現在分断されてしまっている日本人と外国人のコミュニティをつなげたい。この提案が、これからの外国人に対する日本の向き合い方のひとつになることを期待する。

敷地：神奈川県横浜市
用途：多文化交流施設
面積：6,000㎡
構造：チタンパネル
階層：1階

川端　瑛里
Eri Kawabata

日本女子大学
家政学部 住居学科

studio ——— 篠原研究室
software ——— VectorWorks, Rhinoceros, PhotoShop
planning/making ——— 4ヶ月／2週間
next ——— 日本女子大学大学院
建築も意欲に関わらて！

まちにほどける混在郷
―インフラ化する庁舎建築―

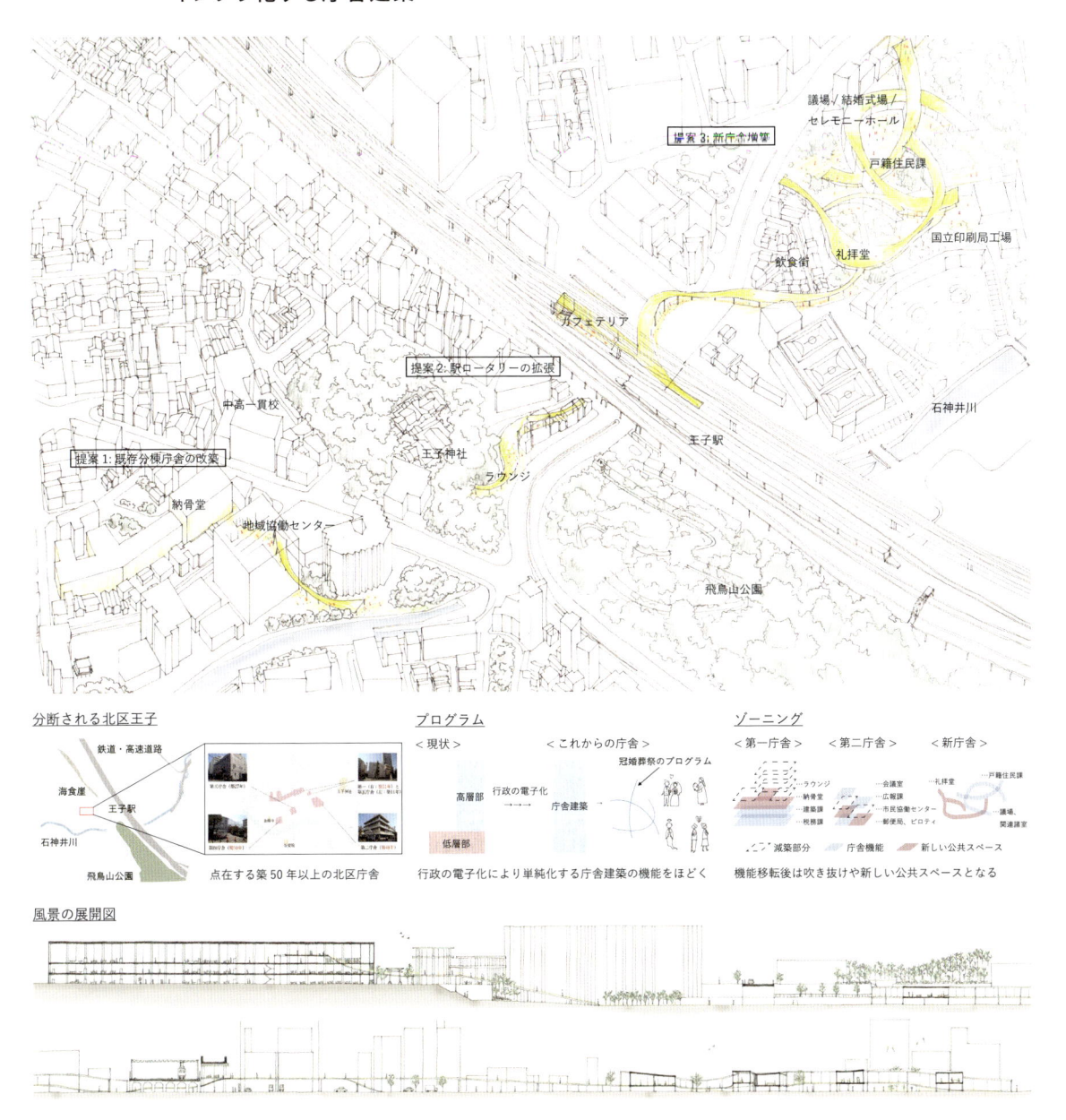

分断される北区王子

点在する築50年以上の北区庁舎

プログラム
< 現状 >　< これからの庁舎 >

行政の電子化により単純化する庁舎建築の機能をほどく

ゾーニング
< 第一庁舎 >　< 第二庁舎 >　< 新庁舎 >

機能移転後は吹き抜けや新しい公共スペースとなる

風景の展開図

　更新期を迎える庁舎は、電子化の普及により訪れる機会が減る一方、無縁仏の管理などつながりの弱くなった共同体の問題と関わっている。今後単純化していく庁舎建築に冠婚葬祭のプログラムを取り込み、様々な人生の節目におかれた人々が行き交う豊かな公共をつくる。
　敷地である北区王子駅周辺を立体的に交差する約800mの曲線状の空間でつなぎ直していく。動線の交錯が思わぬ喜び場に居合わせ、柔らかい断絶によりいずれ訪れる死を無意識に受け止める。生と死が混在郷の中で共存し、人々のよりどころとなるふくらんだ道のような庁舎。

敷地：東京都北区王子
用途：庁舎
面積：約10,000㎡
構造：RC造、一部S造
階層：4階

津田　加奈子
Kanako Tsuda

日本女子大学
家政学部 住居学科

studio ― 宮研究室
software ― Vectorworks, Illustrator, Photoshop
planning/making ― 3ヶ月/4週間
next ― 横浜国立大学大学院
dream ― 建築家

［ L-1 ］ 史記祭の遊歩道 （シキサイノプロムナード）
ーインポートされた長崎文化ー

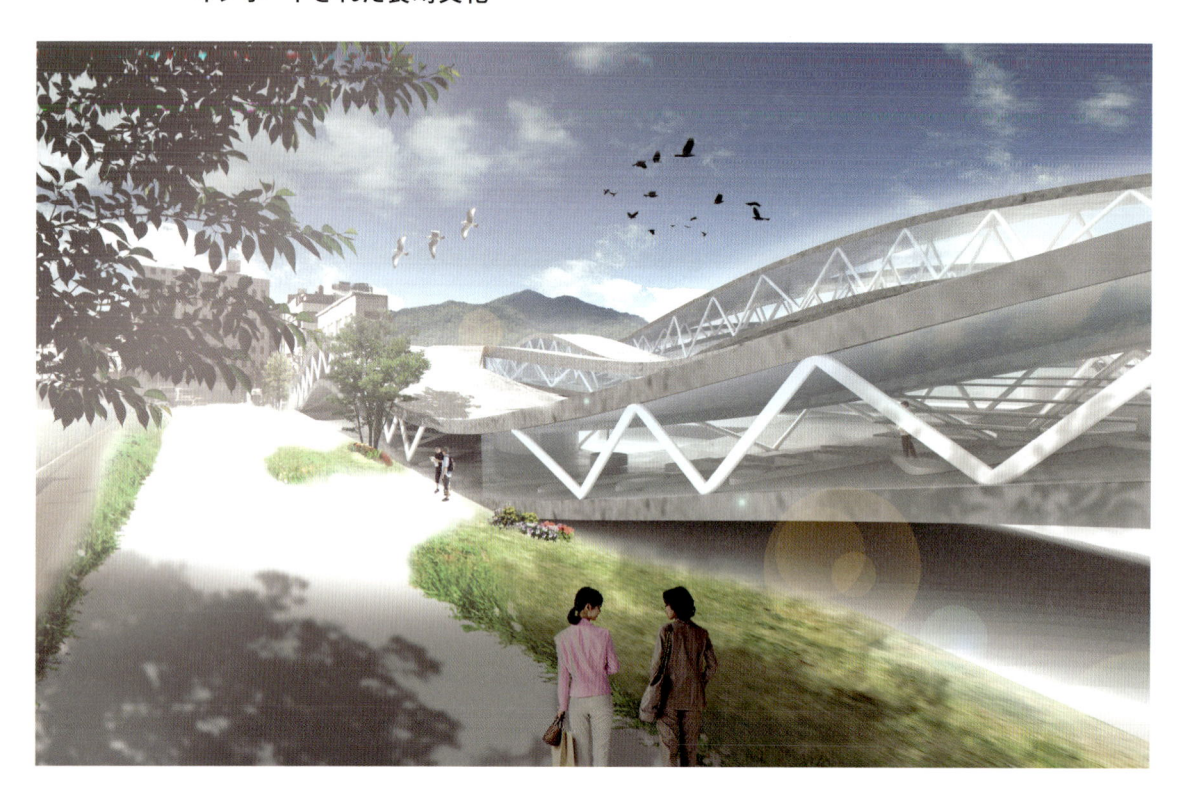

長崎の文化であるお祭りの開催のみでなく、企画、運営、保存を1つにまとめることで様々なアクティビティを生み出す。

　プロムナードが生む様々な空間は、屋内、屋外、半屋外それぞれに祭の年間における用途を落とし込み人が集まる場となる。

敷地：長崎県長崎市
用途：文化センター
面積：24,000㎡
構造：鉄骨鉄筋コンクリート
階層：ー

三浦　恭輔
Kyosuke Miura

日本大学
生産工学部 建築工学科

studio	岩田研究室
software	CAD
planning/making	5ヶ月／3週間
next	日本大学大学院
dream	円を描ける仕事

烈風のマディーナ
－大地を纏い広がる街－

1. 敷地情報と提案

○ 敷地はエジプトのアインスクナ、海沿いの砂漠地帯にぽつりと在る小さな船着場、周囲は岩場

○ 岩肌がむき出しの人地、ガラスやコンクリートでできた墓石のような建物は不適合

○ 外部に対して砂漠の砂を付着させる建築は住空間を日差しや砂嵐から守る

○ 現地の自然材料からなる建築は風景と繋がり、
 時間と共に色や形を変え、時代の伝達装置になる

○ 今回はプロトタイプとして集合住宅の設計をする

すり鉢状の住戸

2. アイデアと建築的操作

○ 日差しや強風を遮るメッシュ状の地形が地表面に生活環境をつくるきっかけ
 になると考えた

○ 角度のある壁は砂を纏い、フィルターの役割をする

○ 欠け、擦れ、シミ、影などが変化し、時間の流れを可視化する装置になる

○ 建物は繋がりながら増殖し、群になることで日差しや砂嵐から生活空間を守る

○ ところどころ隙間を開け、完全に囲まれていない建築とする

○ 閉じた箱ではなく街と接点を持つような、集落のような空間をつくる

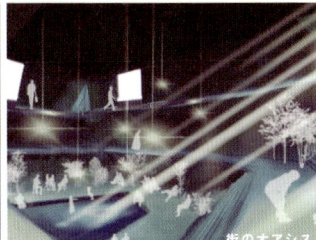

街のオアシス

大きな日陰は子供の遊び場、オープンマーケット

世界のどこでもガラスとコンクリートの建物をつくることが可能となった今、個性を失い均質化する都市像に人々は果たして魅力を感じるだろうか。大地が剥き出しのこの土地に風景を纏う建築を提案する。建物が繋がりながら増えていくことで地表面の上にメッシュ状の構造物を作る。このメッシュが地表に新たな生活空間を作るきっかけになると考えた。壁は砂を纏うことで原風景の中に溶け込み、穴や影の形が変わることで、この場所が刻んだ時間の流れを映し出す、「砂漠の力を受け入れ、新たな都市像を創る建築・都市-マディーナ-」の提案。

敷地：エジプト
用途：集合住宅（都市構想）
面積：増加型
構造：鉄骨
階層：地上10階、地下3階

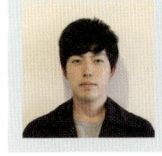

小室　昂久
Takahisa Komuro

日本大学
生産工学部 建築工学科

studio	岩田研究室
software	CAD, Rhinoceros, Procreate
planning/making	4ヶ月／2週間
next	日本大学大学院
dream	時間を経ても愛させる作品をつくる

邂逅する十一ノ景
ー酒蔵が醸造する世界ー

新潟県南魚沼市は歴史的田園風景を営み、稲作・酒造により支えられてきたが、日本酒認知度の低下による消費量減少、少子高齢化による後継者不足により酒蔵の閉蔵と伝統産業の衰退に直面している。酒造プロセスと斜面地標高差と四季変化による景に邂逅し、日本酒の魅力は醸造される。

敷地：**新潟県南魚沼市**
用途：**酒蔵**
面積：**1,500㎡**
構造：**版築**
階層：**一階**

大沼　謙太郎
Kentaro Onuma

日本大学
生産工学部 建築工学科

studio	岩田研究室
software	Rhinoceros, Illustrator, Photoshop
planning/making	5ヶ月／2週間
next	日本大学大学院
dream	酒蔵建築家

[L-4]

纏いの渦

ー成田の街を興隆する集会施設の提案ー

モチーフの投影

設計するにあたり、配置計画からでた唐草柄のイメージを具体的に建築に落としこむため、渦と羽衣のイメージを付け足した。

また、景観に配慮するため、成田の既存の建物で象徴となる物を抽出し、地域性のある建築を目指した。

渦　性質：中心に物を引き寄せる。

↓
中央は多くのものを取り込む求心性を作り出す。
渦の外側は外部の歪みを調整するように形を正す。

景観　性質：階層ごとに梁が飛び出している。
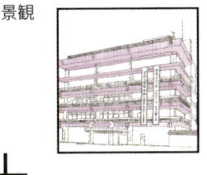
グリットで柱が構成されている建物が多くある。

纏う　性質：物を着飾る。

↓
着飾ることで周囲の空間に溶け込んだり、自分自身を表現することができる。天使の衣は空港と歴史を掛け合わして考えた自分なりの答えである。

＋

↓
昔からある伝統的な寺院が公共施設の建物に影響されており、街の拠点施設を作るにあたり、主要な部分は合わせる必要がある。

diagram

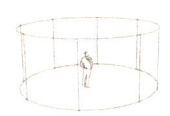

魅せる空間は対象物を中心に形成されている。

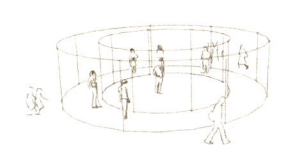

空間は演者、観客、第3者で構成されている。

螺旋による空間構成が視線の交じり合いを生み気づきのある空間をつくる。

建築は産業革命が起きた後、伝統的な建築や工法が現代建築に影響されなくなり、地域性のある建物はなくなりつつある。また、現代建築の真実を追求した脱構築主義の建築は、保守派の意見により、淘汰されるようになっている。どちらも美しさを求めてきた追求者は浅はかな知識を持った意見により追放され、周りの批判を避けて作られた建築が必要とされている。

今回の設計は、表現者として、地域にあるべき建築の姿をデータを用いて導き、自分の建築の見解を交えながら、落とし込んで作った。

敷地：千葉県成田市
用途：集会施設
面積：20,000 ㎡
構造：S造
階層：7 階

大崎　幹史
Mikihito Osaki

日本大学
生産工学部 建築工学科

studio —— 広田研究室
software —— CAD, Adobe
planning/making —— 6ヶ月/4週間
next —— 日本大学大学院
dream —— 世の中のために動ける建築に携わる人

19000 ㎡の記念碑
一空に憧れた少年たちー

予科練の歴史が刻まれた霞ヶ浦のほとりに巨大記念碑を設計する。

昭和5年から終戦までの15年間、幼さを残した少年たちは大空に飛び立つことに夢を抱き、日々の厳しい訓練に耐え大きく成長した。彼らは祖国の為にと信じ、ある者は戦場で、ある者は特攻隊員として、1万9千人が命を捧げた。

本提案は、この戦争の歴史と悲惨さを空間的に体感させる。

写真や資料から学ぶ知識だけではなく、体感する経験として記憶に残し、平和記念館と共に保管する関係を目指す。

敷地：茨城県土浦市
用途：慰霊碑
面積：24,000㎡
構造：鉄骨鉄筋コンクリート
階層：3階

池田　光
Hikaru Ikeda

日本大学
生産工学部 建築工学科

studio	岩田研究室
software	CAD
planning/making	5ヶ月/1ヶ月
next	日本大学大学院
dream	大富豪

二重螺旋商店街
〜縦に伸びゆく通り道〜

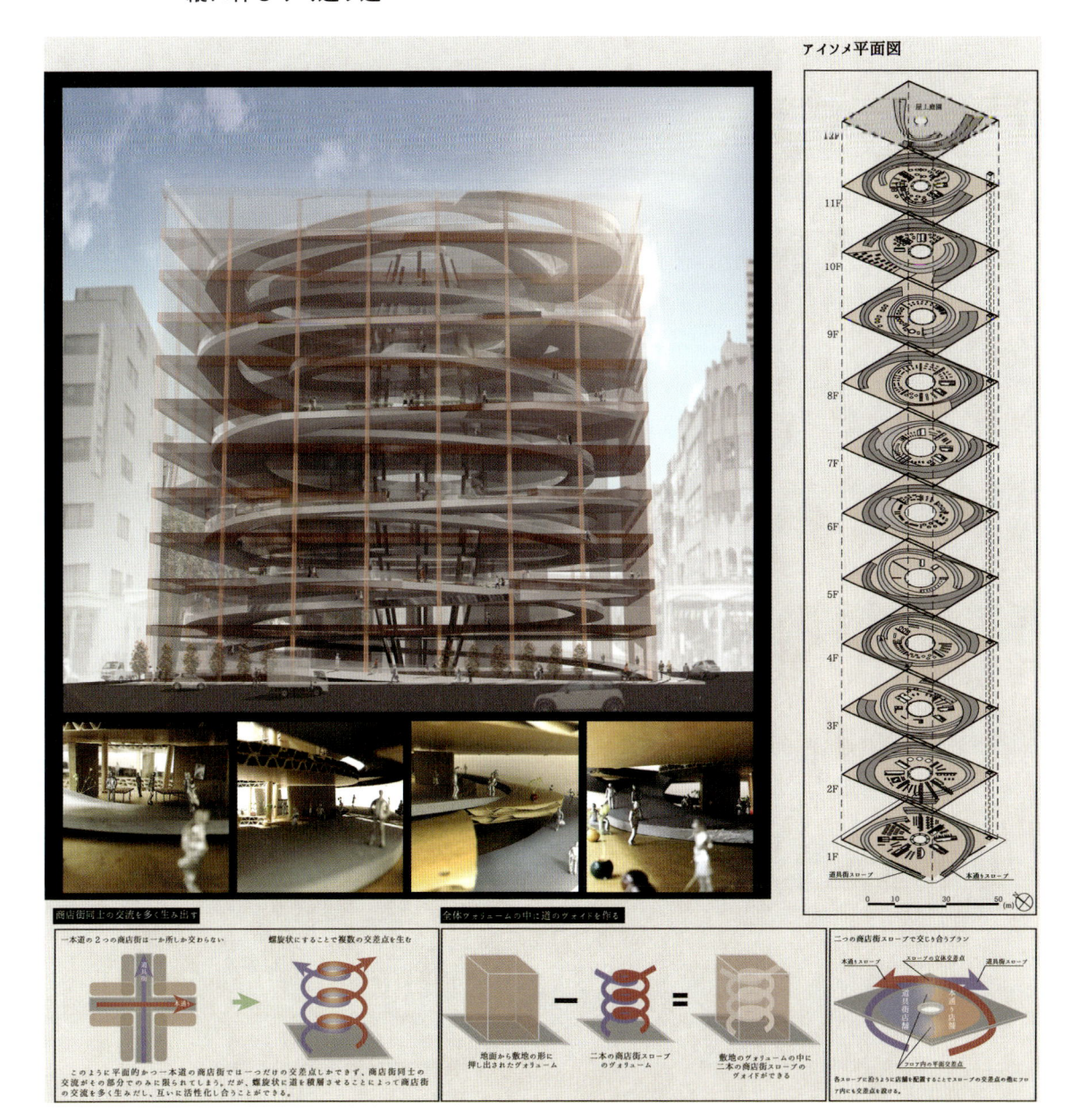

アイソメ平面図

商店街同士の交流を多く生み出す

全体ヴォリュームの中に道のヴォイドを作る

現在の商店街は一本道に店舗が接しており、一本道に接している店舗で無ければ商店街の連盟に入ることができない場合がある。住宅兼店舗が多く、高齢になった経営者がシャッターを下ろしただ住むだけになってしまう。つまり新たな店舗が出店するスペースがない。商店街に新たな店舗を増やすために商店街の通りをスロープで拡張する。建物の全フロアにスロープで商店街との通りを繋げて商店街に接した店舗を増やし、商店街の活性化を目指す。

敷地：東京都台東区
用途：商業施設
面積：2,400㎡
構造：CFT
階層：12階

伊藤　匡哉
Masaya Ito

日本大学
生産工学部 建築工学科

studio	岩田研究室
software	CAD, Rhino, Illustrator, Photoshop, Kiai
planning/making	6ヶ月/1ヶ月
next	日本大学大学院
dream	ル・コルビジェになる

「赤レンガ卒業設計展 2018」出展作品

道を纏う
ー車の賑わいがファサードを作るー

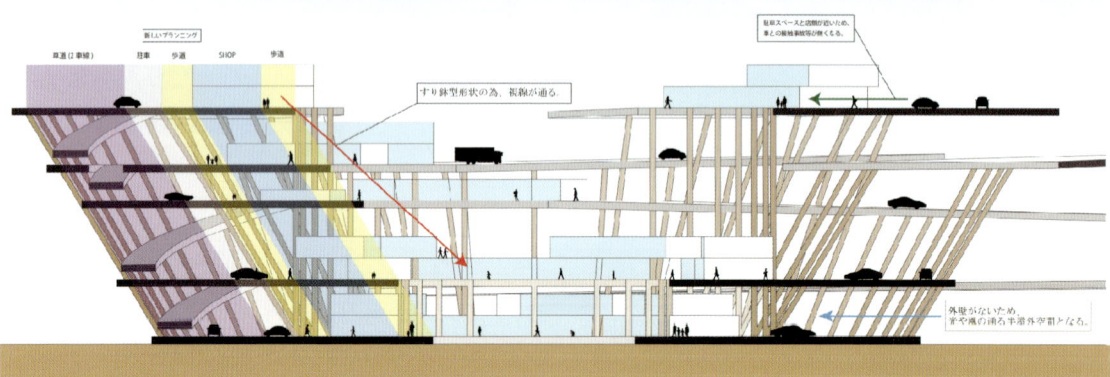

　ショッピングモールには必ず立体駐車場がある。そして人々は駐車場から店舗へと入っていく。いわばショッピングの玄関口なのである。しかし、実際では駐車場は店舗と独立して計画されており、暗い・狭い・危険・無機質と入口にするには程遠い空間である。

　そんな立体駐車場をショッピングモールに巻き付けファサードとすることで、立体駐車場の新しいあり方・ショッピングの新しいプロトタイプを提案する。負の場所であった駐車場が人の行きかうショッピングモールの顔となる。

敷地：千葉県野田市
用途：ショッピングモール
面積：ー
構造：鉄骨鉄筋コンクリート
階層：6 階

清水　康之介
Konosuke Shimizu

日本大学
生産工学部 建築工学科

studio	——	岩田研究室
software	——	CAD, Rhinoceros, Illustrator, Photoshop
planning/making	——	5ヶ月 / 3 週間
next	——	ゼネコンの施工管理職
dream	——	大現場の現場所長

水縁ハナレ
～縦と横の結節線～

■空き家化する川側の離れ

■離れ群を再生し横につなげる

■生活の中心が元の川側に移動する

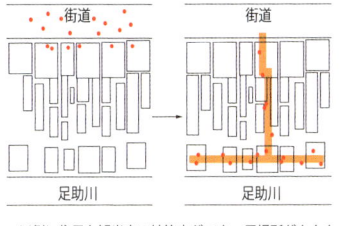

川側に住民と観光客の結節点ができ、居場所がもともと生活の場であった川側に移る

■伝統的なナカドオリ空間が再生される

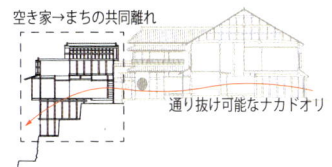

空き家→まちの共同離れ

通り抜け可能なナカドオリ

デッドスペースとなっていた川側の離れを再生することで主屋が離れ側に開き、消失しかけている「ナカドオリ」が再生される

　足助の川側に建ち並ぶ空き家となった離れを使って地域住民と観光客の居場所をつくり、もともと生活の場であった川側を再生する。それとともに足助特有のナカドオリという通り抜け建築によって街道から離れまでをつなぐ提案。

敷地：愛知県豊田市足助
用途：店舗, 宿泊施設
面積：930㎡
構造：木造
階層：2階

仙波　宏章
Hiroaki Semba

日本大学
生産工学部 建築工学科

studio ——— 篠崎研究室
software ——— CAD
planning/making ——— 3ヶ月/2週間
next ——— 日本大学大学院
dream ——— 地域が主役のまちづくりをする建築家

「赤レンガ卒業設計展 2018」出展作品

[M 1]　隠れた河と住む
ー小学校と商店街の交わる街ー

小学校での視線の先にはいつも緑があり、自然の中で自ら様々な発見をしながら成長のできる空間である。

デッキの重なる商店街は様々な賑わいや発見が生まれる。また、小学校の通学路の一部にもなり、大人と子供の関わりが生まれる。

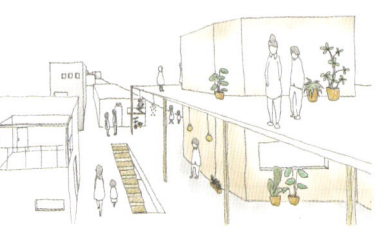

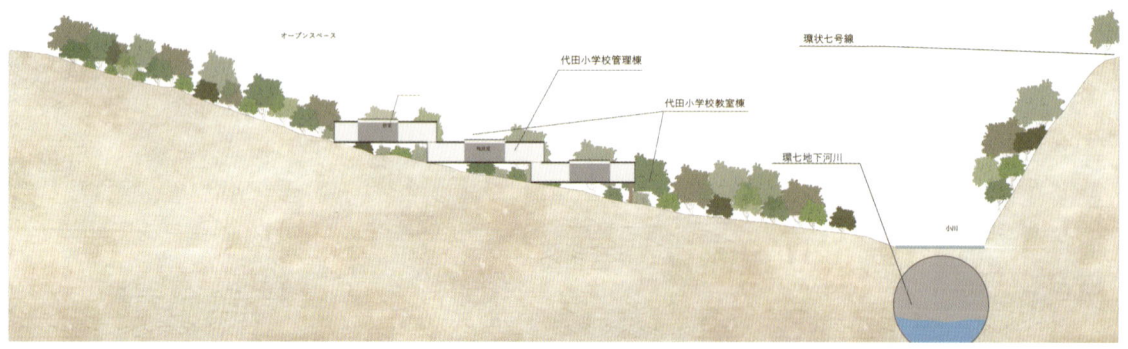

近代化によって人々の暮らしはどんどん水と疎遠のものになってきている。保水性の低くなった街はたびたび水害に見舞われる。

そんな中、人々の生活を守るために環状七号線の真下には、地下河川が整備された。地下河川ができ、水害の危険性がなくなった地区で、水を中心とした新たな形の街づくりを提案する。

積み重なる都心の建築とはかけ離れる、緑、水、土に囲まれたその街は地域の大人と子供が交わる、学びと成長の空間となる。

敷地：世田谷代田地区
用途：複合施設
面積：ー
構造：ー
階層：ー

松下　知可
Chika Matsushita

日本大学
理工学部 海洋建築工学科

studio ———— 佐藤研究室
software ———— ARCHICAD, Illustrator
planning/making ——— 5ヶ月/5週間
next ———— 就職
dream ———— 地域が主役のまちづくりをする建築家

アグリカルチャー・リサーチコンプレックスセンター
－築地市場跡地計画として食文化発信施設群提案－

　日本は豊かな四季がもたらす自然に寄り添って生きてきた。自然の恵みである「食」を分け合い、食の時間を共有することで家族や地域の絆を深めてきた。自然の美しさを表現し、四季と調和した独自性のある文化として和食が生まれ、世界文化遺産にも登録された。

　和食の中心地として常に日本を支えてきた築地市場。2018年秋、その歴史に幕を閉じ、食の中心地が失われようとしている。本計画では新たな食の中心地となる施設を築地市場跡地に設け、日本独自の文化である和食を発展、発信させる複合施設を提案する。

敷地：東京都中央区
用途：複合施設
面積：75,000㎡
構造：木と鉄のハイブリッド
階層：3階

藤山　翔己
Shoki Tohyama

日本大学
理工学部 海洋建築工学科

studio	——	小林研究室
software	——	Vectorworks
planning/making	——	3ヶ月/3週間
next	——	日本大学大学院
dream	——	好きなことで生きる

境界に芽吹く町

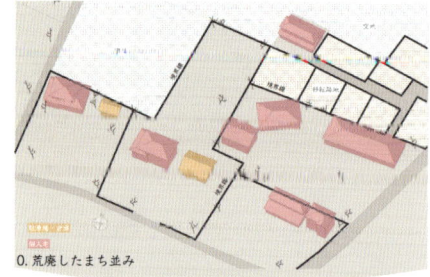
0. 荒廃したまち並み

1. 境界線上に共有空間を作る

2. 床面積を編集しながら境界に移住

　仙台都心部から10キロの沿岸部に位置する農村「南蒲生」には居久根（いぐね）という伝統の屋敷林があったが、津波により失われてしまった。被災後、緑の再生が儘ならぬ中、次々に防災インフラが立ち上がった。これが住民の望む風景なのだろうか。少子高齢化、未整備の移転跡地など、様々な問題を抱えるこの町は、地域の原風景や、自然と共にあった振る舞いまでも失おうとしている。本計画では、新しい居久根のあり方と、暮らしの大きさと不釣合いな多世代向けの住宅や、広大な住宅敷地を段階的に解体し、集落全体を改築することを提案する。

敷地：仙台市宮城野区南蒲生
用途：集合住宅
面積：ー
構造：木造
階層：1階

中村　圭佑
Keisuke Nakamura

日本大学
理工学部 海洋建築工学科

studio	小林研究室
software	CAD, Adobe
planning/making	4ヶ月/2ヶ月
next	日本大学大学院
dream	建築家

[N-1]

身体を通過する建築
ー建築空間における細部の可能性ー

身体とは、現在の状態である。

現在の積み重ねが記憶となり、記憶が未来を限定する。

また、現在とは生きている状態のことを指し、これは、肉体と精神が同時発生している状態のことをいう。

よって身体とは、肉体と精神が同時発生している状態である。

　私は今まで見てきた建築の中で、ディテールや素材感、装飾などの建築空間の細部に自分がここに存在し生きているのだ、という身体性を心や体で感じることが多々あり、この力を信じて設計する。計画敷地は、東京都四ツ谷の外濠。上智大学に属するグリーフケア研究所を中心としたコンプレックス。グリーフとは、日常の中で訪れる様々な喪失によって生まれた深い悲しみのことを指し、グリーフを抱えた人々を支援することがグリーフケアの役目だ。日常生活の中でここの濠をふらっと訪れた人々が建築空間の細部に身体を重ね合わせられる空間を提案する。

敷地：東京都千代田区
用途：歩道・研究所
面積：11,666㎡
構造：鉄骨鉄筋コンクリート
階層：地下1階

伊勢　萌乃
Moeno Ise

日本大学
理工学部 建築学科

studio	建築史建築論研究室
software	Vectorworks, Photoshop, Illustrator
planning/making	7ヶ月/2週間
next	日本大学大学院理工学研究科建築学専攻
dream	イームズ夫妻のような家庭を築きたい

流動と磁場
駅と庁舎の複合による駅舎更新計画

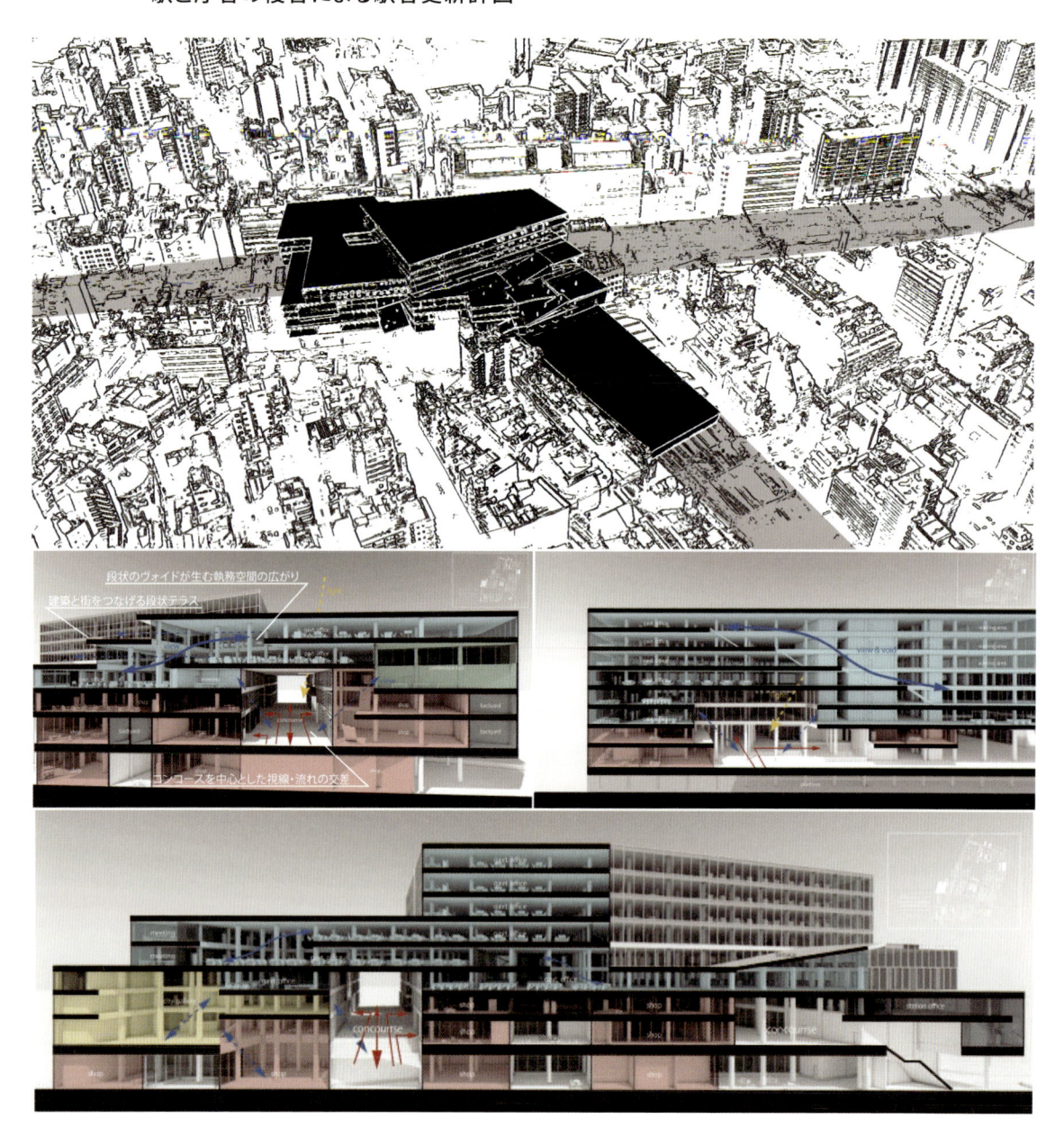

鉄道結節点における駅ビル空間の拡張性に着目する。鉄道によって分断される街。建築と街をつなぎ、分断された街と街とを繋ぎうる磁場を持つ駅。東京都大田区の中心に位置し鉄道によって分断される蒲田駅において、駅と庁舎を複合した駅舎・駅ビル更新計画を提案する。

敷地：**東京都大田区**
用途：**駅・庁舎**
面積：**15,000㎡**
構造：**鉄骨鉄筋コンクリート**
階層：**9階**

堀元　悠雅
Yuga Horimoto

日本大学
理工学部 建築学科

studio	山中研究室
software	ArchiCAD
planning/making	5ヶ月/1週間
next	日本大学大学院
dream	広い視野を持つ設計者

アジアンタウン構想
ー移民 2000 人の営みでできた建築ー

移民一人ひとりの生活や営みといった「粒」が入り混じり、「群」を成すことで生まれる一つの『居住都市』

この建築はやがて他の地域にまで移民の営みを展開させていく、『都市の中での循環器』として機能する

【地上に浮かぶ集合住宅】　　　　　　　　　　　【地下商店街】

【セルフビルドによる生活空間の拡張】　【余白を活用した断面的な関係】　【300mに渡り連続する移民の雇用の場】　【地上広場から臨む地下商店街】

【平面計画 -"混然一体"を受容する余白空間-】

部分2階平面図　S=1/300

　グローバル化、少子高齢化、労働人口の減少など、今後日本でも明らかに増加する移民。本提案ではエスニックタウンの一つである新大久保を舞台に居住と雇用の両面で移民の器となる建築を提案する。これは今後の移民を積極的に受け入れ、街として多文化共生都市を掲げ、転換期にある新大久保をコリアンタウンからアジアンタウンへ昇華させる建築の提案である。そしてこの建築はやがて他の地域にまで移民の営みを展開させていく、"都市の中での循環器"となる。

敷地：東京都新宿区
用途：居住都市
面積：16,000㎡
構造：RC
階層：10階

本田　偉大
Takehiro Honda

日本大学
理工学部 建築学科

studio	今村研究室
software	ベクター
planning/making	6ヶ月/2週間
next	日本大学大学院
dream	成るように成るっ!!!

感覚の喚起
―建築の感覚拡張可能性―

均質空間体験による視覚の制御

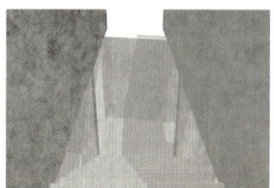
単調行為の連続で視覚の優位性が低下

においの滞留空間

地中～地上の熱グラデーション

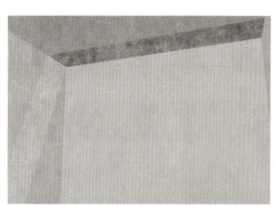
音の回折を誘発する開口

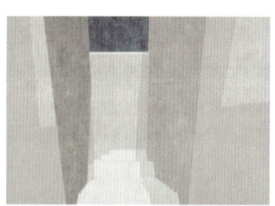
池の中へ

地下入り口

微光空間

単調行為空間

感覚の覚醒

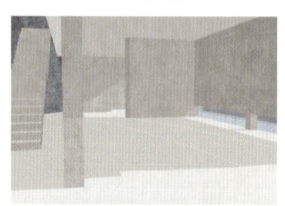
季節ごとの南中高度の適用

制御からの解放

　これまでの建築において、視覚以外の感覚はあまり考えられてこなかった。しかしながら、人の感覚には視覚以外にも様々な感覚が備わっている。建築を体験する人は様々な感覚を受容することができるのに、視覚だけを追求することだけが豊かさにつながるのだろうか。本設計では、聴覚や触覚、嗅覚なども建築を構成するファクターになりうると考え、建築がいかに人の感覚を呼び起こすか、感覚を拡張し自分の存在や外部との関係を確かめることができるかを提案する。建築での感覚拡張は情報の制御に起因するため、いかに建築が情報を取り入れ、遮断するかを考える。

敷地：東京都練馬区
用途：―
面積：761㎡
構造：鉄骨鉄筋コンクリート
階層：地上1階,地下2階

河村　佳祐
Keisuke Kawamura

日本大学
理工学部 建築学科

studio	――	今村研究室
software	――	Vectorworks
planning/making	――	1ヶ月/1週間
next	――	日本大学理工学部建築学科　研究生
dream	――	建築家

下北沢 node
ー変わりゆく下北沢と小劇場文化を結ぶ宿泊施設の計画ー

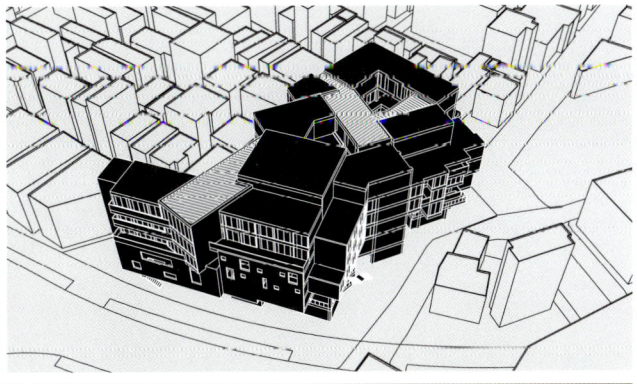

■計画敷地を取り巻く3つの軸線

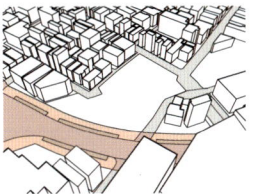

■都市計画道路の出現
既存のスケールとは異なる広大な道路が計画敷地の前に現れる。

■変わりゆく街並みの中での建築の在り方

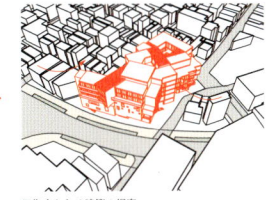

■拠点となる建築の提案
既存の低～中層の街並みの中で、この建築は存在感を持ち、下北沢の演劇文化の拠点としてランドマーク的な存在となって現れる。

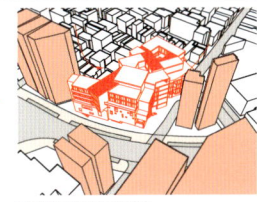

■都市計画道路沿いの高層化
やがて都市計画道路に沿って周囲の街並みが高層化したとき、この建築は拠点性に加え、高層建築とその裏の街並みを結ぶ新しい価値を獲得する。

（1）小田急線上部利用による軸線
　小田急線上部は現在世田谷区と小田急電鉄による整備が計画されており、この軸線が下北沢に新しい人の流れを作る。
（2）都市計画道路の整備による軸線
　小田急線の上部利用と併せて計画されている都市計画道路補助54号線は、幅員が最大26mにもおよび、この道路による周辺の建築物の高層化などが予想される。
（3）計画敷地に接する2つの商店街による軸線
　計画敷地は東通り商店街と一番街商店街の2つの商店街の端点を結ぶ位置にあり、周辺の整備による新しい街の流れに対して、これらの下北沢が本来持っている賑わいや人の流れを結びつけることで新しい下北沢賑わいをつくり出す。

■街との距離感が生む"演劇の街"の生活

　下北沢の演劇の街としての最大の特徴は劇場と街との距離感である。下北沢では、本多劇場をはじめとする多くの小劇場が商店街や呑み屋といった賑わいの近くに位置し、下北沢の演劇人たちは演劇を終えるとそうした賑わいのもとに集い、演劇の街特有のコミュニティを形成している。

　この街がホワイエとなっている下北沢の街と小劇場文化の関係性から建築の構成を導き出し、これからの演劇人の拠点となる建築空間を提案する。

■Section

■居場所のグラデーション
　断面構成として、下層部は商店街の延長として計画し、中層に小劇場を設け、上層に上がるにつれて演劇の稽古場や制作場といった専門的な室を配置すること演劇人たちの居場所性が段階的に高まっていく。

■断面的に作用する空間
　客室や共用部からなる宿泊部門と小劇場やギャラリーなどの演劇部門の空間が断面的に関わりあうことで相互作用を生み出す。

■新しいパブリックスペース
　昼間はオープンスペース、夜は呑み屋街として、宿泊客と演劇人が一緒になって集うこれからの"シモキタのパブリックスペース"を展開する。

■街のホワイエ
　商店街から賑わいを引き込み、内部には下北沢のホワイエとなる中庭空間を設け、ここから見上げると演劇人たちのアクティビティが垣間見える構成とする。

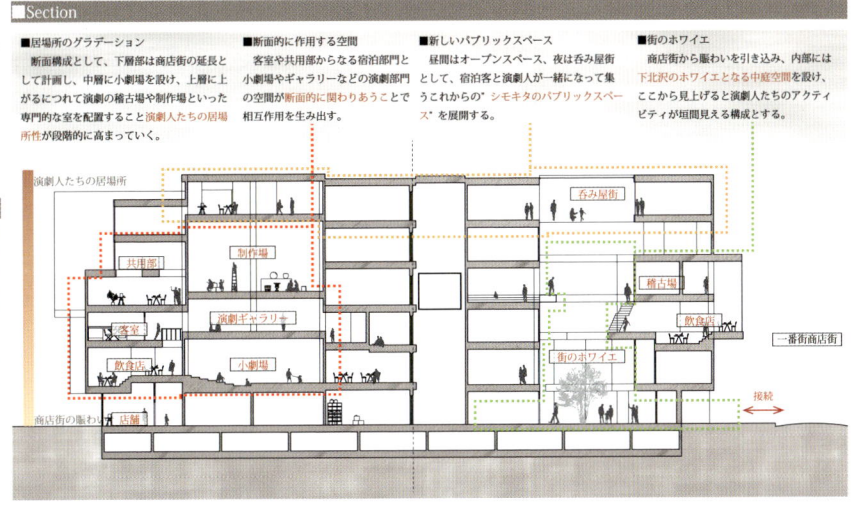

　演劇の街として知られ、都市計画道路など、今後の整備によって街並みが変わっていく下北沢に「演劇」をテーマとした宿泊施設を計画し、過渡期とも言える下北沢において、これまでの街並みや文化を継承し、新たな下北沢の街へと昇華していく建築の在り方を示す。
　本提案では、下北沢に根付く演劇の文化と、小劇場と街の繋がりからなる演劇人のコミュニティに着目し、建築空間を構成することで、変わりゆく街並みの中でも下北沢の居場所となる建築を提案する。

敷地：東京都世田谷区
用途：複合施設
面積：7,200㎡
構造：鉄骨鉄筋コンクリート
階層：6階

東　紀史
Norifumi Higashi

日本大学
理工学部 建築学科

studio	今村研究室
software	Vectorworks, Illustrator, Photoshop
planning/making	5ヶ月／2週間
next	日本大学大学院
dream	楽しく生きる

理想への干渉
―郊外住宅地の明日を考察する―

"現代における **M1** の再評価"

"歴史の混在"

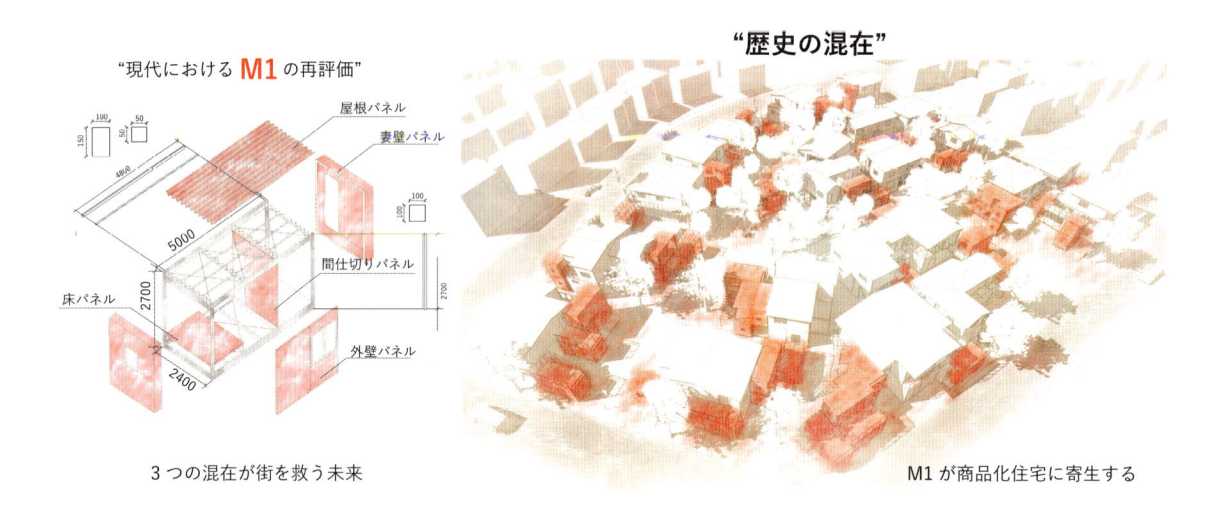

3つの混在が街を救う未来

M1が商品化住宅に寄生する

"用途の混在"　　　　"非理想家族の混在"

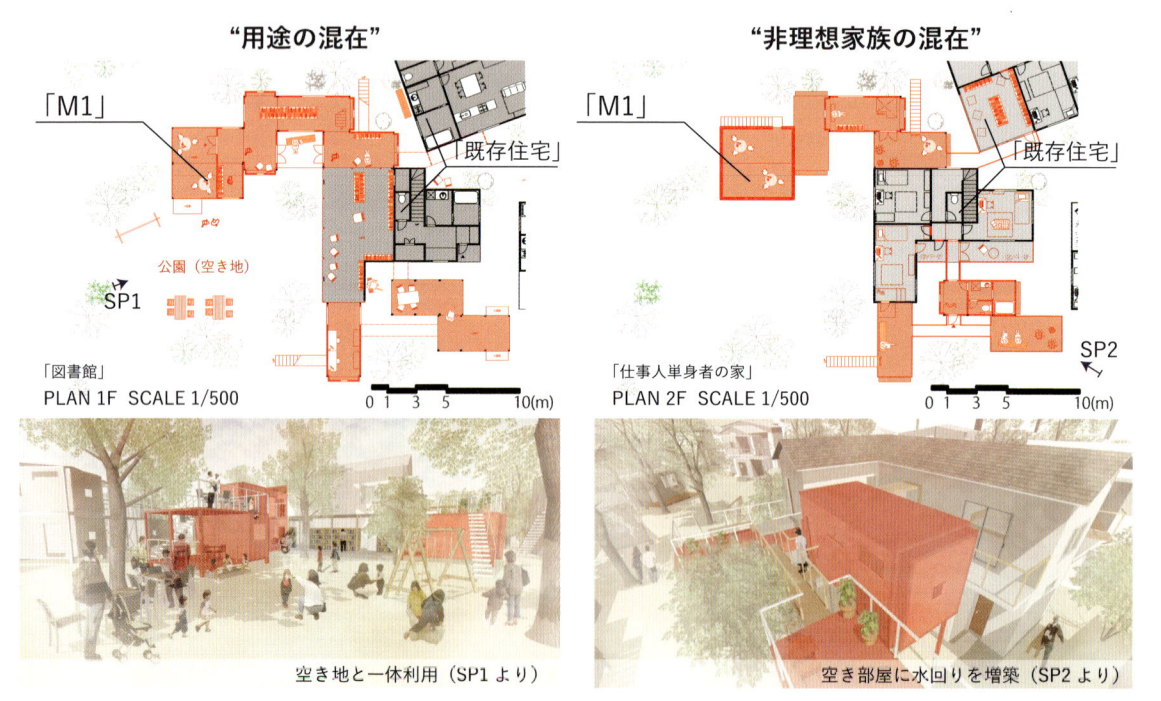

「M1」　　　　　「既存住宅」

公園（空き地）

SP1

「図書館」
PLAN 1F　SCALE 1/500

0 1 3 5　　10(m)

「M1」　　　　　「既存住宅」

SP2

「仕事人単身者の家」
PLAN 2F　SCALE 1/500

0 1 3 5　　10(m)

空き地と一休利用（SP1 より）

空き部屋に水回りを増築（SP2 より）

郊外住宅地は理想を掲げたまま死んでいくのだろうか？
日本の「住宅生産」は「工業化」と共に進化を遂げてきました。これらをたどっていくと、戦後住宅難、急激な人口増加を時代背景として「M1」の誕生を期に住宅は「理想家族像」へと最適化され、商品と化して行った事がわかります。これら商品化住宅群は日本の風景の大部分を作り上げており、今後「多様化」の一途をたどる現代日本において死を迎える事しかできないのでしょうか？
本提案は「M1」の可能性を再評価、商品化住宅群に落とし込むことで「多様化」を受け入れた、「郊外住宅地」の未来を描きます。

敷地：千葉ニュータウン
用途：多用途
面積：8,200㎡
構造：W,(RC,S) + S
階層：2階

木村　愼太朗
Shintaro Kimura

日本大学
理工学部 建築学科

studio ―――― 今村研究室
software ―――― CAD, Rhinoceros, Adobe
planning/making ―― 7ヶ月/2ヶ月
next ―――― 東京大学大学院
dream ―――― 海の綺麗な島に暮らすこと

浦島の伝承記
ー子安浜におけるバラック集落更新の物語ー

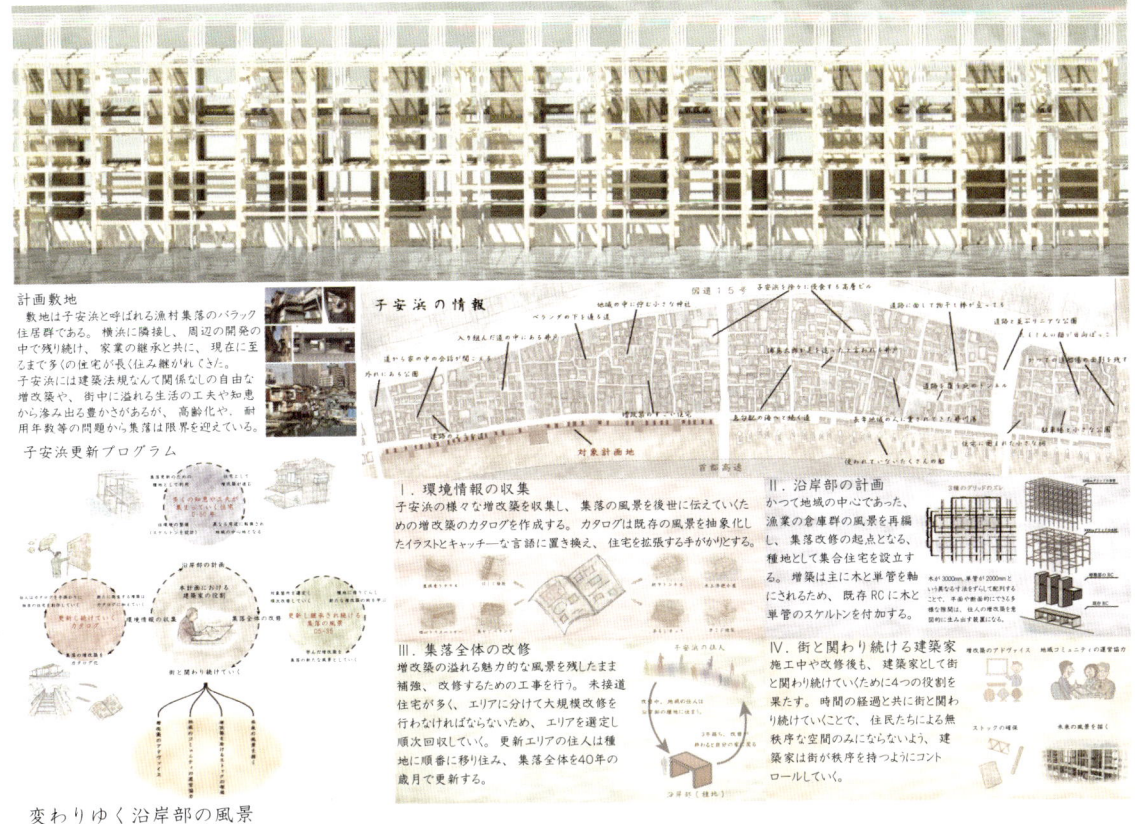

計画敷地
敷地は子安浜と呼ばれる漁村集落のバラック住居群である。横浜に隣接し、周辺の開発の中で残り続け、家業の継承と共に、現在に至るまで多くの住宅が長く住み継がれてきた。子安浜には建築法規なんて関係なしの自由な増改築や、街中に溢れる生活の工夫や知恵から滲み出る豊かさがあるが、高齢化や、耐用年数等の問題から集落は限界を迎えている。

子安浜更新プログラム

子安浜の情報

Ⅰ. 環境情報の収集
子安浜の様々な増改築を収集し、集落の風景を後世に伝えていくための増改築のカタログを作成する。カタログは既存の風景を抽象化したイラストとキャッチーな言語に置き換え、住宅を拡張する手がかりとする。

Ⅱ. 沿岸部の計画
かつて地域の中心であった、漁業の倉庫群の風景を再編し、集落改修の起点となる、種地として集合住宅を設立する。増築は主に木と単管を軸にされるため、既存 RC に木と単管のスケルトンを付加する。

Ⅲ. 集落全体の改修
増改築の溢れる魅力的な風景を残したまま補強、改修するための工事を行う。未接道住宅が多く、エリアに分けて大規模改修を行わなければならないため、エリアを選定し順次回収していく。更新エリアの住人は種地に順番に移り住み、集落全体を40年の歳月で更新する。

Ⅳ. 街と関わり続ける建築家
施工中や改修後も、建築家として街と関わり続けていくために4つの役割を果たす。時間の経過と共に街と関わり続けていくことで、住民たちによる無秩序な空間のみにならないよう、建築家は街が秩序を持つようにコントロールしていく。

変わりゆく沿岸部の風景
沿岸部は集落の更新と共にその形を変えていく。スケルトンを軸に生活領域を拡大していき、次第に地域住民たちの増改築が折り重なっていく。最終的に種地としての役割を終え住宅としての機能を失った沿岸部の形は、様々な機能に読み替えられ地域の中心であり象徴となる。

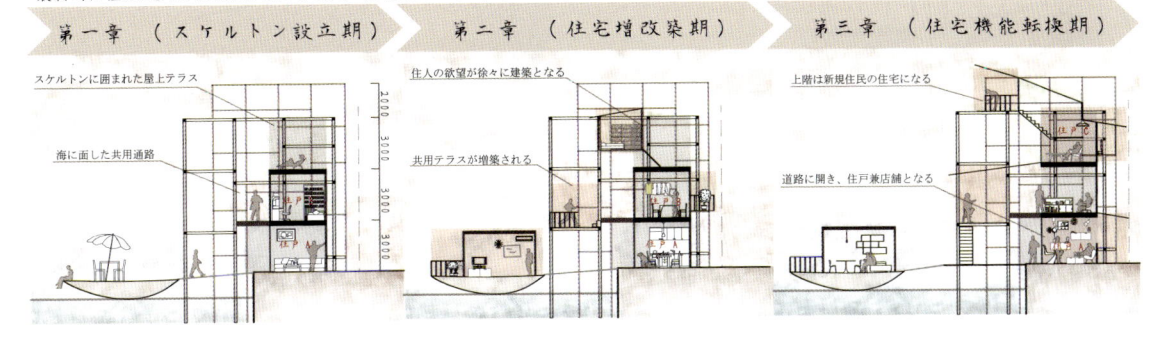

第一章 （スケルトン設立期）　第二章 （住宅増改築期）　第三章 （住宅機能転換期）

本提案は人の手による自由な増改築や、小さな生活の知恵や工夫で溢れる人間味のある街を、建築家としてどのように関わることで更新、継承していくかの物語である。
この物語は周辺の環境が合理化、効率化され変わりゆく世の中で、住民が自らの手で住みこなし、「不便さ」のある場所を造り出すことで、本当の暮らしの楽しさを学び、地域や住宅への愛着を持つような、本当の意味での生活の豊かさとはなにかを伝えてゆくだろう。

敷地：神奈川県横浜市
用途：集合住宅
面積：2,487㎡
構造：RC造、W造
階層：3階

田口　周弥
Shuya Taguchi

日本大学
理工学部 建築学科

studio	——	今村研究室
software	——	AutoCAD
planning/making	——	5ヶ月/1ヶ月
next	——	日本大学大学院
dream	——	自由に生きる

重層する境界
－渋谷広告立面再編による新たな商業施設の設計手法の提案－

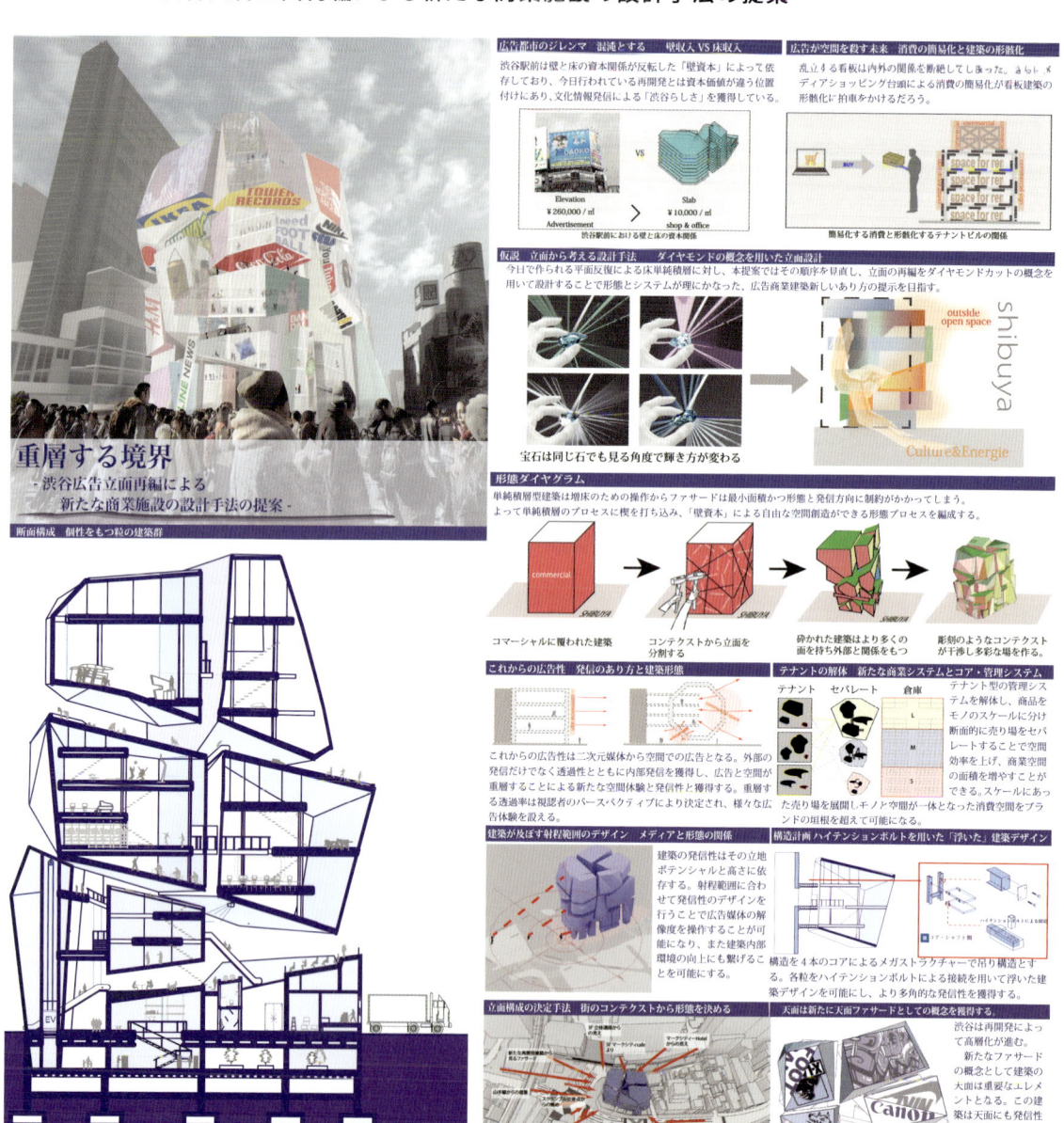

渋谷スクランブル交差点、その集客力から広告収入による巨大看板群が建築を覆った。結果、床と外皮の資本価値が反転した「壁資本」となった雑居ビル群は内外を断絶してしまった。メディアショッピングが台頭する現代、商業建築は変わらなくてはならない。

私は、広告が取り持っている建築内外の関係とその境界の再考が必要だと考え、壁資本による設計手法を用いた商業建築を提案する。
壁収入と内部商業の両立を可能にする建築デザインを提案する。

敷地：	東京都渋谷区
用途：	商業施設
面積：	27,000㎡
構造：	鉄骨鉄筋コンクリート
階層：	一

高橋　樹
Tatsuki Takahashi

日本大学
理工学部 建築学科

studio	今村研究室
software	Vector, Illustrator, Photoshop, sketchup
planning/making	6ヶ月/1ヶ月間
next	日本大学大学院
dream	米津玄師みたいな人

[O-3] 月島的変化

　都市では、なんでもない空間が人々の活動によって一時的に変貌する状況に出会うことがあります。そんな状況を住宅でつくることを考えました。東京の月島でも住民の都市に対しての熱量溢れる住みこなしが行われ、いますが、近年ではその生活容態が高層化に取って代わられ消えてしまう現状があります。月島の住人たちの都市への振る舞いは街全体へと波及し住環境の改善へと繋がっています。月島的生活から導いた生活の表出する先に立ち現れる空間に今の住宅にはない豊かさを見出します。人々の活動により空間の見かけが変貌し住宅が豊かな都市へと近づく。私はこれを月島的変化と呼ぶ。

敷地	東京都中央区
用途	住宅
面積	1,300㎡
構造	S造,RC
階層	9階

小山　竜二
Ryuji Koyama

東京電機大学
未来科学部 建築学科

studio	——	建築環境・計画研究室
software	——	CAD, Adobe
planning/making	——	2ヶ月/1週間
next	——	東京電気大学大学院
dream	——	まだわからない

変わりゆく風景
ー回廊がつなぐ木工の街ー

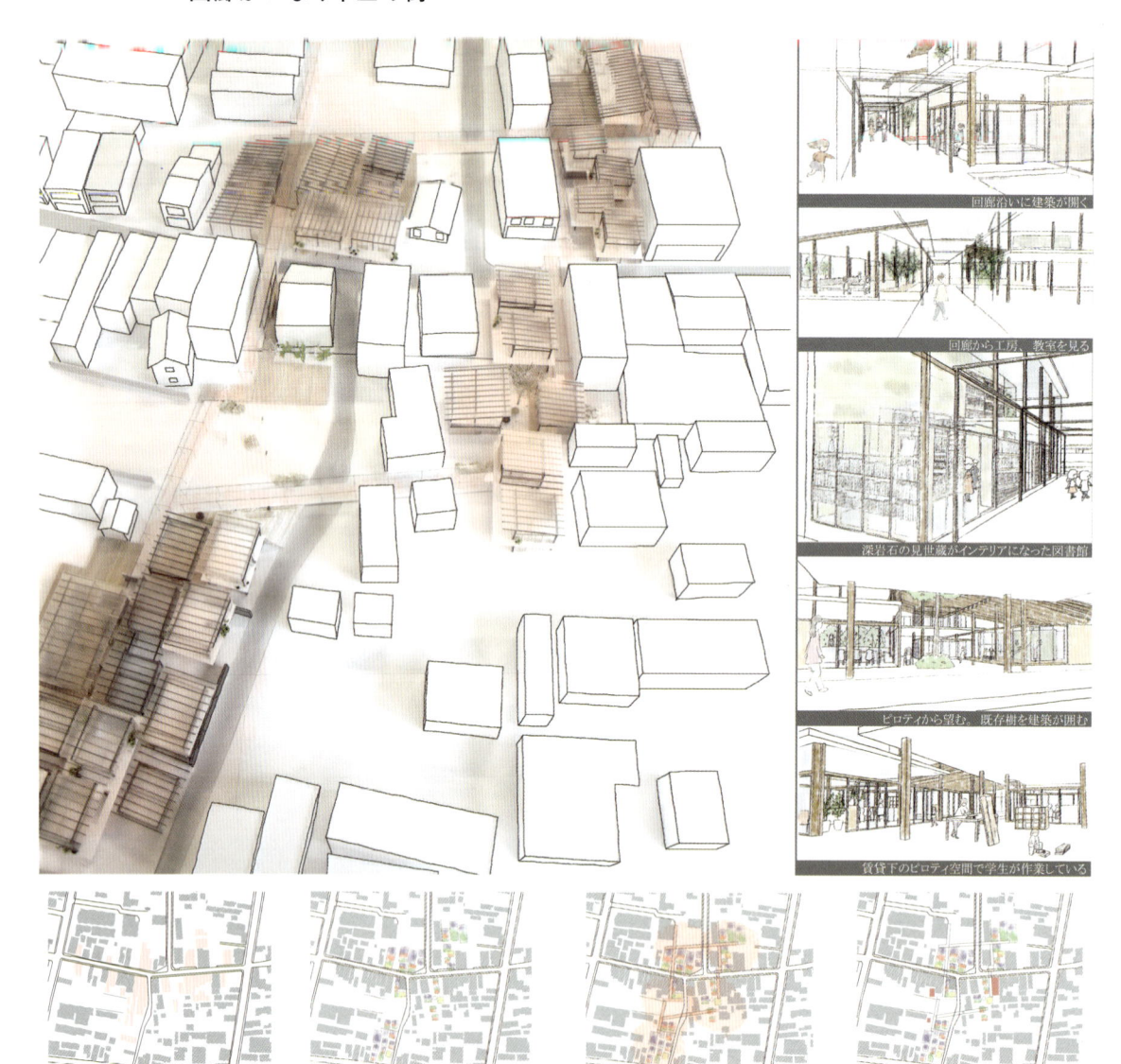

回廊沿いに建築が開く

回廊から工房、教室を見る

深岩石の見世蔵がインテリアになった図書館

ピロティから望む、既存樹を建築が囲む

賃貸下のピロティ空間で学生が作業している

シャッターの閉まった
以前は栄えていた商店街

■職人　子供　学生　地域の人
職人、子供、学生、地域の
人々の用途を分散

四つの街区に回廊を通すことで
中間領域が生まれる

回廊沿いの空き家は
将来使われるかもしれない

敷地は栃木県鹿沼市。江戸時代、日光東照宮が建設される際に職人の宿場町として栄え、彫刻、組子、建具など木工の技術が伝承されていった。しかし、現代のライフスタイルの変化や大資本による大量生産により、木工業の従業者や職人の数は減少している。ものであふれる時代、ものの豊富さや値段ではなく、ものにこだわることに価値があるのではないだろうか。隠れている職人の仕事を可視化し、住人や地元の子供達、学生がものづくりを行う場を考える。内部が外部に溢れだし、回廊の下を歩きながら交流する場をまちなかに提案する。

敷地：**栃木県鹿沼市**
用途：**複合施設**
面積：**3,168㎡**
構造：**木造**
階層：**2階**

石川　咲季
Saki Ishikawa

東京電機大学
未来科学部 建築学科

studio	空間デザイン研究室
software	CAD, Illustrator, Photoshop, Sketchup
planning/making	6ヶ月/3週間
next	就職
dream	未定

「赤レンガ卒業設計展 2018」出展作品

相共に檜舞台を踏む
―佐渡猿楽の持続的な運営―

△新しい薪能の風景

△敷地内断面図

△二階平面図

△一階平面図

日本全国に現存する能舞台の1/3にあたる34棟の能舞台が現存する佐渡ヶ島。村ごとに運営してきた能は、村の衰退と共に運営が困難になっている。本計画の選定敷地は、佐渡市相川下戸村春日神社能舞台。この能舞台は佐渡ヶ島における能の発祥地とされ、明治初期に解体された能舞台を町の有志によって、2006年に「平成の能舞台」として再建した。この村能運営は数年後には運営不能状態になるとされている。運営不能な能舞台が増えることで、舞台の修復管理や文化の衰退は避けられなくなる。現状の運営に新しい担い手として「通住者」を提案する。「通住者」とは、定期的に佐渡の地を訪れる人を指す。能楽研究会やアスリートなどである。彼らは、私の設計した「町の家」に宿泊することができ、「通住者」と「村人」は、それぞれの生活リズムの中で関りを持ち、次第に運営に関わっていく。この村の人に温かく受け入れてもらえた私だからこそ、このプロジェクトが可能であると確信する。

敷地	新潟県佐渡市
用途	地域拠点
面積	―
構造	木造
階層	2階

木之内　諒
Ryo Kinouchi

東京電機大学
未来科学部 建築学科

studio	―	建築デザイン研究室
software	―	AutoCAD, SketchUp, Photoshop
planning/making	―	6ヶ月/3週間
next	―	同大学大学院
dream	―	楽しい人生

雲の中を歩くように
ーもので溢れる時代の新しい商業施設の提案ー

Space Block
4パターンの単位空間のブロックを基準にすると垂直のつながりを考えることができる

Diagram

Shopping / Art / Life / Design

Plan

買う　商業空間

観る　鑑賞空間

作る　創造空間

生活に必要な空間

吹き抜け空間（垂直につながる空間）
見えたり聞こえたりするけどすぐに行けない場所
→歩きたくなる

連続する外部空間
アクティビティーの拡張、空間の仕切り

商業部分はすべて
ガラスファサード
で30cm角の柱が
構造体になる

開口
1m角と2m角の開口は
ファサードに豊かな
アクティビティを映し出す

ウィンドウショッピング
の延長で展開される
様々なギャラリー

新しいものに触れ、
材料や作品を買い、
新しい自分に出会う。

　ネットショッピングが普及する現在、商業施設に足を運ぶことに付加価値を付ける必要ができた。敷地は六本木アートトライアングルの中心。再開発後、新たな街のブランドを模索する街で「デザインとアートと人をつなぐ街」のスローガンを元に商空間に鑑賞空間と創造空間が融合した複合商業施設を計画する。新陳代謝が求められる場所故に、単位空間のブロックで構成する施設は、情報量をもつ文化都市の受け皿となる。ブロックの集合体は雲のように不規則に展開し、私たちは中を歩き回り、多様に展開する空間から刺激を受けて新しい自分に出会える。雲は捉えどころがなく街を飲み込み、私たちはまたこの施設、この街六本木を訪れたくなる。

敷地：東京都港区
用途：複合商業施設
面積：10,100㎡
構造：鉄骨鉄筋コンクリート
階層：10階

庄井　早緑
Samidori Shoi

東京電機大学
未来科学部 建築学科

studio ——— 山本空間デザイン研究室
software ——— CAD, illustrator, Photoshop
planning/making ——— 6ヶ月 / 2週間
next ——— 東京電機大学大学院
dream ——— 人々に感動を与える空間を創る人になる

Happy End

豊かな生活の裏側にはゴミが存在する。産業廃棄物の埋立によって美しい谷戸の風景が近い将来、消えゆく運命を抱えた場所がある。かつてその場所にあった風景、行為やゴミがモノとして使われていた時に人々の心に刻まれた思い出はすべて埋められてしまう。それらを新たな形、空間体験として地上へと呼び戻したい。使わなくなったモノはゴミとして容易に手放してしまいがちな世の中で、行き場の失ったモノを集積選別し、再び新しい価値のあるモノとして世の中へと流通させるための建築拠点を提案する。

敷地	神奈川県横須賀市
用途	集積選別工場
面積	一
構造	鉄骨
階層	2階

山本　生馬
Ikuma Yamamoto

東京電機大学
未来科学部 建築学科

studio	山本空間デザイン研究室
software	CAD
planning/making	12ヶ月／2週間
next	study
dream	人の心に響く建築を創りたい

七色冒険パーク

1. 児童館
2. プレーワーカー体験部屋
3. 駄菓子屋
4. 飼育ショップ
5. 子育て支援センター
6. アトリエ
7. 冒険遊び場

遊ぶ

体験する

食べる

教える

作る

親子

育てる

　近年、子供の遊びの場所・仲間・時間の減少は、身体感覚や実体験と結びついた感性やひらめきの鈍麻などをもたらすと懸念されている。この設計では、子供に、子供らしい豊かな遊び経験を保障することで、身体を動かすことの楽しさや自らの遊びを発見し創り出す喜びを重視する冒険遊び場を建築の介在によってより一般的かつ安全に、創造的に実現する場を提案する。具体的には、冒険遊び場の観察調査によって抽出された7つの要素を実現する、子育て支援プログラムを複合した建築・遊び場とした。

敷地：東京都足立区
用途：公園
面積：約3,650㎡（敷地面積）
構造：鉄筋コンクリート造
階層：二階・屋上

藤原　卓巳
Takumi Fujihara

東京電機大学
未来科学部 建築学科

studio	建築・環境計画研究室
software	CAD
planning/making	4ヶ月／3週間
next	東京電機大学院
dream	世界中のきれいな海に飛び込むこと

根付く居場所
ー品川宿におけるパブリックスペースの在り方についてー

□品川らしさを尊重した地域再生デザイン

運営管理｜ライブラリー／展示・販売｜食事処｜成果発表／オープンスタジオ｜制作スタジオ｜資材加工工房

#駅逃 #商店街の玄関 #水辺

#まちの中に地 #飲食店がまわりにいくつか #勉強会

#改造OK #たくさん人が集まれる #音だしOK

#職人の存在 #広い作業場 #伝統の技

□地域に根差したアートインレジデンスの展開

観光施設 　食堂 　制作スタジオ 　工房

-Site A- 　-Site B- 　-Site C- 　-Site D-

-Site A- 　-Site B- 　-Site C- 　-Site D-

　現代の都市の多くは高密度で建物が建てられて街が形成されている。街中における人々の滞留空間は徐々に閉ざされ、歴史あるまちの生活や近所付き合いさえも希薄になりつつある。東海道品川宿として栄えた品川地区の伝統技術や知識を次世代に受け継ぎ、同時に地域住民の拠り所となって根付くような建築を計画した。住宅以外の居場所がまちにあるような、これからのパブリックスペースの在り方について提案する。

敷地：東京都品川区
用途：公共施設
面積：2,734㎡
構造：鉄骨造
階層：2〜3階

矢島　俊紀
Toshiki Yajima

東京電機大学
未来科学部 建築学科

studio	空間デザイン研究室
software	CAD, Illustrator, Photoshop, Indesign
planning/making	6ヶ月／3週間
next	法政大学大学院
dream	いろんな国の人や文化にもっと触れたい

「 P-1 」 Drift park
ー人と落ち葉のサードプレイスー

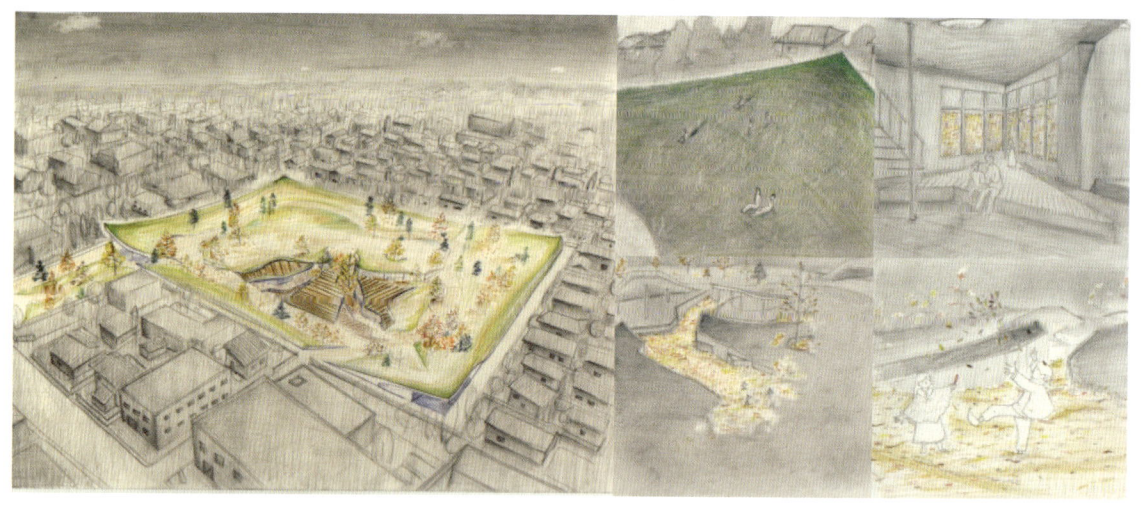

roof plan

1F plan

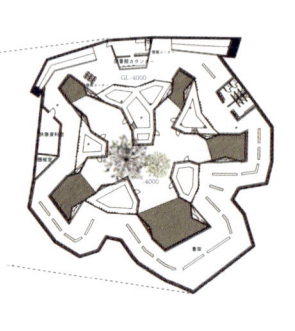

B1 plan

section

2022年以降に農営義務がなくなる生産緑地を用いた地域住民と東京都で大量に焼却されている落ち葉の新たな居場所としての公園の提案である。ゴミとして捨てられて焼却されている落ち葉を資源として捉え直し、落ち葉を腐葉土化して街に還元していく活動が地域住民が介入しながら行われる。公園内には植栽や落ち葉溜めと絡んだ建築により人の居場所を作ることで郊外住宅街における人とおちばのサードプレイスを計画する。

敷地	東京都三鷹市
用途	公園
面積	13,000㎡
構造	RC造
階層	地上1層地下1層

湯川 洸平
Kohei Yukawa

首都大学東京
都市環境学部 都市環境学科

studio	小泉研究室
software	Illustrator, Photoshop, Vector works
planning/making	4 ヶ月/3 週間
next	首都大学東京大学院
dream	創造的な仕事

[Q-1] 商宿 －A KI NA I YA DO－

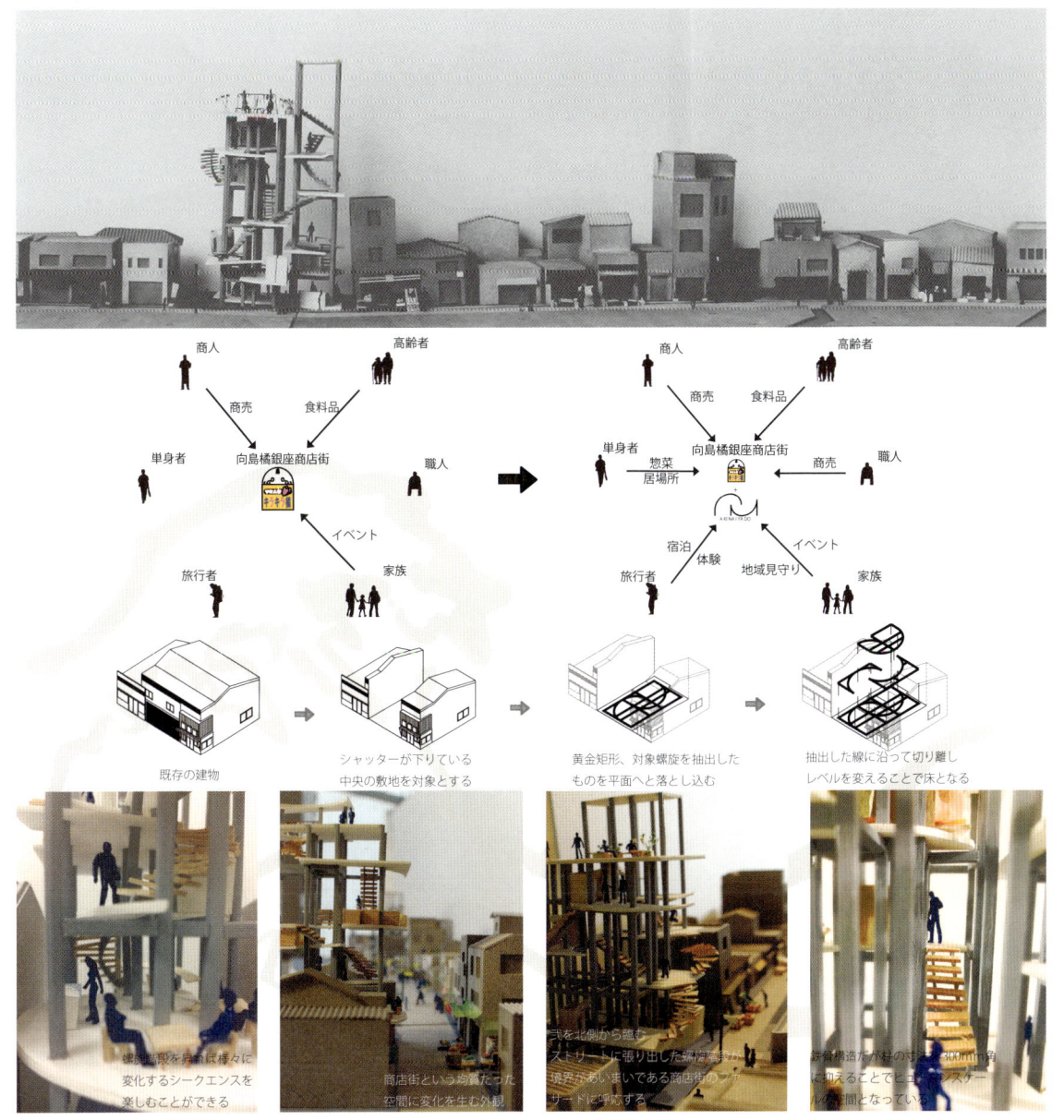

既存の建物

シャッターが下りている
中央の敷地を対象とする

黄金矩形、対象螺旋を抽出した
ものを平面へと落とし込む

抽出した線に沿って切り離し
レベルを変えることで床となる

敷地模型を見ながら様々に
変化するシークエンスを
楽しむことができる

商店街という均質だった
空間に変化を生む外観

■を北側から臨む
ストリートに張り出した○□隣接きり
境界があいまいである商店街のファ
サードに呼応する

鉄骨構造だった母屋の柱を300mm角
に抑えることでヒューマンスケー
ル空間となっている

　「向島橘銀座商店街協同組合」は京成押上線京成曳舟駅から徒歩10分。全長約470mの昭和レトロな佇まいを残す近隣型の商店街。かつて生活の中心として栄えたこの商店街も今では衰退の影を見せる。本設計では宿泊施設の新しい形として商店街におけるゲストハウス"商宿"を提案する。同商店街は東京スカイツリーから徒歩で行くことも可能であり、ゲストハウスの存在は日本人観光客だけでなく2020年東京オリンピックに向け増加する、外国人観光客を商店街へと引き込むことで商店街のシャッター化を抑制するとともに商店街に新たな付加価値を生む。

敷地：東京都墨田区
用途：ゲストハウス兼貸店舗
面積：472.69㎡
構造：鉄骨造
階層：壱8階、弐9階

海野　美帆
Miho Unno

前橋工科大学
工学部 建築学科

studio	石黒研究室
software	jwCAD, イラストレーター
planning/making	3ヶ月／3週間
next	前橋工科大学大学院
dream	人の心を動かせる建築家

下町ローライン
－高架下の空間の提案－

　線路を高架化させ、より街を豊かにするにはどうすればよいのか。本設計では線路が高架化された時、高架は街に大きな影響を与えてしまうのではないかと考え、巨大な土木構築物を建築的操作で街と繋ぐことを目的として提案する。周辺には住宅街が広がり、駅は1日10万人以上の利用客がいるが、半数以上は乗り換えのみの利用で、駅の外には出ていかない。駅は電車を乗るためにのみ利用され、駅は街の中心にあるにもかかわらず、駅と街が分離してしまっている。住民の主な移動手段は、徒歩、自転車、そして電車である。今より駅が生活の中心となり、人々が集い、交流することで街はより活性化できると考えられる。

敷地：東京都葛飾区
用途：駅、公園、商業施設
面積：6,170㎡
構造：S造（一部 RC 造）
階層：3階

寺田　遥平
Yohei Terada

前橋工科大学
工学部 建築学科

studio	若松研究室
software	Vectorworks, Photoshop , Illustrator
planning/making	3ヶ月/1ヶ月
next	前橋工科大学大学院
dream	経験とアイデアを活かせる建築家

[R-1]

電力を可視化する
～水車を利用したエネルギーによる複合施設の設計～

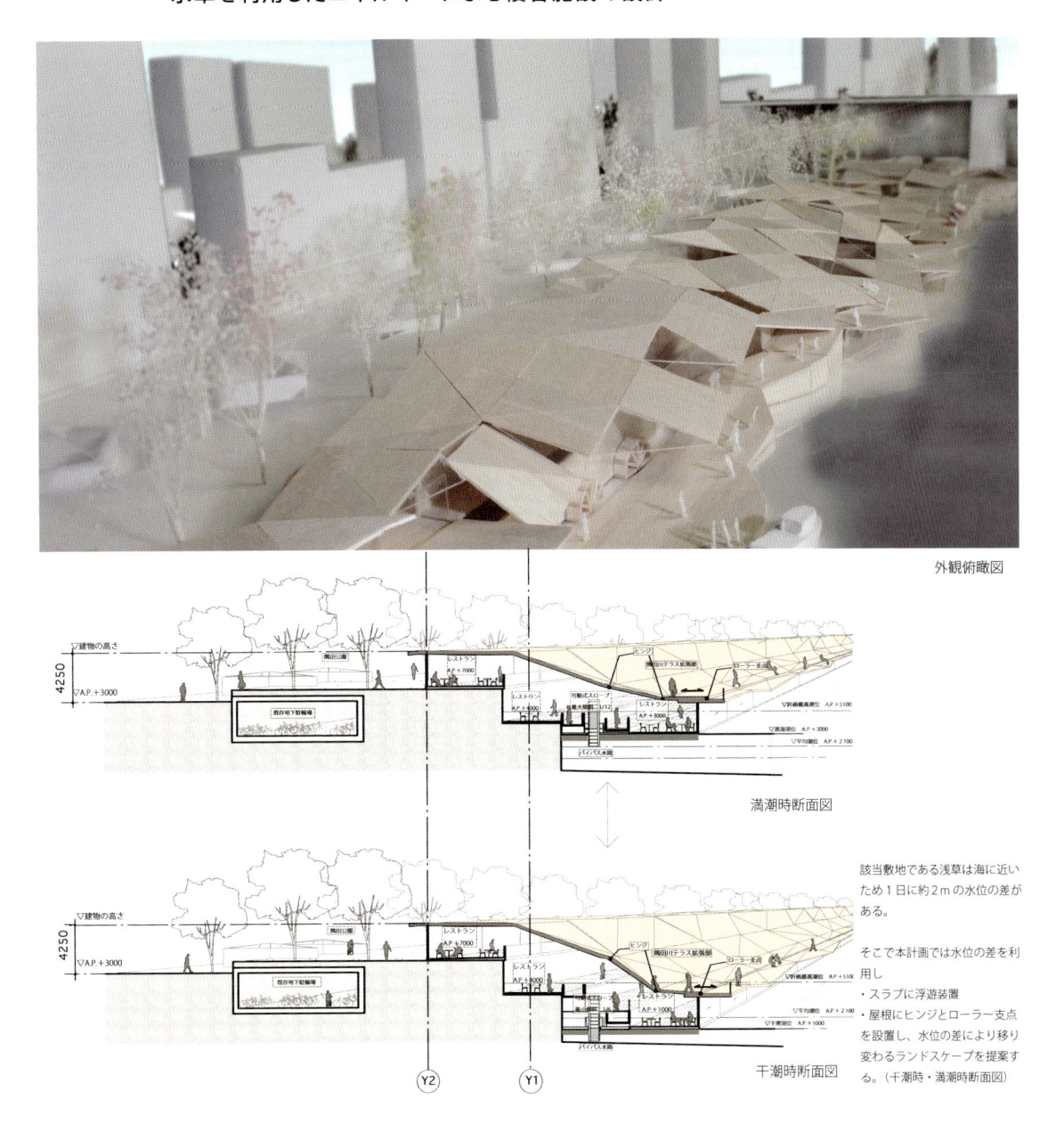

外観俯瞰図

満潮時断面図

干潮時断面図

該当敷地である浅草は海に近いため1日に約2mの水位の差がある。

そこで本計画では水位の差を利用し
・スラブに浮遊装置
・屋根にヒンジとローラー支点を設置し、水位の差により移り変わるランドスケープを提案する。（干潮時・満潮時断面図）

　私たちは電気を常に使用している。しかし、電気がどこで作られているのか、どこから電気は運ばれて来るのか、知っている人は少ないのではないか。
　そこで電力を可視化する複合施設を計画する。本計画では、水車によって作られたエネルギーを電力にし、施設内で利用する、エネルギーの自給自足・地産地消を目指す。「電気を作る場所」で「電気を使う」新しいエネルギーのあり方・施設のあり方を提案する。
　水位によって変化する建物は、ランドスケープとなって隅田公園に溶け込む。

敷地：東京都台東区浅草
用途：複合施設
面積：6,000㎡
構造：木造（一部RC）
階層：3階

森下　翔子
Shoko Morishita

昭和女子大学
生活科学部 環境デザイン学科

studio	森部研究室
software	Vectorworks, Photoshop, Illustrator
planning/making	6ヶ月 / 1ヶ月半
next	昭和女子大学大学院
dream	建築に携わりながら幸せな家庭を作ること

「赤レンガ卒業設計展 2018」出展作品

砂へ...

─骨材のリサイクルによる志多見砂丘の復元と砂の展示館の建築計画─

全体俯瞰写真

志多見砂丘の過去、現在、未来

かつてここに利根川が流れていた
時代に河畔砂丘が形成された。

高度経済成長期に砂が骨材資源
として使われた。

**砂のリサイクルによる
砂丘と赤松林の復元**

新しい景観の形成、
地元のことを知るきっかけになる施設を作る

3つのプログラム

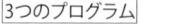

既存のPCaコンクリート工場

道路用コンクリート製品
（側溝など）を製作している。

砂の展示館

志多見砂丘について地域住民が知る
社会科見学の施設として使われる。

砂のリサイクル工場

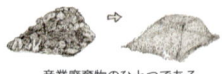

産業廃棄物のひとつである
コンクリート塊から、骨材を作る。

砂の展示館から延びる道を
歩きながら工場見学をする。

砂の循環

砂から作ったコンクリートを砂に戻す

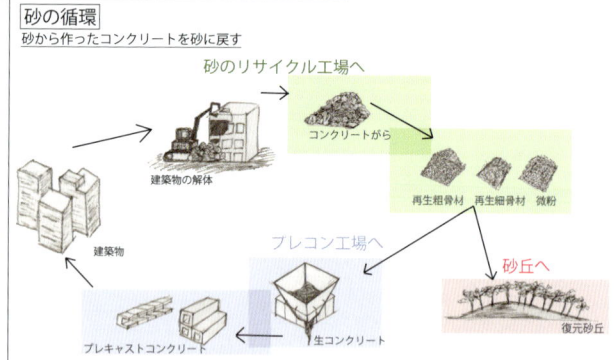

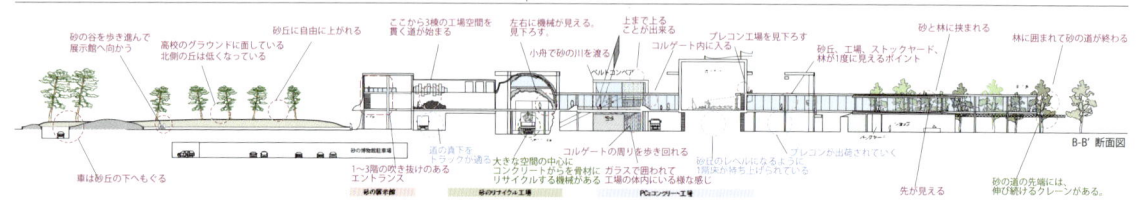

B-B' 断面図

　砂丘を復元する仕組みとその過程を体験するプログラムを計画した。本計画によってここは、砂を知る人と砂の利用を知る人が集う場所になる。人は「砂→コンクリート→砂」のサイクルを知り、砂は志多見砂丘へ戻っていく。日本最大の河畔砂丘である志多見砂丘の砂は高度経済成長期に骨材資源として多く使用されてしまった。また、地質学的にとても貴重なものであるにもかかわらず、この事を知る地元住民はほとんどいない。この志多見砂丘の存在を地元住民に広く知らせる場をつくりたい。失われた砂丘を元の形に戻し、この地域を通過する自動車目線にも新しい風景を造る。本計画では砂の展示館と、2つの工場の見学ルートを設計する。

敷地：埼玉県加須市
用途：砂のリサイクル工場
面積：25,007㎡
構造：鉄骨鉄筋コンクリート
階層：1～3階

松本　侑子
Yukiko Matsumoto

昭和女子大学
生活科学部 環境デザイン学科

studio	田村研究室
software	Vectorworks, Photoshop, Illustrator, GIMP
planning/making	4ヶ月/8週間
next	五洋建設株式会社
dream	ネコ飼いたい

[S-1]

縁の再編
－瀬戸内諸島の暮らしからの学び－

みかん栽培期 みかん収穫期

お風呂から海をみる リビングからみかん畑をみる

■phase1 みかん農家3家族の共同住宅

サイクリストの為の機能 みかんを加工する為の機能

みかんを加工する様子が現れる サイクリストがこの地に留まる

■phase2 商店街へ還元するみかんの加工場

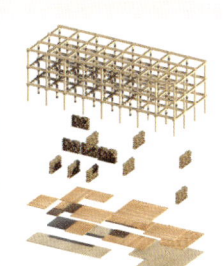

内部通路をみる

生業から抽出した様子を建築化 様々な人々の活動が見える

■phase3 島々の情報を蓄積する集会所

かつて、瀬戸内海の島々は個々で生業をもっておりそれが集落構造などの集落全体から建物の立面にまであらわれ役割をもつことでつながっていたが現在は工業化が進み、生業は廃れてしまい島々の暮らしの風景は失われつつある。そこで、かつて島々が各々の生業有し、全体のつながりを持っていたように、生業の縁から集落単位の縁、瀬戸内海広域の縁と3段階に時間軸を設定して、ハブ港としての役割を持っていた、島の交流の拠点である生口島にみかん農家3家族の共同住宅、みかんの加工場、まちづくり集会所を計画し、かつての瀬戸内海の縁を再編する。

敷地：広島県尾道市瀬戸田
用途：住宅、加工場、集会所
面積：400㎡,250㎡,340㎡
構造：木造
階層：2階、1階、3階

長井　優佑
Yusuke Nagai

法政大学
デザイン工学部 建築学科

studio	———	陣内研究室
software	———	Rhinoceros,Vray,photoshopCC,illustratorCC
planning/making	———	3ヶ月/3週間
next	———	東京工業大学大学院
dream	———	地域に必要な新たな建築類型をつくる建築士

間が舞化く

― Community Drive としての劇場 ―

日本的劇空間 × Community World と地域への発信

日常の空間がソフトの転換により
非日常と化す場

様々な年齢を対象とした WS などが
劇場で開催・定的に発信され
地域の人々と劇場をつなぐ

　130年ぶりに行政の土地から市民のための防災公園となる東池袋の造幣局跡地。災害時に対し特にコミュニティーの形成が求められるこの場所。日本の劇空間の根元である「日常がソフトの変化で劇空間と化す空間」を設計し、発信の場がより多くの人に開かれ、Community Drive となる概念的な劇場を提案する。

敷地：東京都豊島区
用途：複合文化施設、公園
面積：30,000㎡
構造：混構造
階層：1-3階

坂梨　桃子
Momoko Sakanashi

法政大学
デザイン工学部 建築学科

studio	赤松研究室
software	Rhinoceros, Vectorworks, Ai, Ps, Id
planning/making	9ヶ月/1ヶ月
next	法政大学大学院
dream	劇場をつくる

○○人の演者たち
一本を生業う産業ネットワークのゆくえー

本に関する演者たち

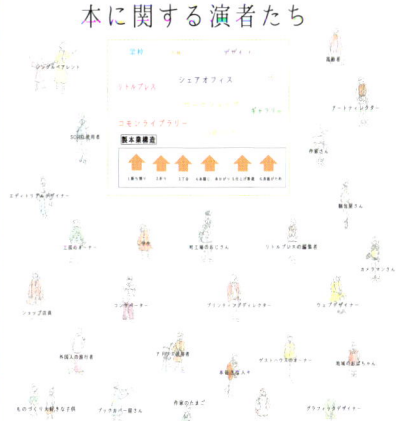

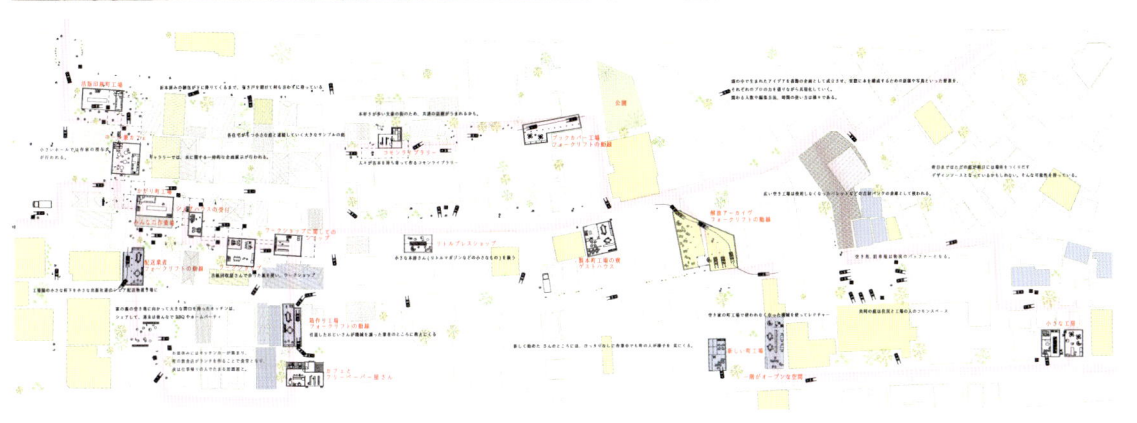

まち全体がライブラリーのように新しいストーリーが展開される。

小さい点々とした場が変わり、大きな環境をつくる。

　長年にわたって変容しつつも持続してきた町工場地域は新たな「コミュニティの場」としての可能性を含んでいるのではないか。この仮説をもとにこれからの新しい時代の働き方と暮らし方を考える。敷地場所は文京区小石川。本作りがさかんなこの街に新たな職住一体となる場を提案する。本というこの地域のもつ共有資源を用いることで、人々のにぎわいが再びまちを明るくすることができるのではないかと考えた。

　小さい点々とした場が変わり、大きな環境をつくる。

敷地：東京都文京区
用途：職住一休
面積：2,023㎡
構造：鉄骨鉄筋コンクリート
階層：3階

井上　莉沙
Risa Inoue

法政大学
デザイン工学部 建築学科

studio ——— 北山研究室
software ——— Vectorworks
planning/making ——— 1年/3 ヶ月
next ——— 法政大学院
dream ——— 地域住民に寄り添った建築家

月島ごみ集落
ー都市を溶解しながら接続していくー

1				
2	3	4	5	
			6	

1　俯瞰より平面パース
2　路地に溢れ出す設備
3　風や人の通り道となる横路地
4　土間型の室内
5　日の当たる空地
6　隙間に行き交う人々

　かつての長屋では個人という領域を越え溢れ出した生活インフラや設備共有こそが一つの共同体を形成していた。現在、このような共同体形成はごみ置き場という小さな共有空間に残されている。そこで、生ごみの再生エネルギーを利用し、自分たちが維持管理できるような小さなエネルギー循環を都市住宅に介在させることで、長屋共同体を再編することを提案する。路地に生ごみ発電という新たなレイヤーを重ねることで月島における未接道や大規模開発などの社会問題に対して展開する新たな暮らし方となり、路地、生ごみのフロー、生活動線がリンクすることで月島特有の共同体を再編していく。ごみという身近な存在が共同体再編の手がかりとなる。

敷地：東京都中央区
用途：集合住宅
面積：750㎡
構造：混構造
階層：2階

下平　貴也
Takaya Shimodaira

法政大学
デザイン工学部 建築学科

studio	————	赤松研究室
software	————	CAD
planning/making	————	4ヶ月／2週間
next	————	法政大学大学院
dream	————	誰かのために生きること

或るまちの自生

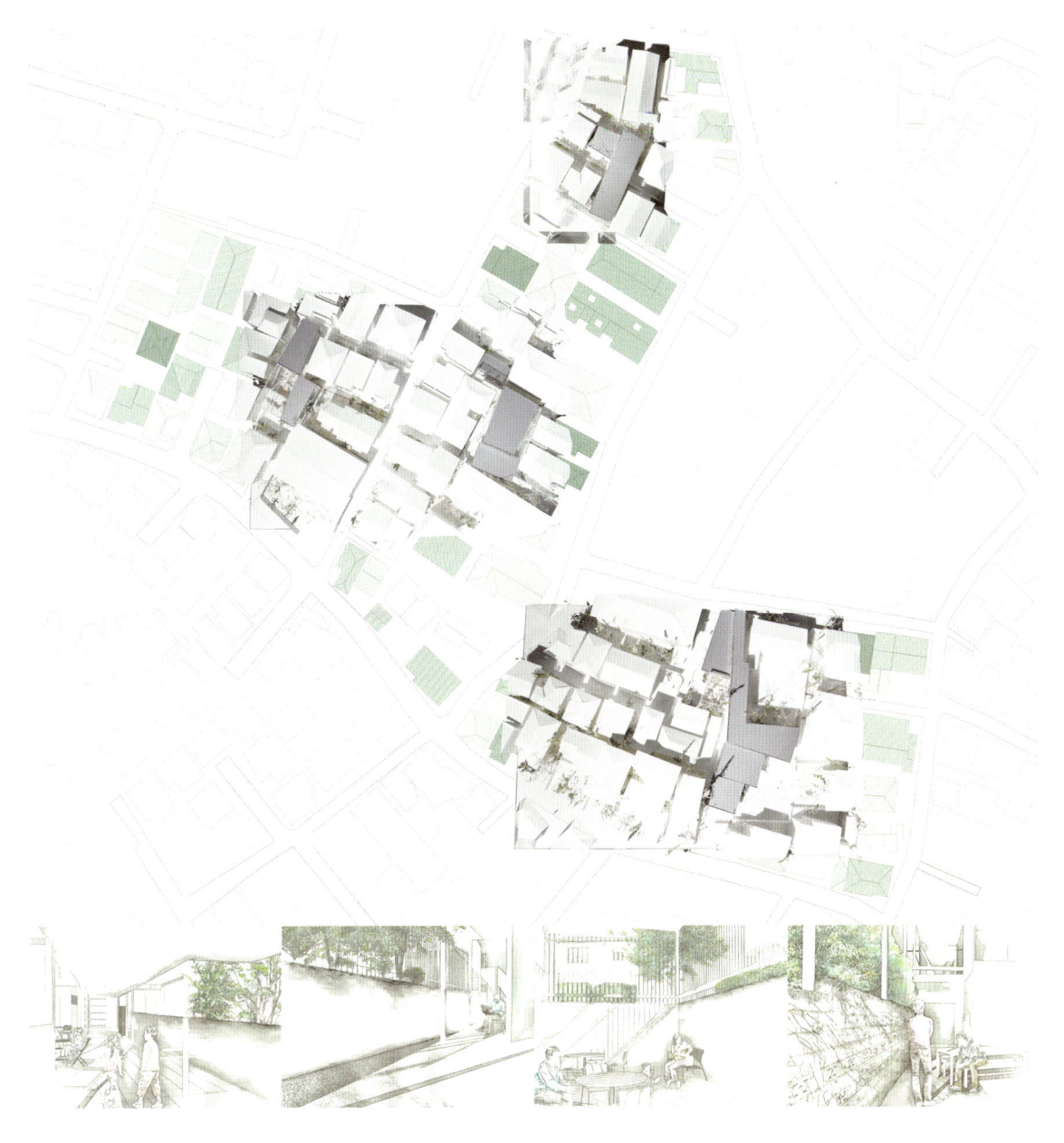

近代化は人間と環境の結びつきを弱め、外部環境と私有地という官民境界の線引きによるまちを作った。ある郊外のベッドタウンにおいて、ミニ開発による過剰細分化という時間軸から、その刻まれた空間を肯定的に利用した新たなフェイズをつくり、そこにイノベーションエリアを創造する。ここでは各々が持つ環境やストックが共有されながら所有という制限を超え、街区一体が生活環境となる。この建築はまちの小さなインフラとなり、凝り固まった住宅地を解くだろう。

敷地：	東京都世田谷区
用途：	イノベーションエリア
面積：	3,250㎡
構造：	軽量鉄骨造
階層：	2-3階

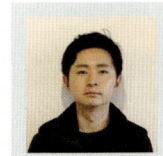

野藤　優
Suguru Noto

法政大学
デザイン工学部 建築学科

studio	——	赤松研究室
software	——	VectorWorks, adobe 系
planning/making	——	3ヶ月/3週間
next	——	法政大学大学院
dream	——	楽しく生きてる人

「出展者アンケートからわかる 卒業設計の最新傾向」

2018年度出展者へのアンケートの中でも、実行委員の皆が特に気になる
"software" "planning" "making" "next" "dream"の5つを
集計してグラフにしました！ これから卒業設計に取り組む4年生だけでなく、
卒業設計がまだまだ先の1〜3年生も、
卒業後の進路を考える際の参考にしてください。

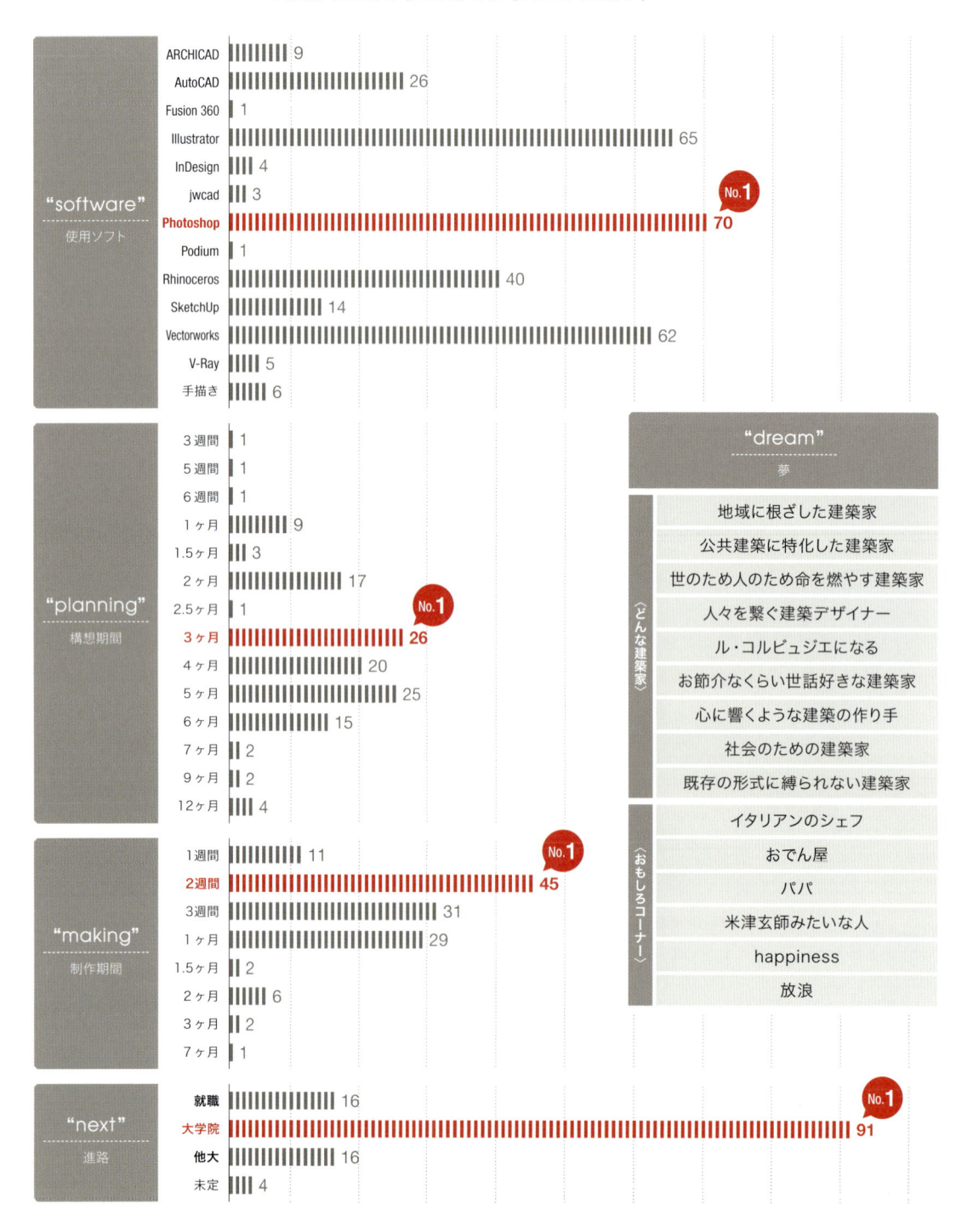

"software" 使用ソフト

ソフト	数
ARCHICAD	9
AutoCAD	26
Fusion 360	1
Illustrator	65
InDesign	4
jwcad	3
Photoshop	**70** No.1
Podium	1
Rhinoceros	40
SketchUp	14
Vectorworks	62
V-Ray	5
手描き	6

"planning" 構想期間

期間	数
3週間	1
5週間	1
6週間	1
1ヶ月	9
1.5ヶ月	3
2ヶ月	17
2.5ヶ月	1
3ヶ月	**26** No.1
4ヶ月	20
5ヶ月	25
6ヶ月	15
7ヶ月	2
9ヶ月	2
12ヶ月	4

"making" 制作期間

期間	数
1週間	11
2週間	**45** No.1
3週間	31
1ヶ月	29
1.5ヶ月	2
2ヶ月	6
3ヶ月	2
7ヶ月	1

"next" 進路

進路	数
就職	16
大学院	**91** No.1
他大	16
未定	4

"dream" 夢

〈どんな建築家〉
- 地域に根ざした建築家
- 公共建築に特化した建築家
- 世のため人のため命を燃やす建築家
- 人々を繋ぐ建築デザイナー
- ル・コルビュジエになる
- お節介なくらい世話好きな建築家
- 心に響くような建築の作り手
- 社会のための建築家
- 既存の形式に縛られない建築家

〈おもしろコーナー〉
- イタリアンのシェフ
- おでん屋
- パパ
- 米津玄師みたいな人
- happiness
- 放浪

実行委員メンバー
Executive Committee Members

東京都市大学

実行委員長	石川 朔巳	
副実行委員長	工藤 浩平	辻井 慧史
学内代表	池田 勇輝	臼井 宏樹
書記	髙橋 祐貴	山田 倫太郎
会計	髙橋 里菜	中山 智華
調整	藤塚 雅大	

宇都宮大学

学内代表	富岡 良介		
	赤川 英之	小松 璃央	竹内 雄紀

神奈川大学

学内代表	掛川 真乃子		
	相澤 優衣	齊藤 健太	鈴木 啓生	長谷川 舞

共立女子大学

学内代表	永田 萌	
	加賀 あかり	菅井 愛里

工学院大学

学内代表	持田 ゆとり
	矢納 采佳

首都大学東京

学内代表	野口 晴子	
	戸田 颯斗	美代 純平

昭和女子大学

学内代表	石田 美澄
	足立 真穂

東京工業大学

学内代表	岸澤 竜之介	
	土子 あみ	吉行 菜津美

東京電機大学

学内代表	阿久津 星羅		
	池田 開	榎村 賢	加藤 未来	川田 啓介
	齋藤 美優		

東京理科大学 工学部

学内代表	堀江 欣司		
	秋山 萌	木下 喬介	鴫島 真子	西澤 薫
	二宮 彩	深田 奈瑞	

東京理科大学 理工学部

学内代表	小山 朝子

日本女子大学

学内代表	吉田 桜子		
	岩城 絢央	戸部 友紀子	長尾 珠月

日本大学 生産工学部

学内代表	堀口 勇貴			
	瀬田 直樹	竹中 和桂菜	西 雅仁	西塚 賢上
	広瀬 郁子			

日本大学 理工学部 海洋建築学科

学内代表	山本 壮一郎		
	桑谷 拓実	根本 一希	服部 立	山本 淳樹

日本大学 理工学部 建築学科

学内代表	遠藤 翔		
	大橋 敦	小熊 透太	小林 仁美	小山 美結
	齋藤 榛花			

日本大学 理工学部 まちづくり工学科

学内代表	武崎 智紀	
	川崎 有紗	長谷川 慶

法政大学

学内代表	森 弘樹	
	阿部 夏実	渡邊 悠夏

前橋工科大学

学内代表	小林 良成		
	川澄 極	小林 直行	佐藤 悠貴

明治大学

学内代表	木山 結		
	石川 智聖	櫻井 里菜	棟方 佑香	森永 朱音

横浜国立大学

学内代表	石田 奈穂		
	浅川 理乃	金 俊浩	松永 埋沙	南 拓海
	宗野 みなみ			

「お客様にもっと良い家を安く提供したい」
　その想いでタマホームの挑戦が始まりました。

　　　　　　　　タマホームの家は他社と比べて安いのではなく
　　　　　　　　これが日本の適正価格だと思っています。

今後もより多くのお客様のために
『高品質』『適正価格』な住宅を提供することにより
『社会に奉仕』し続けていくことを目指します。

　　より良いものを
　　　　より安く提供することにより
　　　　　　　社会に奉仕する

タマホーム株式会社

〒108-0074 東京都港区高輪3丁目22番9号 / ☎ 03-6408-1200（代表）

[建設業許可番号]国土交通大臣許可（特 - 25）第19013号（般 - 25）第19013

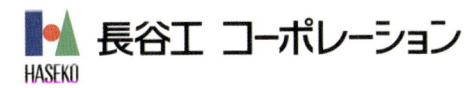

在学中から二級建築士を！

技術者不足からくる建築士の需要

東日本大震災からの復興、公共事業の増加、さらに 2020 年の東京オリンピック開催と、建設需要は今後さらに拡大することが予想されます。しかし一方で、人材不足はますます深刻化が進み、特に監理技術者・主任技術者の不足は大きな問題となっています。

使える資格、二級建築士でキャリアの第一歩を

「一級建築士を取得するから二級建築士はいらない」というのは昔の話です。建築士法改正以降、建築士試験は一級・二級ともに内容が大幅に見直され、年々難化してきています。働きながら一度の受験で一級建築士を取得することは、非常に難しい状況です。

しかし、二級建築士を取得することで、住宅や事務所の用途であれば木造なら 3 階建て 1000㎡まで、鉄骨や RC なら 3 階建て 300㎡まで設計が可能です。多くの設計事務所ではこの規模の業務が中心となるため、ほとんどの物件を自分の責任で設計監理できることになります。また住宅メーカーや住宅設備メーカーでは、二級建築士は必備資格となっています。さらに、独立開業に必要な管理建築士の資格を二級建築士として取得しておけば、将来一級建築士を取得した際に、即一級建築士事務所として開業できます。二級建築士は実務的にも使える、建築士としてのキャリアの第一歩として必須の資格といっても過言ではありません。

大学院生は在学中に二級建築士を取得しよう

大学院生は修士 1 年（以下、M1）で二級建築士試験が受験可能となります。在学中に取得し、入社後の早いうちから責任ある立場で実務経験を積むことが、企業からも求められています。また、人の生命・財産をあつかう建築のプロとして、高得点での合格が望ましいといえます。

社会人になれば、今以上に忙しい日々が待っています。在学中（学部 3 年次）から勉強をスタートしましょう。M1 で二級建築士を取得しておけば就職活動にも有利です。建築関連企業に入社した場合、学習で得た知識を実務で生かせます。大学卒業後就職する方も、就職 1 年目に二級建築士資格を取得しておくべきです。

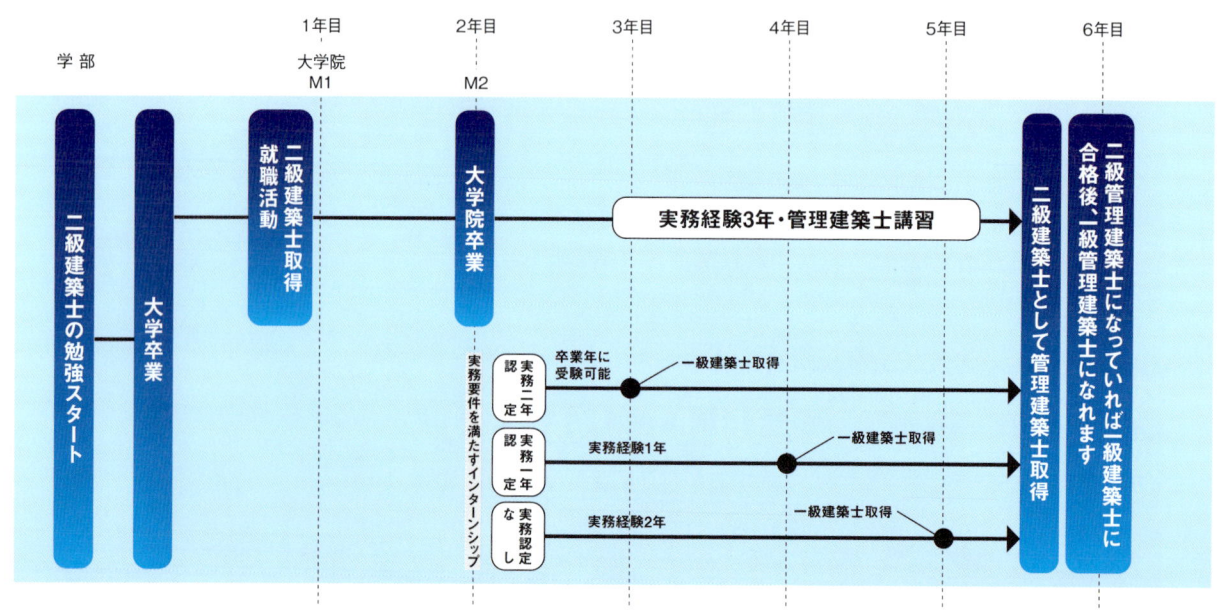

※学校・課程から申請のあった開講科目で、指定科目に該当することが認定されている科目については、試験実施機関である（公財）建築技術教育普及センターのホームページ（http://www.jaeic.or.jp/）に掲示されています。

早期資格取得で活躍の場が広がる！

建築士の早期取得で会社に貢献できる

会社の経営状況を審査する指標として「経営事項審査（以下、経審）」があります。経審は建設業者を点数で評価する制度です。公共工事への入札に参加する業者は必ず受けなければなりません。

経審には技術職員点数が評価される"技術力項目"があり、全体の約25％のウェイトを占めています。一級建築士が5点、二級建築士が2点、無資格者は0点、10年経験を積んだ無資格者が1点と評価されます。つまり、大学在学中に二級建築士を取得すれば、入社後すぐに2点の貢献（※）ができるため、就職活動も有利に進められます。新入社員であっても、無資格の先輩社員よりも高く評価されることでしょう。※雇用条件を満たすために6ヶ月以上の雇用実績が必要

1級資格者の技術力は、10年の実務経験よりはるかに高く評価されている

入社年数	1年目	2年目	3年目	4年目	5年目	6年目	7年目	8年目	9年目	10年目	11年目
大学院で2級建築士を取得した **Aさん**	2点 ◀2級建築士取得	2点	2点	5点 ◀1級建築士取得	5点	5点	5点	5点	5点	5点	5点
入社してすぐに2級建築士に合格した **Bさん**	0点 ◀無資格	2点 ◀2級建築士取得	2点	5点 ◀1級建築士取得	5点	5点	5点	5点	5点	5点	5点
無資格の **C先輩**	0点 ◀無資格	0点	0点	0点	0点	0点	0点	0点	0点	0点	1点 無資格▶

建築のオールラウンドプレーヤーになろう

建築士試験では最新の技術や法改正が問われます。試験対策の学習をすることで、合否に関わらず、建築のオールラウンドプレーヤーとして働ける知識が身につきます。平成27年の一級建築士試験では、平成26年施行の「特定天井」に関する法改正から出題されました。二級建築士試験では、平成25年に改正された「耐震改修」の定義に関して出題されました。実務を意識した出題や社会情勢を反映した出題も見られます。そのため、試験対策をしっかりとすることで、会社で一番建築の最新知識や法改正に詳しい存在として重宝され、評価に繋がるのです。

建築士資格を取得することで、会社からの評価は大きく変わります。昇進や生涯賃金にも多大な影響を与え、無資格者との格差は開いていくばかりです。ぜひ、資格を早期取得して、実りある建築士ライフを送りましょう。

難化する二級建築士試験

平成16年度と29年度の合格者属性「受験資格別」の項目を比較すると、「学歴のみ」の合格者が20ポイント以上も増加しています。以前までなら直接一級を目指していた高学歴層が二級へと流入している状況がうかがえます。二級建築士は、一級に挑戦する前の基礎学習として人気が出てきているようです。その結果、二級建築士試験は難化傾向が見られます。資格スクールの利用も含め、合格のためには万全の準備で臨む必要があります。

■ 二級建築士試験の受験資格

建築士法第15条	建築に関する学歴等	建築実務の経験年数
第一号	大学（短期大学を含む）又は高等専門学校において、指定科目を修めて卒業した者	卒業後0〜2年以上
第二号	高等学校又は中等教育学校において、指定科目を修めて卒業した者	卒業後3〜4年以上
第三号	その他都道府県知事が特に認める者（注）（「知事が定める建築士法第15条第三号に該当する者の基準」に適合する者）	所定の年数以上
	建築設備士	0年
第四号	建築に関する学歴なし	7年以上

（注）「知事が定める建築士法第15条第三号に該当する者の基準」に基づき、あらかじめ学校・課程から申請のあった開講科目が指定科目に該当すると認められた学校以外の学校（外国の大学等）を卒業して、それを学歴とする場合には、建築士法において学歴と認められる学校の卒業者と同等以上であることを証するための書類が必要となります。提出されないときは、「受験資格なし」と判断される場合があります。詳細は試験実施機関である（公財）建築技術教育普及センターのHP（http://www.jaeic.or.jp/）にてご確認ください。

■ 学校等別、必要な指定科目の単位数と建築実務の経験年数（平成21年度以降の入学者に適用）

学校等			指定科目の単位数	建築実務の経験年数
大学、短期大学、高等専門学校、職業能力開発総合大学校、職業能力開発大学校、職業能力開発短期大学校			40	卒業後0年
			30	卒業後1年以上
			20	卒業後2年以上
高等学校、中等教育学校			20	卒業後3年以上
			15	卒業後4年以上
専修学校	高等学校卒	修業2年以上	40	卒業後0年
			30	卒業後1年以上
			20	卒業後2年以上
		修業1年以上	20	卒業後3年以上
	中学校卒	修業2年以上	15	卒業後4年以上
		修業1年以上	10	卒業後5年以上
職業訓練校等	高等学校卒	修業3年以上	30	卒業後1年以上
		修業2年以上	20	卒業後2年以上
		修業1年以上		卒業後3年以上
	中学校卒	修業3年以上	20	卒業後3年以上
		修業2年以上	15	卒業後4年以上
		修業1年以上	10	卒業後5年以上

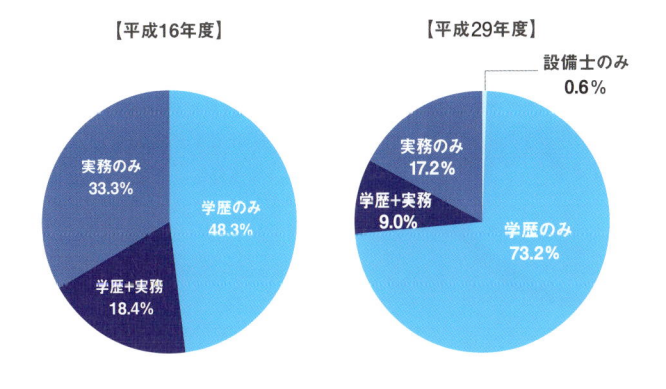

【平成16年度】
実務のみ 33.3%
学歴のみ 48.3%
学歴+実務 18.4%

【平成29年度】
設備士のみ 0.6%
実務のみ 17.2%
学歴+実務 9.0%
学歴のみ 73.2%

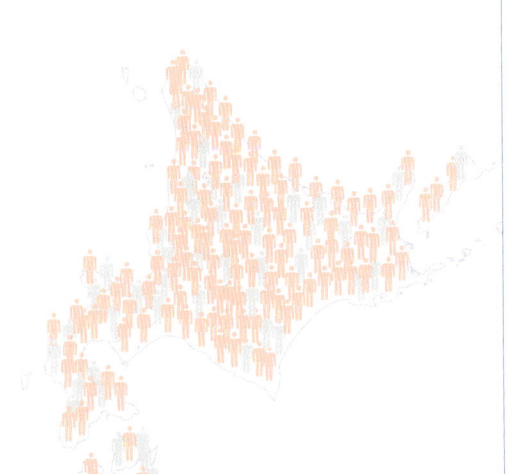

赤レンガ卒業設計展 2018

発行日	2018年9月18日　初版発行
編著	赤レンガ卒業設計展実行委員会
発行人	岸 隆司
発行元	株式会社 総合資格　総合資格学院 〒163-0557 東京都新宿区西新宿1-26-2 新宿野村ビル22F TEL 03-3340-6714（出版局） 株式会社 総合資格　http://www.sogoshikaku.co.jp/ 総合資格学院　　　　http://www.shikaku.co.jp/ 総合資格学院 出版サイト　　http://www.shikaku-books.jp/
印刷	図書印刷 株式会社
編集	日本女子大学　吉田桜子、岩城絢央、戸部友紀子、長尾珠月 横浜国立大学　石田奈穂、浅川理乃、金俊浩、松永理沙、南拓海、宗野みなみ
編集協力	株式会社 総合資格　出版局　新垣宜樹、金城夏水、藤谷有希
デザイン・DTP	株式会社 総合資格　出版局　三宅崇、小林昌 株式会社 トライアウト　（表紙、P.1〜205、P.207）
写真	川瀬一絵（P.4〜5、P.78〜80）、吉山泰義（P.2〜3、P.6〜7、P.30〜73、P.82〜90）